正义的要素

[加] 戴维·施密茨（David Schmidtz）著

赵英男　胡恩海　李钧鹏　译

中国社会科学出版社

图字：01-2013-5269号
图书在版编目（CIP）数据

正义的要素/（加）戴维·施密茨著；赵英男等译. —北京：中国社会科学出版社，2018.11（2020.3重印）
书名原文：Elements of Justice
ISBN 978-7-5203-3436-5

Ⅰ.①正… Ⅱ.①戴…②赵… Ⅲ.①正义—研究 Ⅳ.①B82

中国版本图书馆CIP数据核字（2018）第245494号

出 版 人	赵剑英
责任编辑	徐沐熙
责任校对	赵友萍
责任印制	戴　宽

出　　版	中国社会科学出版社
社　　址	北京鼓楼西大街甲158号
邮　　编	100720
网　　址	http://www.csspw.cn
发 行 部	010-84083685
门 市 部	010-84029450
经　　销	新华书店及其他书店

印刷装订	北京君升印刷有限公司
版　　次	2018年11月第1版
印　　次	2020年3月第2次印刷

开　　本	710×1000　1/16
印　　张	18.5
插　　页	2
字　　数	267千字
定　　价	78.00元

凡购买中国社会科学出版社图书，如有质量问题请与本社营销中心联系调换
电话：010-84083683
版权所有　侵权必究

This is a Simplified-Chinese translation edition of the following title published by Cambridge University Press:
The Elements of Justice
ISBN 978 - 0521 - 53936 - 4 Paperback
© Cambridge University Press 2006
This Simplified-Chinese translation edition for the People's Republic of China (excluding Hong Kong, Macau and Taiwan) is published by arrangement with the Press Syndicate of the University of Cambridge, Cambridge, United Kingdom.

© Cambridge University Press and China Social Sciences Press 2018

This Simplified-Chinese translation edition is authorized for sale in the People's Republic of China (excluding Hong Kong, Macau and Taiwan) only. Unauthorised export of this Simplified-Chinese translation edition is a violation of the Copyright Act. No part of this publication may be reproduced or distributed by any means, or stored in a database or retrieval system, without the prior written permission of Cambridge University Press and China Social Sciences Press.

何谓正义？正义关乎人们应得何物，但它在实际生活中的含义取决于具体情境。依据情境，人们应得何物这一形式化问题可以从应得、互惠、平等或需要原则中找到答案。从而，正义就是一组具有一定的一体性和完整性的要素。但正义的一体性又是有限的，在某种程度上类似于一个街坊的一体性。正义**理论**即为这个街坊的地图。

戴维·施密茨（David Schmidtz），美国亚利桑那大学（University of Arizona）哲学杰出讲席教授暨经济学教授；自由哲学研究中心（Center for the Philosophy of Freedom）创始主任；《社会哲学与政策》（Social Philosophy and Policy）主编；曾任教于耶鲁大学和德国汉堡大学。主要研究领域为伦理学、环境哲学与政治哲学。著有《政府的限度》《理性选择与道德主体》《社会福利与个人责任》《罗伯特·诺奇克》《环境伦理学》《个人·城邦·星球》《自由简史》以及《创造财富》。本书入选阿特拉斯网络（Atlas Network）21世纪前10年十大古典自由主义著作。

中译本序

《正义的要素》书稿杀青已逾10年。在读者的反馈中，有一条尤其值得一提：为什么应享权利（entitlement）不在我讨论的四个（或五个）要素之列？

这个问题提得很好。我当然认为，对应享权利的一整套认定体系是社会运行的根基，尤其是中国这个有望在21世纪登上生产力和创新性世界顶峰的经济体。自由社会之肇始，在于人们说不的权利。没有这种权利，资本主义将无法运转。任何政治或经济体制的正常运转都少不了这种权利。试举一例，当政客可以在不经纳税者许可的情况下将财富转移给权贵资本家时，我们可以权贵资本主义或市场社会主义称之，或以其他术语命名，但毫无疑问，这种体制将不再有效。要想尽可能保证互惠互利，我们必须从约定同意（mutual consent）做起。

自我所有（self-ownership）不是激进的新自由主义意识形态。它和意识形态毫无关系，这是再简单不过的道理。当一个女人说不的时候，她所行使的是自我所有权。如果一个强奸犯说，"不"意味着"是"，那么他就是在否认自我所有权。自我所有是人类尊严和基本体统的核心。它也是资本主义的必要条件。少了它，资本主义就和其他制度一样；在实践上，它就和封建主义或共产主义难以区分。我们这个时代所面临的根本挑战是：我们要学会如何使说不的权利成为任何尊重其成员的共同体的终极基础。

前面的问题仍然存在：自我所有（或应享权利理论）能否成为

中译本序

正义理论的根基？在我看来，以一套简单的应享权利为社会根基确实有其道理。如果一套应享权利体系有助于人们认识如何不干涉别人的生活，以及更积极意义上的如何以服务他人来为自己获利，那么这种应享权利体系就是繁荣之道。除此之外，我们可以说，拥有权利使人得以为周围的人提供所需的服务。它使人得以平等待人：例如，需要管理交通，但无须决定上层阶级的人选。它为礼尚往来提供了基础和激励。它使人得以获得别人和自己的尊重。它给人提供了值得感激（且为了理所应得而终身努力）的机会。这些都有望成为应享权利体系的优点。当某种情境中的应享权利体系的实际运作符合上述各点时，这一体系无疑出类拔萃。如果这些均成立，那么这一体系就具有了根本上的正当性。如果这些都不成立，那么这一体系的道德根基就值得怀疑。

但话说回来，上面这段话的意思是，作为一个社会最重要的道德分子（moral molecule），应享权利体系以若干正义要素为基础。或许这足以告诉我们：应享权利是根本权利还是衍生权利。《正义的要素》出版10年之后，我仍然没有答案。无论价值如何，这是我的人生观察；正是出于这些考虑，我决定不将应享权利纳入基本要素之列。

目　　录

致谢 ·· (1)

第一篇　何谓正义?

第1章　正义的街坊 ·· (3)

第2章　基本概念 ·· (7)

第3章　诸多选项 ·· (13)

第4章　情境功能主义 ·· (17)

第5章　何谓理论? ·· (22)

第二篇　如何应得

第6章　应得 ·· (33)

第7章　我做了什么才理所应得? ···································· (36)

第8章　应得一个机会 ·· (42)

第9章　应得与赢得 ·· (53)

第10章　为应得奠基 ·· (58)

第11章　作为制度设计的应得 ······································· (66)

第12章　应得的限度 ·· (70)

目 录

第三篇　如何互惠

第 13 章　互惠 ………………………………………………（77）
第 14 章　何谓互惠？ ………………………………………（79）
第 15 章　诸种互惠 …………………………………………（87）
第 16 章　亏欠于社会与重复计算 …………………………（95）
第 17 章　互惠的限度 ………………………………………（100）

第四篇　平等尊重与平等份额

第 18 章　平等 ………………………………………………（113）
第 19 章　平等对待是否意味着平等份额？ ………………（115）
第 20 章　平等何为？ ………………………………………（121）
第 21 章　同工同酬 …………………………………………（127）
第 22 章　平等与机会 ………………………………………（134）
第 23 章　论平等份额的效用 ………………………………（150）
第 24 章　平等的限度 ………………………………………（161）

第五篇　对需要的推敲

第 25 章　需要 ………………………………………………（173）
第 26 章　需要的层级 ………………………………………（175）
第 27 章　作为分配原则的需要 ……………………………（179）
第 28 章　超越数字 …………………………………………（184）
第 29 章　我们需要什么？ …………………………………（192）

第六篇　分配的权利

第 30 章　思想溯源 …………………………………………（199）

目　录

第 31 章　罗尔斯 …………………………………………（201）
第 32 章　诺奇克 …………………………………………（215）
第 33 章　修正 ……………………………………………（226）
第 34 章　两种任意 ………………………………………（235）
第 35 章　程序正义,抑或分配正义 ……………………（240）

参考文献 ………………………………………………（250）
索引 ……………………………………………………（262）
译后记 …………………………………………………（276）

致 谢

无论何时，只要在会场上遇见詹姆斯·雷切尔斯（James Rachels），他似乎总是深知哲学的乐趣所在。在入门读物《道德哲学的要素》（*The Elements of Moral Philosophy*）① 中，吉姆（Jim）② 以简驭繁，功力令我望尘莫及。然而，在得知他罹患膀胱癌，来日无多时，我决定套用他的标题，以表示对他的敬意。让我大感意外的是，在离开人世前的几天，吉姆在医院病床上给我发了一封电子邮件，说他为数不多的一大遗憾是未能和我相识更深。吉姆写了多少封类似的电子邮件，我无从得知，但这体现了他的品格：勤于思考，热爱生活，无论发生什么。

我要感谢马蒂·祖彭（Marty Zupan）在2003年2月邀请我参加棕榈滩（Palm Beach）的一场筹资活动。感谢结识于棕榈滩的兰迪·肯德里克（Randy Kendick），她在一周后给我打电话，邀请我和伊丽莎白（Elizabeth）③ 与她和她的先生肯（Ken）在菲尼克斯（Phoenix）共进晚宴。我当场回绝，告诉她自己两天前刚确诊脑瘤，对社交活动提不起兴趣。兰迪坚决要求联系她的朋友罗伯特·斯佩茨勒

---

① James Rachels, *The Elements of Moral Philosophy*. 中文简体译本见詹姆斯·雷切尔斯、斯图尔特·雷切尔斯：《道德的理由》（第7版），杨宗元译，中国人民大学出版社2014年版；雷秋尔：《道德哲学要义》，林逢祺译，桂冠图书股份有限公司2010年版。——译注

② 英文名"詹姆斯"的简称。——译注

③ 作者的夫人。——译注

致　　谢

（Rovert Spetzler）大夫。一位神经外科医生说得好，很难解释钢琴高手和音乐大师究竟有何不同，但斯佩茨勒正是一位大师。他的手术就是比其他医生做得好。所以，我必须感谢斯佩茨勒大夫，在脑手术中，我的手术算是极为复杂的。如果不是他，我很可能已不在人世，或成为一息尚存的植物人。

许多朋友在手术后打电话给我，问能为我做什么，其中就有基特·威尔曼（Kit Wellman）和约翰·托马西（John Tomasi）。我可能本该说：“谢谢，不必了，一声问候已足够，将来如有需要……”相反，意识到生命短暂的我鼓起勇气说：“可以为我的书举办一个研讨会吗？”基特、约翰和戴夫·艾斯特伦德（Dave Estlund）挑起了会议组织的重担，我对此深为感谢。在佐治亚州立大学（Georgia State University）的研讨会上，安德鲁·奥尔特曼（Andrew Altman）、安德鲁·I. 科恩（Andrew I. Cohen）、比尔·埃德蒙森（Bill Edmundson）、乔治·雷恩博尔特（George Rainbolt）、杰夫·塞尔－麦克德（Geoff Sayre-Mccord）和基特·威尔曼对我的书做了评议；亚历克斯·考夫曼（Alex Kaufman）和阿尼·萨茨（Ani Satz）积极与会。在布朗大学（Brown University）的研讨会上，约翰·托马西、戴夫·艾斯特伦德、尼拉·巴德沃（Neera Badhwar）、科里·布雷特施耐德（Corey Berttschneider）、彼得·瓦伦泰恩（Peter Vallentyne）和亚瑟·阿普鲍姆（Arthur Applbaum）出任了正式的评议人。

我要感谢哈萨克斯坦阿拉木图（Almaty）中亚资源研究中心（Central Asian Resource Center）的加尼娜·比塔雅科娃（Galina Bityukova），她从9个苏联加盟共和国请来了21位教授，用整整1周的时间讨论这本书。弗朗西斯科·马罗金大学（Francisco Marroquin University）的校长詹卡洛·伊瓦尔根（Giancarlo Ibarguen）和前校长曼纽尔·阿亚乌（Manuel Ayau）规划了我在危地马拉（Guatemala）为期两周的访问，其间我针对不同听众做了9场演讲。迈克尔·史密斯（Michael Smith）、杰夫·布伦南（Geoff Brennan）和鲍勃·古丁（Bob Goodin）安排我于2002年在澳大利亚国立大学（Australian National University）社会科学研究学院（Research School for Social Sci-

致　　谢

ences）访学10周。我还要感谢杰里米（Jeremy）和帕姆·希尔默（Pam Shearmur）夫妇容我栖身于他们在堪培拉城外的家。

感谢迈克尔·彭德尔伯里（Michael Pendlebury）邀请我于1999年在威特沃特斯兰德大学（University of Witwatersrand）访问三周，其间我介绍了本书若干章节的初稿。感谢奥拉西奥·斯佩克特（Horacio Spector）和吉多·品乔内（Guido Pincione）给我机会，使我能够在访学布宜诺斯艾利斯托尔夸托·迪特利亚法学院（Torcuato di Tella School of Law）期间有机会讲演本书的不少内容。我还要感谢戴维和劳拉·特伦切利托（Laura Truncellito）夫妇协助安排我在政治大学、中正大学和台湾大学的讲座以及令人难忘的一周环岛游。我要感谢英属哥伦比亚大学（University of British Columbia）应用伦理研究中心（Centre for Applied Ethics）和格林学院（Green College）在2000年春季的热情接待，同样感谢鲍灵格林州立大学（Bowling Green State University）社会哲学与政策研究中心（Social Philosophy and Policy Center）在1999年秋季的热情接待。我还在其他许多大学做了零星报告，在此向密歇根大学、耶鲁大学、北卡罗来纳大学教堂山分校（UNC-Chapel Hill）、俄亥俄大学、罗切斯特理工学院（Rochester Institute of Technology）、圣克拉拉（Santa Clara）大学、奥克兰（Auckland）大学，阿拉巴马大学伯明翰分校（Alabama-Birmingham）、杜兰（Tulane）大学、乔治敦（Georgetown）大学、西弗吉尼亚大学以及詹姆斯·麦迪逊（James Madison）大学的听众和组织者们表示感谢。

我要感谢印第安纳波利斯（Indianapolis）自由基金会（Liberty Fund）的朋友。他们在我手术后慷慨相助，给了我一个祥和静谧的环境，让我得以重新学会思考。感谢埃尔哈特基金会（Earhart Foundation）与人文科学研究院（Institute for Humane Studies）多年来对我和亚利桑那大学若干学生的持续资助。无须赘言，我最应感谢的是亚利桑那大学。这里有家一般的温暖，谢谢我的同事们提供了这种温暖。最值得一提（绝非恭维）的是克里斯·马洛尼（Chris Maloney）。从清晨迈入办公室到晚上一起走回家，他使我在系里的生活

· 3 ·

致　　谢

充满了乐趣。

除了上面提到的和我要在脚注中专门致谢的人，以下朋友均为此书尽心尽力：斯科特·阿诺德（Scott Arnold）、劳伦斯·贝克尔（Lawrence Becker）、马特·贝德克（Matt Bedke）、杰里米·班迪克-凯默（Jeremy Bendik-Keymer）、杰森·布伦南（Jason Brennan）、吉莉安·布罗克（Gillian Brock）、克里斯·布朗（Chris Brown）、艾伦·布坎南（Allen Buchanan）、汤姆·克里斯蒂亚诺（Tom Christiano）、安德鲁·杰森·科恩（Andrew Jason Cohen）、戴维·科普（David Copp）、泰勒·考恩（Tyler Cowen）、彼得·丹尼尔森（Peter Danielson）、乔纳森·丹西（Jonathan Dancy）、斯蒂芬·达沃尔（Stephen Darwall）、阿米塔伊·埃茨昂尼（Amitai Etzioni）、詹姆斯·菲什金（James Fishkin）、雷·弗雷（Ray Frey）、杰拉德·高斯（Gerald Gaus）、艾伦·吉伯德（Allan Gibbard）、沃尔特·格兰农（Walter Glannon）、查尔斯·古德曼（Charles Goodman）、罗布·格雷西斯（Rob Gressis）、克里斯·格里芬（Chris Griffin）、阿伦·哈比卜（Allen Habib）、罗莎琳德·赫斯特豪斯（Rosalind Hursthouse）、詹南·伊斯梅尔（Jenann Ismael）、弗朗西丝·卡姆（Frances Kamm）、斯科特·拉巴格（Scott LaBarge）、贾森·勒桑德里尼（Jason Lesandrini）、洛伦·洛马斯基（Loren Lomasky）、格里·麦凯（Gerry Mackie）、戴维·米勒（David Miller）、弗雷德·米勒（Fred Miller）、克里斯·莫里斯（Chris Morris）、简·纳维森（Jan Narveson）、察拉·尼内（Cara Nine）、吉多·品乔内、史蒂夫·平克（Steve Pink）、弗朗西丝·福克斯·皮文（Frances Fox Piven）、托马斯·波格（Thomas Pogge）、詹姆斯·雷切尔斯、彼得·雷尔顿（Peter Railton）、丹·罗素（Dan Russell）、约翰·T.桑德斯（John T. Sanders）、史蒂夫·斯卡雷特（Steve Scalet）、丹尼尔·夏皮罗（Daniel Shapiro）、戴维·索贝尔（David Sobel）、奥拉西奥·斯佩克特（Horacio Spector）、克里斯蒂娜·斯旺顿（Christine Swanton）、马克·蒂蒙斯（Mark Timmons）、玛丽·谢阿塔斯（Mary Tjiattas）、凯文·瓦利耶（Kevin Vallier）、戴维·费乐曼（David Velleman）、威

致　　谢

尔·威尔金森（Will Wilkinson）、伊丽莎白·威洛特（Elizabeth Willott）、马特·茨沃林斯基（Matt Zwolinski）。除此之外，我还要感谢审阅此书的匿名审稿人。

本书第二篇的部分内容曾以"如何应得"（How to Deserve）为题发表于《政治理论》（*Political Theory*），2002年（第30卷），第774—799页。第六篇部分内容曾以"历史与类型"（History and Pattern）为题刊载于《社会哲学与政策》（*Social Philosophy and Policy*），2005年（第22卷），第148—177页。第四篇部分内容取自《平等尊重与平等份额》（Equal Respect and Equal Shares），《社会哲学与政策》，2002年（第19卷），第244—274页。第22章对《社会福利与个体责任》（*Social Welfare and Individual Responsibility*，剑桥大学出版社［Cambridge University Press］，1998年）一书中的相关内容做了更新和改写。第23章的一个早期版本曾以"边际效用递减"（Diminishing Marginal Utility）为题发表于《价值探究学报》（*Journal of Value Inquiry*），2000年（第34卷），第263—272页。上述内容的重印得到了相关出版机构的许可。

第一篇

何谓正义？

第 1 章　正义的街坊

论题：理论家其言各异。责任不在他们。理论表述并不达成共识。

初步考察

我对正义的理解如下。我们所说的正义是一组多少互有关联的元素。这些元素具有一定程度的一体性和完整性，但正义的一体性是有限的，更像一个街坊而不是一栋楼的一体性。街坊的好坏颇为重要，因为它是人们的安居之所。然而，与优良建筑不同，宜居的街坊并不具有全盘**设计**。（事实上，就像电影场景一样，设计出来的住宅小区感觉太假，因为历史过于明显地发轫于某一个人的初始构想。）

正义的街坊是否具有独一无二的特性？"街坊"（neighborhood）这个词有无特殊含义？答案是肯定的，本书第一篇将予以解释，但这是一种通则化、形式化的特性；它如何转化为更具实质性的原则，这取决于具体情境。第二篇至第五篇探讨四个实质性要素：应得（desert）、互惠（reciprocity）、平等（equality）和需要（need）。第六篇向约翰·罗尔斯（John Rawls）和罗伯特·诺奇克（Robert Nozick）致敬，二人"在一定程度上奠定了 20 世纪后期政治哲学的根基"[1]。我的理论表述深受他们的启发（尽管看上去并不那么明显）。

---

[1] Fried, 2005, 第 221 页。

理论表述

正义是一个街坊，正义**理论**就是这个街坊的地图。最好的理论总是不完整的，正如地图绘制者拒绝臆测未勘察过的道路，明知路上有名堂，却故意在地图上留空一样。随着理论的深化，它对街坊的呈现也越来越完整。理论的深化掌握在未来的居住者手中，他们具有更多的信息和不同的目标，即使街坊本身将发生变化。

我如今信奉多元主义，但多元主义不一而足。我关注的不是具有统一轴心的地方、全国或国际正义"圈"（spheres），也不是不同文化如何孕育出不同的感知，而是我们日常生活中的各种情境，即应得、互惠、平等与需要原则。我将这四个要素大体串在一起，展现它们如何相互交织且相互限定，但并不试图将它们强拧在一起，以造成它们合为一体的假象。会有一个更精致的理论将这些多元要素合为一体吗？

一元论（monist theory）是个好主意吗？它是否在简洁性上更胜一筹？如果元素周期表只包含四种元素（或者干脆一种元素），那么它确实在某种意义上更为简洁。但这是更好的科学吗？并非如此。天文学家曾宣称，一切星球**必定**具有圆形轨道。当天文学家最终承认双焦点椭圆轨道的存在时，他们的理论在简洁度、精致性和解释力上也得到了提升。因此，简洁性是一种理论优点。但如果一个现象看上去复杂（例如，某个轨道似乎有两个焦点，而非一个），最简单的解释可能是：它看起来复杂，因为它确实复杂。单一要素也许能一以贯之，但若强行如此，那不过是教条主义，只能走向科学的反面。

无历史的概念才有定义[①]

苏格拉底以偏好定义而著称，而不只是举一两个例子。但在实践

---

① Nietzsche, 1969, 第 80 页。

第1章　正义的街坊

中，我们其实是通过范例来学习的。那么问题来了：哲学训练是否导致我们夸大了定义的重要性？即使没有"狗"的定义，我们也不难得知狗为何物。正义有何不同？①

分析"狗"当然不似分析正义那么富有哲学想象力。但假如我们几个人中，只有一人能获得终身教职，而结果取决于我们是否将豺视为狗，"狗"的定义就会立刻引发争议，与我们立场相左的人就开始显得不讲道理。结论有二：其一，我们只有在必要时才对一个概念加以界定和改进。其二，促使我们对正义细加界定的需要往往相互矛盾。所以，我们往往脸红脖子粗，争执不下。更甚之，正义的规则不仅告诉我们从对方身上期待什么，还告诉我们何为**冒犯**。如果不义不仅令人失望，更是一种冒犯，对不义进行理论表述将殊为困难。诡异的是，如果乔（Joe）的理论没有对我们眼中的冒犯加以责难，那本身多少就具有冒犯性。

分　歧

通情达理的人对何为正义观点不一。为什么？这一理由本身就有争议。我们对正义的分析（正如我们对知识、自由意志和意义的分析）总少不了反例。我们辛勤探索了这么久，为什么还没找到答案？

在某种程度上，问题在于理论表述本身的性质。科学哲学有一个自明之理：任何一组数据都有无穷多符合事实的理论。因此，即使对特定事项意见一致，我们仍然极有可能对如何从这些意见中提炼理论存在分歧。理论表述本身并不达成共识（尽管社会压力会引

---

① 高斯（Gaus）对此做了极为精练的讨论，参见 Gaus, 2000，第1章。高斯引用了维特根斯坦（Wittgenstein，第66页）下面这段话：

> 例如，考虑一下我们所谓的"游戏"。我指的是棋类游戏、牌类游戏、奥林匹克游戏等。它们的共同点是什么？不要说："它们**一定**有共同点，否则它们不会叫'游戏'。"而要**仔细查看**它们是否有任何共同之处。因为如果你观察它们，你将看不到为**全体**所共有的特性，而只能看到相似之处，只能看到关系。你会看到一整套相似之处和关系。再说一遍：不要想，要看！

第一篇 何谓正义？

发共识）。

为何如此？一个论点要么是对的，要么是错的。那么，为什么正确的理论无法让所有人接受，错误的理论无法让所有人拒绝？我的回答是，无论正确与否，理论不是论点。理论实为地图。无论质量多高，地图都无法令人折服。没有任何一幅地图可以代表探测地形的**唯一合理方法**。（至少我是这样看的。）

在独立绘制同一块地域时，如果两个制图专业的学生得出一模一样的地图，我们会大为震惊。我们会怀疑他们是否真的独立完成作业。独立思考的理论家同样构建出不同的理论。他们没有意识到地形对地图绘制方法选择的约束，因而假定只有当其他理论错误时，自己的理论才能是对的，并力图证明其他理论对地形理解有误。可想而知，为别人挑错对他们来说并非难事。他们觉得这值得大书特书，他们的理论对手却无动于衷，因为对手也忙着为其他人挑错。

尽管在理论上意见不合，但是在日常生活中，我们对如何相处并无重大分歧。我可能认为（至少在理论上），正义要求我们推翻既有制度，依照宏大远景重建社会。你可能也这样看，但你的宏大远景彻底不同。但在离开办公室时，我们面对的是同一个世界。我在停车场找到我的车，你在停车场找到你的车。我们一路驾驶，平安返家。若要和平共处，我们需要对一长串表述不清的"可行"与"不可行"之事达成高度共识，这些事项构成了我们日常言行中对不义的一般性认识。我们需要达成的共识涉及**如何**（而不是为什么）与他人共处。我们需要在实践中达成共识，而我们也确实在实践中达成了共识。

事实上，达成共识的途径有两种：我们同意何为正确，或谁有裁判权——谁来决定。宗教自由采取后一种形式：我们学会在宗教问题上采取自由态度，将共识放在由谁决定上，而不是信仰的内容。言论自由同样如此。在学会和平共处方面，我们最大的成就并非就何为正确达成一致，而是同意给别人自主决定权。这难道不怪异吗？

第 2 章　基本概念

论题：正义关乎人们应得之份（due）。这无甚异议，我们一般说的正义就是这个意思。然而，概念分析本身无法告诉我们，人们究竟应该得到什么。

基本概念：我们知道什么

何谓正义？这是一个哲学问题。哲学家可能会首先指出，当我们问何为正义时，"正义"这个词并不是平淡无奇的声响。我们对正义话题展开争论，但争论本身就预设了一定程度的相互理解。由于我们有共通的语言，我们知道自己不是在争论何为茄子，何为天气预报，或阿根廷首都在哪里。在争论正义时，我们可能所知无几，但我们都知道，正义与一视同仁（treating like cases alike）有关。

我们还知道，正义并不止于一视同仁。打个比方，中世纪的一个国王下令，入店行窃者一律砍掉左手。我们表示抗议：这种惩罚不公正！国王回答说："我不厚此薄彼。我一视同仁，这有什么不对？"即使国王所说不假，问题仍未解决。砍去所有窃贼的左手确实一视同仁，但不偏不倚（大体而言）并不够。公正无私并不够。一视同仁没错，但正义不止于此。

再来看第二个比方。国王现在下令，**没有**入店行窃者将被砍掉左手。我们同样表示抗议。国王再次回答说："我不厚此薄彼。我一视同仁，这有什么不对？"我们现在说什么？在第一个例子中，国王秉持了一种野蛮的正义观念；在第二个例子中，国王根本不**具有**正义观念，连野蛮的正义观念都没有。我们知道这一点，因为如果国王立场软化，改口下令：从现在起，没有入店行窃者将只处以罚款，而不致砍手，则惩罚不再野蛮，但问题并未解决。问题在于，国王未能理解正义的概念。争论正义就是争论人们应该得到什么。① 只要理解词义，我们就知道，无辜者应该得到的不是惩罚，即便是轻微的惩罚。

虽然一视同仁并不排除不偏不倚地惩罚无辜者，给人以应得之份却排除了这一选项。在我们问"何为正义"时，如果我们说"不管意见多么不一致，正义总是关乎人们应该得到什么"，我们就有了一个不错的开端。语言分析虽有局限性，但仍有它的用处（刚才即为一例）。

我们还知道，对于人们应该得到什么，还可以区分基本**概念**（concept）和特定**观念**（conceptions）。从而，罗尔斯指出，

> 将正义概念与各种正义观念区分开来，把前者视为这些不同的原则和不同的观念共有的角色所阐述之物，似乎就变得自然而然。从而，正义观念有别的人仍能达成下列一致：在分配基本权利与义务时，只要不在人与人之间做出武断的区分，并且在社会生活中，对不同利益主张的评判取决于这一原则时，制度就是正义的。②

在这里，我们不需要讨论得如此深入。武断是否一无是处，我们在此不必选择立场。（试想：在决定一场选举中的投票权时，我们将当天过生日的公民与第二天过生日的公民武断地区分开来。）我们还可以暂时搁置"对社会生活中不同利益的主张"是否需要兼顾这一问题。基本概念如下：公正对待 X 的正常对话，就是给予 X 应得之

---

① 我并不否认，我们可以对动物、机遇和我们自己施以正义。同样，大峡谷（Grand Canyon）在某种意义上实至名归。我这里的关注点是对 X 施以正义和给 X 理所应得之份之间的关系，不是变量 X 可以用什么替代。

② Rawls, 1971, 第 5 页。另参见 Hart, 1961, 第 155—159 页。

份的对话。正因为有了这一共同接受的概念，我们才能提出不同的观念，并对这些观念的相对优点加以争论。

如果说我们对正义所要求的内容意见不一，这就预先假定了我们同意正义确实有所**要求**。

基本概念未解决什么

至此，我们已对正义有所了解。这个基本概念并不空泛，因为一个人应得之份并不多。如上所述，惩罚不能作为无辜者的应得之份。虽不空泛，但这一概念不足以回答所有问题。例如，如果乔比简（Jane）工作认真，他的薪水应该更高吗？如果简比乔更需要钱怎么办？简应该拿更高的薪水吗？正义这一基本概念无法回答。我们不能仅凭界定"应得之份"来认定简的应得之份。我们怎么知道，乔工作认真的事实比简急需钱的事实更重要？

为了论证起见，不妨做出如下假设：如果简和乔在相关方面均无二致，雇主应该支付二人相同的薪水。现在稍作变动：简和乔仍无二致，但雇主不同。乔的雇主必须支付和简的雇主一样高的薪水吗？如果简的烹饪工作使她获得两万元薪水，而在隔壁餐馆工作的乔同样质量的烹饪使他获得三万元薪水，这是否不公平？正义问题是否仅适用于**同一**雇主向简和乔支付不同薪水时，而不适用于薪水由**不同**雇主独立设定时？为什么？

诉诸裁判

上述难题暗含了一个问题，那就是，只要不同的观念具有起码的可信度（例如，只要它们不主张惩罚无辜者），基本概念的内容本身就不足以选出最佳观念。这些观念本身也无法解决任何问题。换言之，在两方球员对规则有异议时，如果仅和一方球员磋商，争议是无法得到解决的。我们需要一位裁判，我们需要有超越球员的权威，我们需要一种不同的权威。

第一篇 何谓正义？

例如，在对观念做出取舍时，我们可以以一种观念（将此观念制度化，赞同此观念，遵从此观念）将给我们带来什么样的生活为依据。① 这种构想并非一种正义的观念，也不以一种正义观念为前提，从而意味着我们可以不带偏见地运用它。② 它之所以能够充当裁判，正是由于它不是正义球场上的球员。

作为一种构想，"过上好日子"缺乏正义原则常见的**庄重性**。但既然它不是一种正义原则，那么这种构想就符合资格。毕竟，让我们热血沸腾的是球员，而不是裁判。

含糊性

我们可以以不同（且未必兼容）的方式进一步阐述"过上好日子"这种构想。它指的是满足基本需要、改善总体福利、提供更好机遇，还是引领卓越？无论在当下实践中还是放眼未来，这些目标都可以通过相同的政策而获得实现。即使这些标准可能互不兼容，但它们仍然有其意义。想了解一项政策是否有助于引领卓越，这没有错；想知道一项政策是否有利于境遇最差者，这也没错；承认不同事项具有无法兼容的重要性，这还是没错。相关标准有时难以兼容，这再正常不过。复杂性和含糊性并不是人为的理论构建。

正义何为？

如果说"过上好日子"这一构想复杂且含糊，那么正义对我们过上好日子的作用可能更为简单明确（相对而言！）。假设我们不将

---

① 威廉姆斯（Williams, 1985, 第115页）在谈论道德观念时提到了这一点。
② 罗尔斯指出："一般说来，我们不能仅凭某种正义观在分配中的角色而对其做出评价，无论这一角色对确立正义概念多么有用。我们必须考虑它在更大范围的关联。因为，虽然在作为最重要的制度价值时，正义具有某种优先性；但同样不能忽略的是，在其他条件等同时，只要更大范围内的后果更可取，一种正义观念就优于另一种正义观念。"（1971，第6页）

第 2 章　基本概念

正义视为灵丹妙药；换言之，假设我们同意：每个人得到应得之份并不能保证每个人都过上好日子。正义给了我们一些东西，但不是全部。那么，更具体地说，正义究竟何为？下面是一种思路。

负外部性（negative externality），有时也称"溢出成本"（spillover cost），是一种影响到旁观者行动的成本。① 经济学家会谈论外部性的内部化，也就是说，尽可能减少无辜者对他人决策之成本的被迫承担。如果一场冲突依据某一原则得到了解决，我们尚不能说这一原则就是正义原则。然而，如果遵循某一原则使我们承担了自身行动的后果，那么，这一原则就不仅用于解决冲突，而且承担了正义原则的职能，因为它要求我们留意身边之人的理所应得。亨利·许（Henry Shue）指出："无论是谁，如果他犯了错，却获得好处而不付出代价，那么他不仅没有尽力避免错误的激励，而且他对付出代价者也不公平。"② 按照柏拉图的说法，是外部性削弱了城邦内部的和谐。例如，我们的邻居不想与酗酒司机为邻，更不该被迫与其为邻。正义要求我们尽量避免让邻居为我们的一时鲁莽付出代价。

我不是在主张将外部性内部化为一种正义观念，甚至也不是在主张将其内部化为一种正义原则。我要说的是，我们限制负外部性的理由并不以任何特定正义观为前提。因为，这些理由并不**推导**自一种正义观念；相反，它们**支持**任何引发内部化行为的观念。如果不将我们引向负外部性的内部化，那么任何正义理论都难以证明其合理性。负外部性的内部化只是我们过上好日子的一个条件，但它可能是正义帮助我们过上好日子的特有方式。正义是降低共处成本的一个框架。这一框架更宽泛的意义是使我们少纠结于自卫，多用心于互惠与造福世界。换言之，正义意在创造正外部性，而非负外部性。

这未必是正义的精髓。然而，如果我们所说的正义有此功用，那么我们就有理由尊重我们所说的正义，并乐见更多的正义。

如果正义本身具有根基性，那么它就可能没有更深的根基。在此

---

① 正外部性是改善了"无辜旁观者"的生活的溢出收益。以下讨论以负外部性为主。

② Shue，2002，第 395 页。

第一篇 何谓正义？

种情况下，我们可以问：正义为何物打下根基？我们可以评估一幢房屋是否地基牢靠，而无须假设地基的根基。在探问房屋的主人将过上什么样的日子时，我们意识到地基并非一切。因为根基有利于过上好日子，但不能保证过上好日子。

在本书后面的内容中，这种观念检验法的痕迹并不明显。这和我先动笔写后一部分有关，也和这种检验法具有争议性相关，还和我以分析为首要目标有关。作为评判人们应得之份的观念，这些原则孰优孰劣？但在概念分析不足以得出确切结论时，我将后退一步，考察能否将某物（而非他物）视为某人应得之份。换言之，在无法正面回答"何为正义"时，我们不妨采取迂回策略，提出另一个问题："如此理解正义（而不那样理解正义），日子将会怎样？"更准确地说，当我们观察某些人和制度，得出一些解读（如某些人知恩图报，某些律法平等待人），然后问道："这一原则①（互惠或平等）在此种方式下（指导行动、关系、哲学或制度）是否有助益？"在这样做的同时，我们也知道，这种解读仅仅凸显了我们所观所察的一个方面，且很可能夸大其词。

不可忘记的是，正义的基本概念往往具有足够的决定性，从而使我们无须借助其他目标和价值即可获知正义。例如，我们知道，故意惩罚无辜者不属正义，那么从逻辑上就不难推论：惩罚不是无辜者应得之份。我们无须考察后果，即可得出这一结论。只有在这一基本概念不足以评判不同观念时，我们才考察外在于这一基本概念的其他因素，例如后果。仅此而已。

---

① 原文为 principal，疑为 principle 的笔误。——译注

第 3 章　诸多选项

论题：正义有若干要素。没有一个简单的普适性原则。

解释多元性

在儿童失管（child neglect）案中，我们似乎有理由说，正义要求家长照顾孩子的需要。形成对比的是，我们若在一个世纪以前考虑妇女是否有权投票，以及妇女是否**需要**投票这一问题就无关紧要，因为在那种情境下，妇女应得的认可不是她们的需要，而是她们的平等公民身份。大谈特谈作为满足妇女需要的正义，不啻视妇女为儿童。解释这类事实的一种方法是指出不同情境要求不同原则。正义关乎给予人们的应得之份；如果我们讨论的不是人们的应得之份，那么我们讨论的就不是正义。然而，人们的应得之份各有不同。

多样的原则

正义理论通常是以下四个元素中的一个或多个的组合。**平等**原则说的是人们应该受到平等对待，即提供平等的机会，保证同工同酬，等等。或者无论分配何物，人们都应该得到相同的份额。

应得原则说的是人们应当得到理所应得，即人们得到的回报应该与工作辛苦程度、工作引发风险或顾客满意程度成正比。简言之，平等原则侧重于我们的共同点；而应得原则侧重于我们彼此间的差异。

第一篇　何谓正义？

互惠原则说的是，当乔有惠于我的时候，我欠了他一个人情。我现在欠他的人情，不是由于乔是一个什么样的人，而是由于我们共有一段什么样的历史。简言之，应得原则可能关注一个人的特质，互惠原则关注的却是一段人际关系的特质。

需要原则先界定一系列需要，进而指出，只有当这些需要得到满足时（只要这些需要属于人力能及），一个社会才是正义的。

难　题

1. 几乎所有的人都认为，正义和平等有关。但一方面的平等意味着其他方面的不平等。只要有政客提议减税，就会有报社社论指出：90%的减税收益都进了富人的腰包。但社论从不解释何以如此。假定穷人简挣了1万美元，上缴了10%的税；富人乔挣了10万美元，上缴了38%的税。二人总共纳税3.9万美元，其中的95%由富人乔缴纳。如果我们将二人的税率同时降低1个百分点，简就省了100美元，乔则省了1000美元。也就是说，乔大致得到了90%的好处。因此，专家是正确的，尽管他们从不说。乔仍然缴了3.7万美元的税，而简只缴了900美元的税。而且在乔和简如今共同缴纳的3.79万美元税中，乔仍然负担了总额的95%以上。那么，我们是否应当降低不平等？**哪一种**不平等？是简和乔纳税额的40倍差距，还是他们税后余额的7倍差距？为了一方面的平等，我们在另一方面愿意容忍多大的不平等？

另一个难题来自于罗尔斯。假设人们可以从发展他们不平等的特长中获得收益，那么所有人都会比在一个抹去不平等（从而抹去激励）的制度下做得更好。在此情况下，奖励平等本身似乎并不理性。

2. 我们都觉得，人们应该得到他们应得的东西。但我们为什么认为一个人应该得到任何东西呢？我们觉得自己应该得到奖励，是因为我们的出色工作，而不是因为单纯的好运。罗尔斯点出了这一难题：我们的工作能力本身纯属运气；我们的社会环境和禀赋，甚至我们的特性，皆为先天产物。我们不能以此为功。因此，没有人应该得

第3章 诸多选项

到功劳,所谓应得纯属海市蜃楼。果真如此吗?

3. 我们大多数人认为,正义和互惠有关。对于有惠于我们的人,我们亏欠他们一个人情。但不确定的是,何时投桃报李才具有正义性。罗伯特·诺奇克观察到,人们不能因仅仅给予我们没有提出并可能不想得到的恩惠,而使我们背负人情。① 正义不仅有可能不要求互惠,有时甚至不**允许**互惠。卡斯滕(Karsten)给了我第一份教职。现在想象一下,若干年之后,卡斯滕申请鄙系的教职。我知道如何回报他,但在投票时,我有没有义务,甚至权利,考虑这一因素?②

4. 我们大多数人认为,正义和需要有关。事实上,正义和需要有关是人们看重正义的部分原因。但在一般情况下,我们将人们应得之份和人们所需之物视为不同的东西。**仅仅**因为简需要 X,就认为简应得 X,这太过简单了。这是一种错误的关联。那么,还有什么其他关联呢?

一个更令人困惑的难题有关下列事实:在依据 X 来进行分配的时候,我们事实上对提供了 X 的人做出了奖励。在依据 X 进行分配时,我们往往获得更多的 X。当我们依据应得原则进行分配时,这是一个不错的后果。但如果是需要原则,又该怎样?当我们依据需要原则进行分配时,我们往往会得到更多的需要,这将会怎样?这显然不仅仅是一种理论上的忧虑。在你的家中,你想确保你的子女得到他们需要的东西;但你不希望你的子女觉得要让你关注,就该要这要那。那可不是培养子女的好办法。

家庭之外又该如何?假设你去泰国旅游,你想给街上乞讨的幼童一些钱,但导游说,这些孩子是从柬埔寨被拐卖至曼谷乞讨的,如果他们乞讨到了足够的钱,拐卖者晚上就会给他们吃的,否则就会剁掉一根手指。(虐待的威胁让幼童们绝望,伤残让他们看起来更可怜,无论如何都对拐卖者有好处。)再简单不过的道德事实是,这些幼童迫切需要你的零钱。但如果你的导游是对的,那么,如果你依据需要

---

① Nozick, 1974, 第 93 页。
② 在这一假想的例子中,即使我不该投卡斯滕一票,我也应该做诸如在书中提及他的名字这样的事,让他知道我没有忘却让自己配得上他给予我的机会的义务。

第一篇 何谓正义？

原则分配你的钱，你就是在资助一个**制造**需要的产业。所以，此时此刻，你在决定是否给你面前的孩子们一些钱。在这种情况下，正义和需要有什么关系？为什么？

后面的章节将会继续谈论这些难题，但并未给出简单的答案。我力图推进对话，而不是终结对话。我试图展示，为什么尽管存在这些难题，但我们仍旧做了正确的决定：不愿抛弃任一基本范畴，即应得、互惠、平等和需要。

第4章 情境功能主义

论题：不同原则下的正义诸领域虽各自有别，却偶有冲突。

多元性理论

我对贴标签很慎重，但可以把我的理论描述为**情境功能主义**（contextual functionalism）。这一理论具有**多元性**，因为在它的四个要素中，没有任何一个要素是统领一切的首要标准。这一理论具有**情境性**，因为四个要素各自只适用于有限的范围。① 这些范围中的议题**或多或少**都相互独立，但同时也**或多或少共涉正义主题**。这些范围就像是构造板块，它的边界随着我们的观念演变而变动。（民权运动意在扩展法律面前的平等范围。）变动可能会在某些地方留有空隙，在某些地方造成重叠。因此，在一定范围内变动的元素会留有一些未解的难题，并对某些问题给出相互冲突的答案。不仅如此，原则冲突之处局面混乱，"蝴蝶"效应产生的细节差异会导致结论不同。因此，雇

---

① 克里斯托弗·威尔曼（Christopher Wellman）指出，在认识到正义的不同领域（spheres）方面，我和沃尔泽的理论有类似之处；但威尔曼还指出，在谈到领域时，沃尔泽（Walzer, 1983，第28页及其后数页）将正义视为相对于特定共同体的生活方式，而我谈论的是特定原则的不同应用，并未假定应用范围的地域限制。因此，领域这种比喻暗示了一种并不存在的相似性。沃尔泽的确主张原则的多元性，从而推出相似性的真实存在，但他并未就这一理论详加阐述。无论如何，我将尽力避免夸大自己和他人理论的差异性或相似性。

佣表亲是否不义？关键在于细节。①

这一理论是**功能主义的**，原因在于我们可以试图通过探究正义何为来消除"什么值得相信"的困惑。超越了正义的考量确实存在。无论在正义层面是否重要，其中一些考量确实重要。当正义概念之内的考量（例如分析"应得之份"这个词）无法决定我们如何对不同观念做出取舍时，我们可以探究，正义层面**之外**，什么是重要的，而无须对内在构想加以评判。这并不是假定外延构想比内嵌构想更具基础性。我只是说，若穷尽内嵌构想，却无法确定哪一种正义观念是实实在在的，我们无须放弃。

粗糙的情境理论

不同的原则适用于不同的情境。情境就是激发我们进行理论表述的问题。"我的子女应得什么？"即为一种情境；"我的员工（从我这里）应得什么？"是另一种情境。正如我们查地图是为了寻找目的地一样，我们运用理论是为了解决疑问，为了获得指导。确立理论情境的是理论之前问题的主题（子女、员工、动物，等等），而非理论本身。在这种意义上，情境并非渗透了理论。② 从而，我们就有了一张正义街坊的地图。下面这些主题颇为粗糙，而且它们限定了相应粗糙的情境。我们稍后将讨论进一步的改进。

---

① 板块构造比喻来自克拉克·杜兰特（Clark Durant），特此致谢。

② 吉尔伯特·哈曼（Gilbert Harman）曾说："不存在纯粹的观察。观察总是'渗透了理论'。你的感知在某种程度上取决于你所秉持的理论，无论你自己有无意识。你看到一些孩子往一只猫身上泼汽油，并点燃了汽油。若要真正看到，你必须拥有大量知识……你见之所见，正是由于你脑中的理论。理论若变动，你将随之看到不一样的东西。"（1998，第120页）从哈曼渗透了理论的"观察"中，我们得出结论："渗透了理论"是一种相对性表述。甚至，"猫身上着火了"这种简单的观察也**可以**视为渗透了理论（取决于你的理论）。但它所渗透的理论少于"把猫点燃是**错误的**"这一观点，而后者所渗透的理论又少于"把猫点燃是错误的，**因为**它造成了不必要的痛苦"这一观点。我的观点是：**情境**是引出"我欠这个猫什么？"这类问题的情形。答案渗透了理论，但**相对**而言，问题本身并不然。

第 4 章　情境功能主义

1. 何为子女的应得之份？他们应得他们之所需。

2. 何为公民的应得之份？他们应得公平对待，也就是法律面前的平等。

3. 何为同伴的应得之份？他们应得互惠互利。

4. 何为对手的应得之份？他们应得对其所展现出优点的合理承认。

5. 何为员工的应得之份？他们应得他们所得。

6. 收入最少的两成家庭大体上对应于罗尔斯所说的"最小受惠者"。何为他们的应得之份？罗尔斯可能会说，他们应得所有人都享有的最大自由。他们应得一个生活在物质繁荣且不将任何群体甩在身后的社会的机会。他们的子女们应得一个在出身卑微不影响全面发展的开放社会中长大的机会。每个人都值得拥有一个机会，至少在天道的意义上。①

如何细化情境：一项个案研究

在多元性理论中，人在一种情境下应得（比如说）同等份额这一观点并不影响另一观点：人在另一种情境下应得其他物件。因此，在多元性理论的框架中，反例论证这一通用方法（举出同等份额带来极度不公的个案）并未否定同等份额的合理性。相反，它有更具建设性的用途：向我们展示一个原则（如同等份额）**何时**不适用。它指出了界限。

以上面给出的第一种情境为例：子女的应得之份问题。一个聪明的人会将此视为一种粗糙的情境，所以当她说"子女应得他们之所需"时，她并未打算陈述一条普遍规律。她知道，一个完整的情境具有微妙性，任何**口头描述**都只是局部的。因此，她给出了一条涵盖了她眼中通常情形的一般规则。她意识到会有反例，而这些反例的细

---

① 我之所以提起天道（cosmic justice），是因为如果说起简的应得之份，就会引出一个问题：是否有人有义务（或甚至有权利）确保简得到其应得之份？

第一篇 何谓正义？

节会超出她粗糙的概括所涵盖的内容。（想想你在组装一件新家具时所使用的说明书。任务再简单不过，并且你竭力试图看懂说明书，但你仍然会犯错。论复杂程度，理解正义远超家具组装，所以它遭到深谙曲解之道的专家的误读，这有什么奇怪的呢？）所以，被问及什么是子女应得之份时，简说子女应得他们之所需。乔机智地答道："如果我的小孩是个成年人呢？"简并不认为乔的反例驳斥了自己的答案，而将其视为对初始问题的改进。真正的驳斥会指出，即使在一般情况下，简的概括也是错误的。

这便是分析哲学。如果我们抛开"一劳永逸"的想法，分析哲学就是一个对情境提炼、概括的过程，而这种概括为进一步改进留出了余地。（当然，我这里正在概括。）我们的第一步颇为粗糙，它不是好的终点，却可能是好的起点。我们可以试着像一个破坏者那样将构想无所顾忌地分解，或以其为基础进一步提出构想。假设简将乔的问题视为对初始问题的改进，而且她的回答也做出了恰如其分的改进：当我说父母应当满足子女之所需时（"这是子女的应得之份"），我假定的是六岁左右的孩子。你问的是一种这个答案并不适用的情境。这就是我对你的新问题的回答。或许你的成年子女也是美国公民，或许你的成年子女也是一个生意伙伴，或是一个雇员，这些细化条件使我对回答做出了相应的修正。（人总是多面的。）

为什么年幼子女的应得之份不同于成年子女？如下是一种回答。有时候，你的子女最需要的是因表现出色而获得认可与奖赏。或者，他们可能需要你建立并承认一份互惠的关系，例如你付工资让他们割草。更宽泛地说，你的子女最终需要的是你把他们当作成年人，而不是孩子。[1] 把他们当作成年人，就要让他们负起成年人的责任。让他们负起成年人的责任，就要承认你满足他们作为成年人的要求的义务有分明的界限。父母之道的艺术是：当子女能够承担责任时，就给他们更多空间。这时候，你的子女就不再需要按需

---

[1] 约翰·洛克（John Locke）在《政府论》（下篇）（*Second Treatise*）第六章（55）指出，子女并非生下来就**处于**（in）完全的平等状态，但他们生下来就**理应**（to）享受完全的平等状态。感谢钱姆·卡茨（Chaim Katz）的提醒。

第 4 章　情境功能主义

分配。你和他们的关系就适用于正义原则，但这不是一种静止的情境。随着孩子长大成人，情境相应发生变化，慢慢开始要求其他原则。

第 5 章　何谓理论？

论题：成功的理论是地图，而不是对充分及必要条件的详细说明。

理论是地图

为了理解什么是理论，理论能做什么，我们不妨把理论视为地图。① 我们从一片地带（一个主题）开始，并提出关于这片地带的相关问题。这些问题激发我们构建理论（这片地带的地图）来阐述我们的回答，并将其系统化。要知道如何抵达底特律，我们需要一种地图。要知道如何做一个好人，我们需要另一种地图。注意：**地图**并不告诉我们目的地在何方。② 我们的问题先于我们的理论表述，并构成了我们理论表述的初始原因。

理论是抽象表述

底特律地图是一种人造物，一种发明。正义的地图同样如此。在

---

① 关于理论的"地图"属性，我要感谢詹娜·伊斯梅尔（Jenann Ismael）饱含洞见且轻松愉快的交谈。

② 这对于科学研究中的理论表述同样成立。例如，对于想从世俗层面理解自然的人来说，达尔文主义是一张有用的地图。它并没有解释一切，但确实解释了很多。然而，达尔文主义并不被神创论者所接受。为什么？原因不在于它无法帮助神创论者从世俗层面理解物种的起源，而在于神创论者另有目的地。

这两个例子中，地图的呈现都**和原型有出入**。底特律地图是一种风格化的、抽象的、简化的呈现，否则它就不成其为地图。但只要没有误导性，我们就可以说一张地图是准确的。对于某些用途而言，一张地图细致入微；对于其他用途而言，它又过于简略。

地图本身并非现实。它充其量是一种有益的表征。道德理论同样如此，它是对一个领域质量不一的表征。仅此而已。

具体细节是通向目标的手段

在绘制地图时，我们会略去那些只会干扰使用者的细节。因为具体细节本身并非目的。我们不会去标识所有在路边抛锚的汽车的位置，我们也不会说一张省略了这些细节的地图有误。问题在于，确实打算遵照地图的使用者是否会遭到误导。

通盘考虑是通向目标的手段

既有理论往往类似世界地图，它是通盘考虑的后果，即追求一网打尽的某项或某几项原则。然而，真正的道德问题往往更像"如何从机场到达学校"这类问题。世界地图固然酷炫，但如果我们想到达校园，它就没有用处，甚至毫不相干。

局部地图不能帮助我们到达所有目的地。尽管覆盖面窄，但它们总是我们需要的地图。为什么？因为它们有助于我们解决实际遇到的问题。虽然当我们远距离观察道德的星球时，星球表面平整光滑，但是我们用以涵盖整个星球的原则却无法触及道德生活中的山谷，因为它们无助于地面上的人做出道德判断。

理论有反例

通常情况下，反例旨在说明理论并非演算法则（algorithmic），例如：我有可能分毫不差地遵循某种理论，但仍抵达错误的终点。但我们可以将它看成分析哲学中的一条佚名定理（folk theorem）：**任何足够简单的理**

论都有反例。（这是一个简单的理论。因此，倘若正确，它就有反例。）

反例是警告标志，它告诉我们不可盲信理论。正如在看到前方桥梁已被冲垮的道路警示牌时，我们不应盲信地图一样。即便是简单的旅行指南，也少不了解读、判断和体验。（卡伯里［Carubury］说转弯处在"前方一英里左右"。我们是不是已经走过了？那就是他让我们留心的加油站吗？）简简单单遵从指示这种事几乎从不存在。

理论告诉我们在情境 C 下做什么，而非我们在情境 C 中

无论喜欢与否，我们都是在运用理论，而不是简单地遵循理论。这样说吧，在制定**规则**时，我们试图制定能动者可以遵从的指示；但在制定**原则**（而非规则）时，我们甚至不会试图制定能动者可以简单遵循的指示。（遵循这种想法给人以安慰，它似乎使我们免于担责。而**运用**理论要求诚意、智慧和经验，并且几乎不容许我们对谁权衡选择、谁承担后果提出质疑。）那些指望正义原则的"简单透顶"（idiot-proof）的人，对理论的用途理解有误。

如果你的目的地是学校，那么城市地图可能会告诉你在第一大道和百老汇大街交叉口左转，但普通地图本身并不能告诉你现在应该怎么办，除非你从感受和观察中得知自己已经到了第一大道和百老汇大街的拐角处。因为公路地图上没有红色的"你在这里"的标识。普通地图要求使用者知道自己身处何方，想去何地。

就此而言，理论恰似普通地图。即使一个理论明确指出，原则 P 适用于情境 C，我们也仍需要判断自己当下的处境是否与原则 P 适用的情境 C 足够类似。尽管原则 P 明确无误，但我们仍需要以智慧和经验来判断运用原则 P 的时机成熟与否。①

---

① 以下构想受益于和弗雷德·米勒（Fred Miller）的交流：一个帕特农神庙（Parthenon）的塑料模型是否精准，与模型的塑料材质并无关系，因为观者明白，那么这一模型并不表示帕特农神庙以塑料而建。如果帕特农神庙的模型为**圆形**，那么这一模型就错了，因为模型的形状是一种**描绘**，塑料材质则不是。

第5章 何谓理论?

不同的目的地需要不同的地图

我们的意图并非固定不变。在回答新问题时,我们需要新的地图。城市地图有其意图;太阳系地图则另有他用。与之类似,描述公职人员职责的理论与描述父母责任的理论很可能大相径庭。

注意:如果意图不止一个,我们需要的地图可能也不止一个,**即使**仅有一个终极实在(ultimate reality)。①

若不同地图有重叠,它们就可能有出入,怎么办?

假定我有两张地图,且它们存在出入。一张地图告诉我走高速公路,另一张地图却说高速公路封了。如果不考虑其中之一,出入就不复存在,但问题并未解决。分歧提供了信息,它提醒我注意。我不能盲信任何地图。所以,如果地图有缺陷,将比在不同地图间取舍更糟。如果我留意到不一致的地方,我会检查是不是有一张地图已过时,或者向当地居民询问。如果我在不一致的理论中发现了些许真理,我是否必须摒弃其中之一,以求连贯?② 非也,如果理论是地图的话。

理论即为折中

在理论表述时,我们试图简化自己所知,使其易于被理解、陈述和运用。如果以言语描述正义的所有繁枝细节,那么我们将难以驾驭整个描述过程,而且理论也将面目全非。相反,如果我们尽力简化,

---

① 我的"理论似地图"的理论是一种理论:一种系统表达和阐述我如何看待理论表述的方式。理论表述活动是一种实在(reality);我的"地图理论"是我描述这一实在的尝试。即使我的"地图理论"正确,它也有地图的局限性。

② 罗伯特·劳登(Robert Louden,1992,第8页)指出:"互有冲突的不同伦理学理论共存,不但有利于学术繁荣,而且也近乎不可避免。"

第一篇 何谓正义？

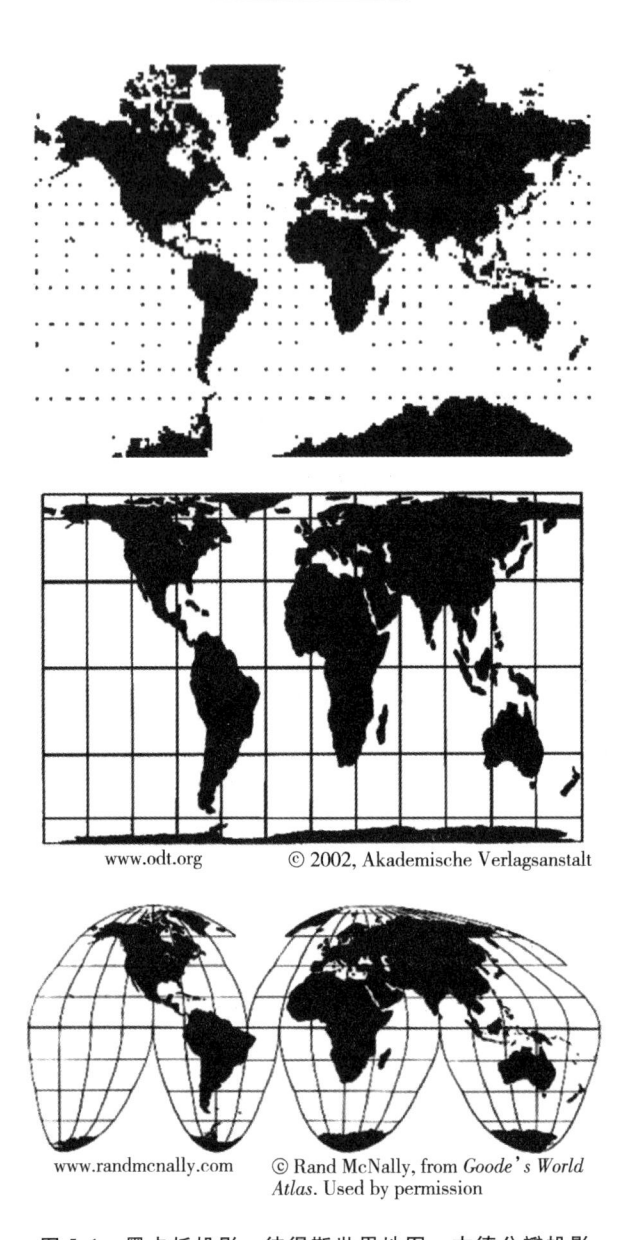

图 5.1 墨卡托投影、彼得斯世界地图、古德分瓣投影

资料来源：彼得斯投影世界地图由联合国开发计划署（United Nations Development Programme）协助提供。有关地图和相关教学材料，请联系：ODT, Inc., Box 134, Amherst MA 01004 USA；（800 - 736 - 1293；传真：413 - 549 - 3503；电子邮件：odtstore @ odt. org）。

第5章 何谓理论?

聚焦于正义的本质,那么理论的完整性或准确性将有所缺失。这好似以二维空间展现三维地形。以二维空间展现三维地形时,地图绘制者可以精确地呈现尺寸或形状,但无法两者兼得。墨卡托投影法(Mercator projections)[①]把经线绘制成相互平行的样式,以相对尺寸失真为代价,较为准确地呈现了各大洲的形状。格陵兰岛看上去和非洲一样大,但实际面积只占非洲的十四分之一。彼得斯投影法(Peters projections)[②]同样将经线绘制成相互平行的样式,通过压缩极地纬度的垂直空间,解决了"格陵兰岛"问题。相对面积这下基本准确了,但形状又失真了。古德分瓣投影法(Goode's Homolosine)[③]准确地呈现了每一个大洲,代价则是把世界绘制成剥了皮的橘子一样的球体。

简而言之,和理论表述一样,地图绘制是一件棘手的事情。制图者对如何呈现世界做出选择,且不存在以二维空间展现三维真相的完美手段。伦理学家对如何呈现正义做出选择,且不存在以言语呈现我们一切信念的完美手段。地图并不完美。理论同样如此。

但这并非怀疑论!因为地图有效呈现(或未能呈现)的客观真相确实存在。无论墨卡托投影法和彼得斯投影法的拥趸们能否就何种呈现方式对特定用途最为有效达成一致,三维真相丝毫不受影响。

阐述准则

在图森(Tucson)爬山时,我能分辨出枕形仙人掌和刺猬仙人掌。虽然我可能无法**表述**,但我却**明白**差异何在。如果要加以表述,我的表述不可能完整,或者会有反例。与之类似,我们探知正义原则

[①] 一种等角的圆柱形地图投影法,得名于佛兰德(County of Flanders,今比利时境内)的地图学家格拉尔杜斯·墨卡托(Gerardus Mercator,1512—1594)。——译注
[②] 一种等面积的圆柱形地图投影法,得名于德国历史学家阿尔诺·彼得斯(Arno Peters,1916—2002)。——译注
[③] 一种等面积的伪圆柱形地图投影法,得名于美国地理学家约翰·保罗·古德(John Paul Goode)。——译注

第一篇 何谓正义？

的能力超出且先于我们阐述这些原则的能力。事实上，如果探知 X 的能力预设了只有在研究生阶段才能习得的语言技能，那么 X 就注定不可能成为正义的社会原则。

任何能为我们所阐述的准则都仅仅源自经验的粗略心得，也就是关于我们曾身处何方的智慧。我们所阐述的智慧有助于前方路程，因为未来和过去总有几分相似。然而，未来也有出乎意料之处。所以，准则不可能预见一切偶发事件。换言之，（迄今为止的）任何程式都无法万无一失地为所有情形开出良方。

我们可以列出四个或更多的正义要素，却永远无法确定它们是否已穷尽人们所有应得之份。同理，我们可以列出求解这些要素的元伦理学（metaethical）标准，却永远无法确定是否已穷尽支持某一种（而非另一种）正义观的一切理由。① 我所认识的理论家们并不指望他们的理论告诉他们该打多少分，以及招聘委员会开会时投谁一票或是否临时停课。那种使我们明白如何行事的智慧和洞见绝对不会促成理论，尽管理论表述也许有助于智慧与洞见。

在不同原则之间拣选需要判断。判断本身在某种意义上可以准则化，做出判断却有别于遵循准则。举一个更简单的例子：准则能告诉投资者何时买入或卖出股票吗？市场分析师考察价格浮动的历史，从中看出了类型。类型暗含了公式。有时会有人出售这类公式，从而给出自己的公式对过去 50 年所有重大价格波动早有预期的证据。投资者购买这类公式，而后者却对下一轮波动束手无策。我的看法：许多现象可以准则化，因为它们呈现出一种模式。这种模式在事后可以用公式来表述，但这并不表明此公式对我们的下一轮决策有所帮助。

所以，当商业伦理课上的学生寻求能够确保所有未来决策完美无缺的"终极准则"时，我们可能无话可说，即便我们认为这一准则

---

① 法律推理经常用到"明理人"（reasonable man）标准。鲍伯（Bob）在倒车时碾压了邻居的自行车。他是否存在疏忽，取决于一个明理之人在倒车前会采取什么措施，以及这些措施是否足以碾压自行车。明理人标准的优点在于，它对理论的种种理由的全面性和统一性没有不切实际的期望。如果在倒车时只有先压过邻居的篱笆才能压到自行车，我们可以假定鲍伯有错。然而，与其说篱笆这一点来自种种原则，不如说源自对于本案细节的掌握。

第 5 章 何谓理论？

（在原则上）客观存在，等待发掘。多数商科专业学生对股票市场有足够的了解，知道选股准则只能做这么多。判断最终由他们做出，而非任何准则。其中一些人对道德哲学了解不多，不知道道德准则同样只能做这么多。但我们可以告诉他们真相：哲学家的工作是阐述原则，而不是规则，也不是准则。与其说类似于知道测试题的答案，道德智慧更像只知道考试已开始。[①]

我未必正确

元素周期表是一个理论架构，但确切地说，它是一张地图，而不是一种分析。和我的理论一样，它充满了隐喻性，或多或少依据性状表现来定义元素家族，如碱金属（alkali metals）和稀有气体（noble gases）。（我说的四个要素也具有家族色彩：至少两种应得、三种互惠、两个平等维度，还有复杂的不同层次需要。）和我的正义理论类似的另一点是，元素周期表是一个开放的系统，它允许新元素的发现甚至发明。周期表是一种简洁、优美、有效的信息传递方式，它甚至有可能是最好的方式，但并不**必然**如此。如果它是传递我们已有信息的最佳方式，那么在有了新的信息后，它就未必是最佳方式了。

我尚未给出 X 成为正义原则的充分必要条件。对这类条件的阐述只能告诉我们这么多。除此之外，还有其他不同类型的分析。（经济学家通常对充分必要条件不感兴趣，而致力于寻找函数关系：Y 如何随着 X 的变动而变动。货币供应量的增加对于通货膨胀率的上升而言，既非充分，也非必要。但这并不重要。重要的是，在其他条件不变时，货币供应量的变化将影响价格。）

迄今为止，还没有哲学家能提出被世人公认的有效正义理论。我

[①] 以道德心理学实验为例，在这些实验中，人们没有提供帮助，没有坚持真相，或为压力所迫而让他人遭受痛苦。现在设想一下，穿着工作服的人警告实验对象，实验旨在测试他们的道德操守。我估计，这种警告将全面影响实验对象的行为。为什么？原因不在于穿实验工作服的人泄露了**答案**。他没有泄露答案。穿工作服的人只是警告实验对象，他们将受到测试。然而，有智之人每天早上起床时便已知道，自己将经受生活的考验。

也从未幻想自己将是第一个。我没有任何说服别人的意思。如果你对正义的理解与我不同，那么你会有与我不同的答案，甚至不同的问题。这都不是问题。

我将自己思考的结果视为沉思，而非推论。理论空白是想象力之源（至少是回应之源），所以我对空白没有任何掩饰。苏格拉底教导我们说，智慧无关我们知道多少，而在于知道有多少仍待探知。这一领域仍然有一些方面是我不知道的，因此我所能做的是把它们留待将来继续探索。

讨 论

正义理论是否类似公路地图？一种看法是：我们可以通过实地考察来检验公路地图的准确性，但在道德哲学中，我们没有地形（事实）来考察。另一种看法是：事实**客观**存在，即如果我们（或我们置身于其中的体制）遵循一种正义观（而非另一种正义观），那么我们将过什么样的日子的事实。当然，在地图告诉我们正确方向之前，我们必须决定要去往何处。我们根据目的地来选择地图，而不是反过来。这么来看，正义理论是不是**过于**类似公路地图了？我们想不想要一张带领我们找到宝库的藏宝图？我们希望自己钟爱的理由（实现平等、互惠互利，等等）不仅仅是理由，我们希望自己的目的地（我们称为正义的宝库）**引人入胜**。那么，我们应该寄望于一张藏宝图，还是对一张公路地图心满意足呢？

第二篇

如何应得

第 6 章　应得

我将车停在路边，警察也在我后面停车。他走到我的车窗边，向车内扫了一眼，让我出示驾照和行车证。

"新来的？"
"是的，"我说，"五分钟前刚到"。
"知道哪里错了吗？"
"对不起。刚才那里没有停车标志或红绿灯。我看到十字路口另一侧的车停了下，就继续开了。"

警官摇了摇头，说道："先生，我们这里依据应得原则进行分配。所以，在遇到十字路口时，司机必须停车。通过比较目的地，弄清楚谁有优先通过权。如果你参加我们高中明晚的赛跑，你会看到同一回事。冠军不是跑得最快的人，而是尽了最大努力的人。简单说，这就是其他司机按喇叭的原因，因为你没有停下来比较目的地。"

警官停顿了一下，默默地盯着我。

"对不起，先生，"我终于开口，说道："我知道你一定是在开玩笑，但我真没听明白。"
"先生，正义可不是玩笑。我本来只打算警告你一下就放你走，但你这么说就不能放过你了。"

第二篇 如何应得

人们理应得到应得之份。应得之份可能取决于我们的努力程度、我们的表现或在竞争中的优异成绩,即使优秀表现和我们的天生禀赋不无关系。

至少大部分人是这样看的。哲学家有时会持有不同观点。至少从卡尔·马克思抱怨资本主义社会从工人身上榨取剩余价值,从而没有给工人应得之份开始,古典自由主义哲学家便担忧:将正义视为人们应得之份,会对自由造成妨害。

罗尔斯同样反对应得原则的推论,认为它是

> 我们深思熟虑后的判断的基点之一:一个人并不应得其所分配到的先天禀赋,也不应得其在社会中的起点。一个人对培育其能力的优秀特质理所应得,这一点同样值得质疑,因为他的品性在很大程度上取决于优越的家境和社会环境,而他对此并无功劳。"应得"概念似乎并不适用于这些情形。①

在某种意义上,罗尔斯的观点是令人信服的。我们的努力免不了会受到先天禀赋、地位优势以及纯粹运气的帮助,那么有多少是我们应得的?如果我们的品性本身即为上述因素相互影响的产物,那么到底什么是我们(无论是资本家还是无产阶级工人)应得的?

罗尔斯是否彻底拒绝了应得原则?罗尔斯未必如此决绝。他可能只想证明自己差异原则(第31章)的一个理论对手是错的。但无论本意如何,罗尔斯对应得原则的批评并不一针见血。我们知道,在提

---

① Rawls,1971,第104页。拉科夫斯基(Rakowski,1991,第112页)将这段话视为"无可争议的断言,连诺奇克这种自由至上论者都没有异议"。舍夫勒(Scheffler,1992,第307页)同样认为这段话"无可辩驳"。哈耶克(1960,第94页)写道:"美好的心灵或优美的嗓音,秀丽的面容或灵巧的双手,敏锐的头脑或迷人的个性,它们和机遇或经历一样,在很大程度上是我们无法控制的。"哈耶克强调,在根本制度层面按照应得原则分配既不可欲,也不可行。高蒂尔(Gauthier,1986,第220页)指出:"我们可能会赞同罗尔斯,认为没有人的先天能力是理所应得的。一个人生来如何,同应得原则并无关系。"尽管需要指出,高蒂尔认为这一事实可能不具有规范性意涵。

第6章 应得

出**正义二原则**时，罗尔斯只打算将其用于社会基本结构。但在批评应得原则时，他并没有做出类似的限定，且这种限定不能仅基于**规定**或**意图**之上。当罗尔斯说，"应得概念似乎并不适用于"先天优势或品性影响结果的情况，他暗指了更大意义上的道德世界，而不仅仅指基本结构。尤其要指出，他的言下之意在于，在这个更宽泛的道德世界里，他的差异原则作为根本制度正义与否的**唯一**检验标准的地位没有任何挑战（他自己的第一原则除外）。如果罗尔斯对应得原则的批判成立，那么他力图论证的怀疑论就具有普遍性。①

塞缪尔·舍夫勒（Samuel Scheffler）指出："没有任何一位杰出的当代自由主义哲学家将应得原则置于根本性原则的重要地位。"② 在我看来，若真如此，这些杰出的当代自由主义哲学家就全都错了。尤其要说的是，我们为了使自己理所应得而所做之事含有一个方面，这个方面尽管少有人谈及，却在我们日常的道德生活中扮演了核心角色，且这种角色有其依据。

---

① 罗尔斯有时会说，他并不是反对应得原则本身，而只是反对将应得原则视为先于制度的概念。参见第11章。马特·贝德克（Matt Bedke）提醒我，结合第4章，我们可以将罗尔斯的观点视为一种我们不能苟同，但有进一步改进空间的概述，在此向他表示感谢。

② Scheffler, 1992, 第301页。

第7章 我做了什么才理所应得？

论题：怀疑论者坚持认为，勤奋并不足以带来理所应得；要理所应得，我们还必须有勤奋的意愿。这种怀疑论有其道理，我们却没有任何理由接受它。

"大爆炸"理论

几乎所有人都认为，人们理应得到他们应得之份。但如果问题是人们应当得到**什么**，或者应得之份的依据是什么，就会出现不同意见。有人会说，我们理所应得，原因仅在于人之为人或人之所需。许多人认为，我们的付出理应得到回报，或由于付出所创造的真实价值而得到回报。开列应得依据的完整清单不仅没有必要，而且并不可行。只需指出，人们应得之份的通常依据包括特质、付出和成就。①

当我们判定一个人理所应得时，换言之，当我们承认一个人的品性、付出或成就时，我们在做什么？提示：判定鲍伯理所应得，就是判定鲍伯与之相配（worthy）。就是说，鲍伯的某些特点使某项结果成为鲍伯的正当报酬。② 尽管并不十分明显，但从直觉上说，承认鲍伯可以通过做某些事情使自己理所应得，就等于承认鲍伯是人：他能

---

① 范伯格（Feinberg，1970，第58页）用"应得依据"（desert base）来指代提出应得诉求所依据的标准。基本构想是，有理有据的应得诉求是一种三层关系：P 由于特征 F 而应得 X。

② 参见 Sher，1987，第195页。另参见 Narveson，1995，第50—51页。

第7章 我做了什么才理所应得？

够做出选择,并为自己的选择负责。① 关于一个人应得何物的规范思考也暗含了类似观点。

若做出极端的表述,怀疑论持有如下应得原则:如果要应得 X,我们不仅必须提供奠基应得主张的通常投入,还必须对这个世界的一切,包括其历史理所应得,因为它们使我们得以为应得奠基。实际上,我们理所应得这一可能性最终指向"宇宙大爆炸"。

众人皆走运;某些人纯属走运

回顾一下罗尔斯的主张:一个人的"品性在很大程度上取决于优越的家境和社会环境,而他对此并无功劳"。② 罗尔斯反复强调下面这一点,并因此显然认为它们有关联:"甚至努力和尝试(并因此在通常意义上理所应得)的意愿本身也取决于幸福的家庭和社会环境。"③ 其他不论,许多学者都赞同这种观点,其中不少人受到罗尔斯的启发。④

无须多言,不论所得为何,我们所有人之所得在一定程度上都源自运气,而运气并不产生应得。任何结果都免不了受到道德武断性的(morally arbitrary)因素的影响。("武断性"暗含贬义,但如果没有进一步论证,我们只能说运气在道德上中立[neutral]或具有惰性[inert]。我在这种意义上使用这个词。)然而,如果说造成某结果的**部分**投入因素具有武断性,那么我们能否由此得出所有投入因素都必然具有武断性这一结论呢?

显然不能。每个人在某种程度上都是幸运的,但一个人付出得越多,或表现得越优秀时,不可避免的运气成分在我们心中的分量就越

---

① 参见 Morris, 1991。
② Rawls, 1971, 第104页。
③ Rawls, 1971, 第74页。
④ 如布罗克(Brock, 1999)。参见她关于"既然不应得我们的资产家底,我们还能应得什么?"的论述。拒绝这一预设(若要理所应得,投入本身也必须理所应得)的学者包括纳维森(Narveson, 1995, 第67页)、谢尔(Sher, 1987, 第24页)和扎齐克(Zaitchik, 1977, 第373页)。

轻。无论如何，走运和纯属走运都大不一样。走运这一事实本身并不否定理所应得。否定理所应得的是**纯属**走运，因为纯属走运意味着缺乏为理所应得打下基础的投入（付出或优秀表现）。

为了反驳特定情形下对应得的主张，我们必须表明，这一情形缺乏**能够**为应得主张打下基础的投入。应得观念若要免于空洞，就必须存在一个人能够提供的投入，也因此存在未能提供的投入。一般情况下，唯有当 X 有**落入**某范畴的真实可能性，X 掉出此范畴才有意义。

我们可以由此得出结论：存在无数不能为应得主张提供依据的投入（运气、宇宙大爆炸）。那又如何？怀疑论者认为，每一个因果链条都含有道德武断的环节，但无人对此提出质疑。真正的怀疑论立场是，没有一个因果链条不包含**非**武断的环节。一个怀疑论者会说："即便是品性、天赋和我们人之为人的其他内在特征，只要它们是含有武断环节的事件链条的产物，便也具有武断性。每个因果链都可追溯到一个武断的事件，那就是宇宙大爆炸。因此，不存在任何应得之份。"

某些因果链条基于人的内在特征；一个怀疑论者如果不假思索地假定这无关紧要，那就草率得有些稀奇了。如果一个所谓的怀疑论者说"品性是武断的"，那么真正的怀疑论者就会问："和什么相比？"我们区分两种结果：和一个人的品性有关的结果以及和一个人的品性无关的结果。如果存在任何应得之份的依据，那就是结果和人的内在特征之间的关系。我们不需要假定（通常也不会假定）这些特征的起因。

当历史无关紧要

对于产生应得因素的因果历史，我们通常不做任何假定，这奇不奇怪？如果我们谈论的是与人无关的特征，又该如何？乔尔·范伯格（Joel Feinberg）有如下观察："艺术品理应得到赞赏；难题理应得到深思熟虑；法案理应得到通过。"[①] 约翰·克莱尼格（John Kleinig）

[①] Feinberg, 1970, 第 55 页。

说，大峡谷理应获得盛名。① 这些例子和正题无关，点到即止，但它们涉及重要的一点。我们**从来不说**，只有着眼其应得名声所基于的自然禀赋时，大峡谷才理应获得盛名。我们**从来不会**如此质疑对艺术品的评判："即便是最伟大的画作，我们所赞赏之处也有其成因。没有任何一幅画作曾为应得这些受赞赏之处而付出努力。"直觉告诉我们，这无关紧要。

怀疑论者假定，如果我们谈的是人，因果历史就关乎大局，但这一假定并无依据。据我所知，从未有人证明过这一点。和与人无关的情形一样，当一个人的内在特征支持应得主张时，这种支持来自于对那些特征的赞赏，而与特征独立自存（uncaused）的证据无关。

有人会说，画作的应得主张和人的应得主张是两回事。非也。它们是一回事，不同之处在于主张的内容。我们无须以否定画作应得何物来论证我们属意的分配正义原则；我们只需否定人应得何物的主张。"大爆炸"理论只用来批驳有关人的应得主张，原因正在于它与这种主张在内容上的差异。但必须指出，内容暂且不论，无论对于画还是对于人，"大爆炸"理论都站不住脚。

想要努力工作

问题就在这里。如果主流应得理论假定，只有对有能力和机会做 X 的功劳理所应得，人们才对做 X 的功劳理所应得，那么，主流应得理论只会导向怀疑论。然而，主流理论并未如此假定，从而也就不存在这个问题。我们有两个选择。我们可以说，无人有应得之份。**如果**我们假定，只有应得"想要"努力工作的功劳，我们才应得努力工作的功劳，我们就会这么说。另一个选项是，我们应得努力工作的功劳，原因不在于我们应得"想要"努力工作，而仅仅在于不管怎样，我们确实努力工作了。大部分人持后一种看法。

这两种看法都无法令人信服。我们没有被迫相信应得原则，也没

---

① Kleinig, 1971。

有被迫成为怀疑论者。我们做出自己的决定。我们可以考虑,当别人做了一件事,为了表示尊敬,我们该承认还是否认他们的功劳?我们也可以思考,当我们遵循一种观念,而非另一种观念时,我们过的是一种什么样的生活?这些问题各异,我们还可以提出更多问题。或许答案相互一致,或许未必。极端的怀疑论对大部分人来说并不具有吸引力,但无可否认,怀疑论也是一个选项,且怀疑论者确实存在。[1]

反驳怀疑论者和回答"我们如何理所应得任何事物?"是两项不同的任务。我们可以回答后一个问题,但不是通过反驳怀疑论者。对于那些想要一个答案的人,也就是**想要**一个替代怀疑论方案的人,我的目标是在提出哲学上成立的正义理论的同时,也表明我们可以通过做某些事情使自己理所应得。

我理所应得吗?

想想自己走到今天这一步需要有多少运气,我们难免想知道:"我理所应得吗?"这个问题意味着什么?

如果我们将问题改为:"我在宇宙大爆炸的一刹那做了什么才对此理所应得?"答案将是:"什么也没做。那又怎样?"如果我们将问题转换为:"我在出生前做了什么才对此理所应得?"答案仍将是:"什么也没做。那又怎样?"然而,如果我们将问题转换为:"我**做了**什么才对此理所应得?"问题就有一个实实在在的答案。另一个颇为明智的问题是:"我**能够**做什么才对此理所应得?"这一问题也有答案。答案或许是,正好没有任何我能做的,但并非命该如此。让我们得以提出并回答这一问题的理论,是一种将应得概念与人的情况相结

---

[1] 沃尔泽(Walzer, 1983,第260页)有言:"平等的倡导者经常觉得必须否认应得之份的现实性。"在一个脚注中,沃尔泽说自己指的是罗尔斯。沃尔泽认为,罗尔斯的主张如同假定"做出努力或忍受痛楚的能力如同人的其他能力一样,只是先天形成或后天养成的武断才能。但这一主张颇为奇怪,因为虽然它意在推导出具有平等权利的人类个体,但我们却几乎看不到任何**人类个体**。一旦我们将男男女女的能力与成就视为随机饰物,就像他们任意时刻穿戴的帽子和外套一样,我们又该将这些男男女女看成什么呢?他们又该把自己看成什么呢?"

合的理论：它既是希望的曙光，也是人生最大的道德考验。这种理论承认人类个体的存在：做出选择并对这些选择承担责任的生命体。

总而言之，真正的应得理论告诉我们，在考察某些人做了什么时，我们应该考察哪些方面。真正的应得理论不会说"大爆炸"理论那种话：既然先天地（a priori）知道无人有应得之份，我们就无须考察这些人的真实历史。

难　题

1. 有人觉得，个人品性是一种先天形成或后天养成的偶然，而我们对此没有任何应得的功劳。这在某种程度上并没有错，但它的边界在哪里呢？我当初有无可能发展出一种完全不同的特质；或者说，有没有一个临界点，越过这一点这个人便不再是我？我本可能投胎做海鸥，却生而为人，我幸运吗？（有没有一个本可能成为我的海鸥？）如果说，运气指的是在我身上发生的事，而我的本性（我有我的品性，而没有你的品性这一事实）并非在我身上**发生**——它**就是**我，这有错吗？

2. 我们争论我们是否有自由意志，却不争论我们能否感受疼痛。为什么？① 其中之一更难证明吗？一种情形是否比另一情形需要更多的证据？我们辨别真假的通常方式是**证明**吗？我是这样知道明天早上太阳将会升起，或有些朋友相信凡事皆有原因的吗？（如果问题是一个纯物质的世界如何出现意识，就不会再有任何自由意志之谜。）

---

① 倘若自由意志是一个开关按钮，并且我们这样的生物体正巧被设置为"开"，那么，想拥有自由意志就没有意义，就像希望由原子（atoms）构成一样。值得我们**欲求**的自由是一种有可能**陷入危险**的自由；它有可能被获得，也有可能丧失。我认为，在某种程度上，我们的自由意志正与之类似，而不仅仅是一个开关按钮。已有为数不少的当代心理学研究指出，意识的统一性以及相应的自由意志（1）是后天获取的，而不是先天形成的；（2）它们后天获取程度不一；不仅如此，（3）我们思维的自觉程度和自由程度在一定程度上取决于我们制度（尤其是我们的教育制度）的自由程度。

第 8 章 应得一个机会

论题：理所应得不只有一种可能，应得一个机会更是不止一种可能。我们有时由于在获得 X 后的作为而应得 X，而非之前的作为。

我如何应得？

假定我们知道一个人若要理所应得必须做**什么**，那么是否存在另一个问题：一个人必须在**何时**做这件事？詹姆斯·雷切尔斯（James Rachels）曾说："人们应得之份永远取决于他们在过去做了什么。"①戴维·米勒（David Miller）指出："对应得之份的判定以一个人过去和当下的事实为基准，从不考虑未来发生之事。"②乔尔·范伯格认为："如果一个人理应得到某种待遇，他必定具有某种特征，或**在此之前**做过某事。"③

如果不深入思考，我们对这些表述的解读可能会忽略一种重要的（或许是最重要的）产生应得之份的关系。通常认为，我们应得之份取决于我们所做之事，且唯有事件发生才能获得应得之份。话虽如此，可不少学者还认为，在初次获得我们的先天与地位优势时（打个比方），如果我们尚未**已经**做了使这些优势理所应得之事，那就再也没有机会了。我们生而具有的优势纯属运气，而单靠运气所带来的

---

① Rachels, 1997, 第 176 页。
② David Miller, 1976, 第 93 页。
③ Feinberg, 1970, 第 48 页。着重（黑体）为笔者所加。

第 8 章　应得一个机会

东西永远无法理所应得。

我不赞同后一种观点。我说过，单纯的好运预先排除了理所应得的可能。我并没有说，在时刻 t_1 纯属走运预先排除了在时刻 t_2 理所应得的可能，我也不这么认为。尤其是，我们**在出生那一刻就有的天分**并非我们理所应得，但这无关紧要。如果有任何方面值得强调，那就是我们在此事实之后的所作所为。① 下面是一个初看上去可能有悖常理的主张：

> 我们有时基于在得到 X 之后的所作所为而对 X 理所应得。

在得到了一份未曾预料的好工作后，一位新员工发誓努力工作，从而使这份工作成为自己的应得之份。从来没有人会觉得这种誓言自相矛盾。没有人会把这位员工叫到一边，说："放松点。这都是徒劳。只有过去才算数。"除非这种日常生活中的誓言有误，否则我们可以基于在得到 X 之后的作为而对 X 理所应得。

这怎么可能？在问一个人是否应得 X 时，我们会向后看，而不是向前看，这难道不是再简单不过的事实吗？如果为了论证而暂且后退一步，我们向后看，我们仍需回答一个问题：从何处向后看？也许我们从自己此刻所在之处向后看，但错误地假定了我们是从**得益者**得到 X 的那一刻向后看。如果我们聘请了简，在一年之后向后看，想知道她是否应得这份工作，我们会问什么？我们会问她在得到这份工作后**做了什么**。当这么问的时候，我们**正在**向后看，即使看的是她在得到 X 之后做了什么。从这个角度，我们知道，机会也有可能是应得之份。② 我们因为不浪费机

---

① 顺便提一下，也有不需要行动的应得依据，例如大峡谷对其盛名理所应得。它对其盛名理所应得，原因在于它之所是，而非它之所为。感谢尼拉·巴德沃（Nerra Badhwar）点明下列含义：纯属走运只在**某些时候**排除了应得资格。

② 在本书中，"应得一个机会""对一个机会理所应得"和"配得上一个机会"均是一个意思。有时候，说一个人对 X 理所应得比说这个人应得 X 更为自然，尤其在问题有关机会时。但这只是一个表述问题。如果一个学生说"没有人应得任何东西，但很多东西是人们理所应得的"，那么我们会觉得这个学生在开一个令人费解的玩笑。

会（珍惜机会）而对其理所应得。①

因此，即使我们在评定应得主张时有必要向后看，关键问题仍在于应得与否（即使发生在事实之后）有时和一个人是否配得上这个机会有关。设想另一种情况：两个学生获得了奖学金。一个学生此后勤奋学习且成绩优异；另一个学生此后整年花天酒地，最后因作弊被开除。你能说她们的所作所为和谁更应得奖学金**没有一点**关系吗？

为了修正通行观点（我们是否应得 X 完全取决于我们得到 X 前发生了什么），我们能否说这两个学生的所作所为之所以有关系，原因只在于它揭示了她们在获奖学金之前的真面目？不能。在回顾那位被开除学生不光彩的一年时，我们眼中她不应奖学金的理由与对她在高中阶段做了什么的猜测完全无关。两个学生可能都有获得作为**奖励**的奖学金的资格，也可能都**不够**资格：假定她们都是因为工作人员的失职而被选中，且在获奖之前都注定终生失败。差别只在于后续表现，而非先前资质。我们认为，一个学生更配获得作为**机会**的奖学金，是因为她珍惜了这个机会，另一个学生却没有。重申一遍：

我们有时基于在得到 X 之后的所作所为而对 X 理所应得。

摆平秤的两种方法

可想而知，怀疑论者对这一结论抱着怀疑但欢迎的态度。为什么？一个原因是，我们哲学家学会了将应得视为一个**补偿性**（compensatory）概念。在哲学家看来，我们提供的获得 X 之前的应得依据打破了天平的平衡，得到 X 则使天平复位。在将应得视为必然具有补偿性的哲学家眼中，只有当 X 代表对道德天平的修复时，我们才

---

① 这是一个充分条件吗？非也。如果机会本身有问题，例如，当我们有机会利用偷来的财物时，那么，不浪费这个机会并不足以表明我们对其理所应得。关于应得奖励的通行理论也是如此，如果我们知道奖励是偷来的财物，那么有资格得到它并不足以表明我们应得它。同理，有人会认为，只要投入我们的劳动，先前无主物就为我们所有；但不会有人认为，只要投入我们的劳动，先前有主物就为我们所有。

第 8 章 应得一个机会

应得 X。只有在我们应得作为奖励的 X 时（只有在得到 X 后了结一笔账时），我们才应得 X。

话虽如此，在日常用法中，应得有时是一个**允诺性**（promissory）概念。有时候，得到 X 使我们的道德天平失衡，而我们之后对自己配得上 X 的证明使天平复位。X 并不必然是对提供必要应得依据的补偿。有时恰恰相反。在某些情况下，提供应得依据即了结债务。

无论是哪一种情况，都发生了两件事，且后一件事偿清了债务。43 在补偿性情况下，先有为应得提供依据的投入，再有偿清了债务的奖励。在允诺性情况下，先给了一个机会，再由为应得提供依据的投入偿清债务。在允诺性情况下，一个立志说"我将善待这个机会。我会让你知道我应得这个机会"的新员工并不是说，未来事件将回溯性地使她得到 X 的事实成为**现在**了结一笔账的原因。相反，她是在说，未来事件**将会**了结这笔账。她的诉求并不是她正得到自己应得之份，而是她正得到自己**将要**应得之份。①

那么，詹姆斯·雷切尔斯为什么说"人们应得之份永远取决于他们在过去做了什么"？② 雷切尔斯说道："过去的作为之所以是应得的唯一依据，原因与下列事实有关：倘若人们对于自己所作所为从不负责，倘若严格意义上的决定论是正确的，那么将不会有任何一个人应得任何物。"③ 值得指出的是，当雷切尔斯说"过去的作为……是应得的唯一依据"时，他强调的是"作为"，而不是"过去"。雷切

---

① 费尔德曼（Feldman, 1995, 第 70—71 页）认为，一位志愿加入自杀式行动的士兵有资格在行动前获得一枚奖章。这也许没错，但请参见第 9 章。不管怎样，费尔德曼的例子说的仍然是应得一种奖励，而非应得一个机会。（费尔德曼并未主张人们理应获得机会。）杰里米·沃尔德伦（Jeremy Waldron）与弗雷德·米勒指出，亚里士多德在对官员选贤任能的讨论中存在向前看的成分。亚里士多德在《政治学》（Politics, 第 3 卷, 第 12 章, 1282b, 第 30 行及其后数行）中说："如果一队笛师彼此造诣相当，那么就没有理由将较好的笛子分给家境优越的笛师；因为他们并不会将笛子吹得更好，而高超的乐器应该留给笛艺高超者。"参见 Fred D. Miller, 2001。有意思的是，沃尔德伦提出建议，在一个院系招募人才时，不妨逐一比较，如果录用了一个人，而非另一个人，该院系将在选贤任能方面有多么出色。参见 Waldron, 1995, 第 573 页。

② Rachels, 1997, 第 176 页。

③ Rachels, 1997, 第 180 页。

第二篇 如何应得

尔斯反对的并不是我这种理论,而是人们应该由于先天禀赋而得到奖赏的观点。他是在过去的作为与过去的不作为(nonactions)之间权衡,而不是在考虑发生在得到 X 之后的作为是否相关。这正是为什么当雷切尔斯说"倘若人们对于自己所作所为从不负责,……将不会有任何一个人应得任何物"时,他认为自己在解释为什么"过去的作为是应得的唯一依据"的原因。请注意:这一主张绝没有将应得依据与发生在得到 X 之前的事件联系起来。而是将应得与作为联系起来,但并未限定于**过去的**作为。①

雷切尔斯还说:"人们并不因为工作意愿而理所应得,只因为确实工作过而理所应得。"② 这么说有其道理,而且如果说的是奖励,那么雷切尔斯或许是对的。**奖励**和过去表现之间的对应,存在可以论证的道理。不过,奖励并不是应得之份的唯一备选。有时候,我们有理由说:"她应得一个机会。"我们可能会说,一个年轻的求职者应得一个机会,原因不在于已有的业绩,而仅仅在于她是一个有天赋的、一心想要这份工作的人,并且一旦获得机会必然全身心投入。

较为资深的内部应聘者可能以另一种方式理所应得:因为过去的表现而值得奖励。但基于上述理由,大多数人赞同:初出茅庐的求职者也许应得一个机会。我们也可以乐见于此,因为如果这样,那么大多数人可能会将机会留给允诺性意义上的应得者,也就是那些一旦得到机会,便会倍加珍惜的人。③

如果我们说,一个求职者应得一个机会。但她并未全身心投入工作,而是吊儿郎当,那我们就说错了。应得的允诺性未能实现。她本有机会平衡账目,却没有做到。如果在工作中吊儿郎当,那么,她没

---

① 这里要提醒的是,虽然雷切尔斯与戴维·米勒(1976)说,我们的应得之份取决于我们过去的所作所为,而永远和未来无关,但如果将其解读为对我的主张(我们有可能因为在得到 X 之后的作为而对 X 理所应得)的反驳,那就搞错了时间先后。那时尚且无人支持或反对我的主张。

② Rachels, 1997, 第 185 页。

③ 并非所有真实的应得表述都是应得**主张**。在这里,主张暗含了相对应的责任,例如,给提出主张者应得之份的责任。如果一个人说,简把握住了她的机会,这可能是在表述一个真相,未必是代表简的利益(而非其他人的利益)提出主张。

第 8 章 应得一个机会

有提供招聘委员会所期待的表现,甚至连有所表现的意愿都没有。

如果与之相反,求职者虽然工作表现不佳,但原因和她本人无关,那么我们就不能怪她。如果工作表现不佳只是由于无法预料的厄运,那么,招聘委员会也不能以挑错人为由自责。回过头看,他们可能会说,虽然新员工未能给这个机会正名,但原因在于她并没有真正得到委员会本欲给她的机会。与之类似,假定我们想给盐一个溶解于水的机会,但最终给了盐一个溶解于橄榄油的机会。如果盐未能溶解,我们仍可以说,如果得到机会,盐会溶于水中。

不管有没有坏运气,我们仍然是基于某个理由来挑选求职者。通常来说,关键不是因过去的作为回报某人,而是录用能胜任工作的人。这正是为什么在时刻 t_2 时,问题不再是她在获得机会之前做了什么,而是她如何对待机会。时刻 t_2 不需要考虑在时刻 t_1 已经解决了的问题,一般也不会如此考虑。

简单说一下个案。现实中的个案具有复杂性,往往会引出举例的理论家没有料到的问题。在上述例子中,真实世界中的招聘委员会必须在几个标准之间权衡,其中一些标准和应得原则并无关系。不妨以终身教职评审和晋升委员会为例,在这个例子中,决定一般更多地以应得原则为依据。然而,在候选人的履历已经足够优秀时,要判定其是否应得,向后看就比向前看更为困难。候选人经常将自己的情况视为单纯的向后看,但终身教职的评委却不这么看。评委希望确保候选人不会成为一根朽木——作为**奖励**的终身教职并不特别看重过去的表现。他们的目标是,多年之后再回首,他们能够说,这位候选人应得作为**机会**的终身教职。

惩　罚

能否提出一种允诺性惩罚理论?("他现在或许无辜,但如果我们将他送入监狱,他将变为本该入狱的人。")我不会这么做。我们可以将奖励与惩罚视为同一枚补偿性硬币的两面,但机会和惩罚之间并不存在类似关系。期望(就像我举的例子一样,我们经常兑现或辜负期望）的塑造性有可能成为提供机会的理由，但不能成为施加惩罚的理由。① 如果冉·阿让（Jean Valjean）被冤枉入狱，并说"好吧，如果他们把我看成犯人，我就干脆做个犯人"，这并不表明他理应含冤入狱。实际上，惩罚诱发了值得惩罚的行为，这进一步说明惩罚是错误的。与之相反，如果冉·阿让之后因一位主教的仁慈而受到感化，并说"好吧，如果他们把我看成好人，我就干脆做个好人"，这确实为主教的仁慈提供了理由。②

对于应得的哲学讨论往往预设了一个二分模式，换言之，就是有两种应得之份：奖励与惩罚。但普通思维遵循一种三分模式。我们当然可以应得奖励或惩罚，但我们同样可以应得一个机会。我们可以将应得一个机会（或惩罚）视为应得一种奖励的特例，但这并无意义。因为，概念上的伪简洁并不能为我们提供任何洞见。三分模型有助于我们更好地理解日常道德行为的本质和智慧。

改进允诺性理论

为了进一步阐明允诺性理论的性质，我们应当将它分解为两个要素。第一个要素解释我们在时刻 t_2 如何评价简；第二个要素解释我们在时刻 t_1 如何评价简。

要素（a）：一个在时刻 t_1 得到机会 X 的人有可能因为在得到机会后的作为而在时刻 t_2 理所应得。

要素（b）：一个在时刻 t_1 得到机会 X 的人有可能因为如果得到机会后的作为而在时刻 t_1 理所应得。

---

① 乔治·雷恩博尔特（George Rainbolt）提出，我的允诺性理论的解释力可能比我这里说的更强。尤其是，如果我们有足够理由认为一个因暴力犯罪而入狱的犯人拒不悔改，并打算在假释期再度铤而走险，那就构成不予假释的理由。这个理由之所以成立，不仅因为社会有权利保护自己免受证据确凿且执迷不悔的暴力罪犯的侵害，而且因为此犯人不应得假释。从而，允诺性理论确实有可能为惩罚提供某些依据。

② 冉·阿让是维克托·雨果（Victor Hugo）小说《悲惨世界》中的角色。

第 8 章　应得一个机会

要素（a）告诉我们什么？要素（a）告诉我们，在时刻 t_2，账可能已经结清。简提供了使 X 值得的投入。我们无须假定简在时刻 t_1 提供了这些投入。根据要素（a），当我们说简在时刻 t_2 理所应得时，我们并没有否认她在时刻 t_1 可能纯属走运。我们只不过是说，当简获得证明自己理所应得的机会时，她确实证明了。

要素（a）说的是，为了在时刻 t_2 理所应得，简能做些什么，即使她在时刻 t_1 纯属走运。相比之下，要素（b）说的是，简在时刻 t_1 如何应得 X，不是应得过去的奖励，而是应得未来表现的机会。换言之，要素（b）说的是一个委员会如何不偏不倚地在众多候选人中选中简。如果简对得起这个机会，那么她就是明智之选。她也许因过去的表现而理所应得，但委员会并不打算**奖励**过去的表现。他们试图决定的是，要不要把简过去的表现视为她将善待机会 X 的**证据**——一旦得到机会，她将偿清债务。

要素（b）有不同的表述，没有一种表述是完美的。在招聘员工这种情形中，我们会很自然地说，招聘委员会心仪的并不是只在理论上足以胜任的人，而是在得到机会后**将要**做好工作的人。这里的意思是，如果我们将这份工作给她，如果她接受了这份工作，如果没有突发灾难，等等，那么她将做好这份工作。实际上，我们提到位于时刻 t_1 的要素（b），就是做出预测：在抵达时刻 t_2 时，我们将用到要素（a）。我们的预测是，到了时刻 t_2，简将已经提供了为应得提供依据的相关投入。然而，我们并不是简单地为未来表现下注。更准确地说，我们下了这么一注：除非发生意料之外的不幸，简拥有能够转化为未来表现的内在特征，这些特征使她理所应得。我们说的是，她是那种只要给以机会便会做好工作的人。①

要素（a）认为，尽管应得原则要求在简所能给予和简所被给予之间达成平衡，简并不需要迈出第一步。要素（b）认为，简在开展工作之前同样可以应得机会 X（就其值得选择而言）。相比之下，要

---

① 当我们说，如果给机器一个机会，那么机器将表现良好时，我们并不说机器应得一个机会。我们可能会说"这值得一试"，但我们并不将人的品性和机器的特性混为一谈。这一观点来自迈克尔·史密斯（Michael Smith）。

素（a）并没有说，简在尽己之份以前就能对 X 理所应得。要素（a）强调，**即便**简只有在尽己之份**以后**才应得 X，我们**仍然**不能说，她必须在获得 X 之前尽己之份。

因此，要素（a）是允诺性理论区别于下面这种主张的关键：只有当我们应得作为过去表现之奖励的 X 时，我们才应得 X。只要我们的目标是挑战这一主张，我们就不需要借助要素（b）。只有在为日常行为寻求辩护时，我们才需要特定版本的要素（b）；尤其是我们的常见说法：一旦我们给求职者一个机会，求职者能做什么，将做什么，从而他们应得一个机会。①

预测的难题

上文提到，要素（b）有不同的表述，且无一完美。在表述要素（b）时，我们可以把值得选择解读为如下问题：求职者**实情**如何，或招聘委员会**有理有据地相信**求职者什么？② 这两种解读各有优缺点。某些时候，我们或许有理由将简会做好工作的**证据**与简将会做好工作的**事实**（如果/当它成为一个事实）区分开来。在形而上学（而非认识论）意义上，简之所以值得选择，在于以下事实：她确实（除非发生不可预料的灾难）将会提供必要的应得依据，并因此**变得**在要素（a）的意义上于时刻 t_2 理所应得。

如果招聘委员会得出结论，简在时刻 t_1 值得选择，那么委员会的判断正确与否（它是否真的选对了人，而不是他们是否有理由相信

---

① 据我所知，戴维·米勒是想法最为贴近要素（b）的哲学家。米勒认为，将**工作**解读为对过去作为的奖励，存在不可逾越的障碍（1999a，第 159 页）。当我们说某人应得一个奖项时，我们通常是基于对过去或当下表现的判定，但当我们招聘员工时，在其他条件相同时，最具资格的求职者（也就是应得这份工作的人）是未来的工作表现最佳者（第 162 页）；并且，"在工作的例子中，过去的表现只起一个作用，作为一个人当下资质的证据"（第 170 页）。

② 回顾一下戴维·米勒（1976）的主张："应得判定的理由来自于过去和当下的个人事实。"应得主张的认识论依据必须向后看，我对这一点并无异议，因为那里是信息所在之处，但我仍坚持认为，某些使应得主张**成立的要素**（truth makers）有可能在未来撒谎。（预测大体同样如此。）

第8章 应得一个机会

自己选对了人）将有待观察。这是否难于理解？若是如此，与其说它是一个关于应得的难题，不如说它是一个关于宽泛意义上的预测的难题。假定我们在时刻 t_1 说简将在时刻 t_2 结婚。简之后结婚了。在这种情况下，时刻 t_2 的事件其实已经解决了时刻 t_1 的某个主张真假与否的问题。这是否令人费解？未来事件并没有倒过来导致预测成真，它仅仅证明了预言的正确性。时刻 t_2 的事件能够解决"她有机会的话会结婚"这类主张的真假问题。它们也能解决"她有机会的话会把握X"这类主张的真假问题。有时候，我们会说"你说过她会结婚；你是对的"；一个委员会可能说"我们说过她会把握机会；我们是对的"。不管是哪一种情况，简都解决了曾经未解决的问题。我们说"她应得X"，表示她如有机会将善待X，这并不比下面这种情况更奇怪："盐可溶于水"，表示盐如有机会将溶解于水中。

简在时刻 t_1 是否应得一个机会取决于简在时刻 t_1 是否具有相关品性，以及这种主张正确与否要靠未来做出判断。就此而言，要素（b）意味着人有时要在不确定情况下做出决策。招聘委员会判定哪一个求职者最值得选择，却无法保证自己的判断正确无误。

当委员会在时刻 t_1 判断简应得一个机会，他们就是在下一个赌注。他们在判断她的品性。他们甚至有可能改变她的品性，因为他们的信任有可能激励简成为他们所判断的那种人。话虽如此，在时刻 t_1，简是否会成为那种人仍非定数。到了后来，简必须**做出决定**（而不只是揭示），自己是否真的值得信任，真的工作勤奋（诸如此类），从而在认识论上（甚至可能在形而上学意义上）解决了这一问题。委员会唯有静待结果。既然人生本来就如此困难，我们不妨乐见一种正确地展现了这种困难，却不刻意简化人生的理论。①

从未得到机会的人

对于求职失败者，或更笼统地说是缺乏机会的人，允诺性理论怎

---

① 感谢吉多·品乔内（Guido Pincione）与马丁·法雷尔（Martin Farrell）对这一点的贡献。

第二篇 如何应得

么说？如果理所应得的求职者数量多于可以容纳的岗位，那又将怎样？要素（a）完全没有考虑从未得到机会的人，但对于求职失败者，要素（b）的回应和对成功者的回应大体相同；也就是说，如果一旦得到机会，他们也将善待 X，那么，他们也可能应得 X。**我的理论并没有说，缺乏机会的人不应得。**

根据我的理论，在评价一个社会时，以人们是否得到应得之份为依据稍有误导性，或充其量不全面。如果应得是一个重要因素，那么更好的问题往往是：人们有没有**做出使其所得理所应得的行动**？机会有没有留给那些以行动使自己配得上机会的人？

我这里意在为一个可信的正义理论留出空间，使它包含下述思想：人们可以通过做某些事情使自己理所应得。尤其是，我们可以应得一个机会。不仅如此，我们是否应得一个机会，有可能取决于我们对其做了什么。首先，在获得机会这一事实发生之后，我们可以通过某些行动来平衡这杆秤，从而回顾当初，我们在时刻 t_1 得到证明自己的机会就变得理所应得。其次，我们甚至在时刻 t_1 也有可能值得被选择，只要委员会知道（或确实如此）我们将珍惜机会。后者并非我的应得理论之关键，但它拓展了理论外延，并有助于我们理解日常生活中的核心内容。

第9章　应得与赢得

论题：术语"应得"和"赢得"在通常使用中几乎是可以互换的，但是当我们谈到应得机会的时候就会存在差异。

赢　得

为了恭祝某人达致的成就，我们通常如此表达我们的敬意："这是你应得的！"或者说，"这是你赢得的"。尽管略有出入，但"应得"和"赢得"这两个词在日常使用中几乎可以互换。不同于日常用法，更强调二者的差异在此是有所助益的。

完成工作后才会赚得收入。一旦我被雇用，我将会干我需要干的活儿，但未来并没有让我**现在**已然赚得了薪酬。只有我开始工作才会有收入。因此，虽然我们会说人们在提供必要的投入之前就应得一个机会；但我们却不会说，人们在提供必要的投入之前可以赚取一份薪水。可能这是因为简所应得的和她的品性更相关，而简所赢得的和她的工作更相关。在她提供必要的投入之前，简的品性已经很明显。但在提供必要的投入之前，她的工作不会（与其品性一样）很明显。因为当问题关涉她赚了多少，她所做的工作**就是**必要的投入。如果给她机会的话，凭借她将要做的工作，她可以在时刻 t_1 具备应得资格的。然而为了在时刻 t_1 赚取薪酬，她必须在时刻 t_1 完成工作。因此，她**会**在时刻 t_2 赢得薪酬与她在时刻 t_1 所赢得的并不相关。尽管根据要素（b），简是否在时刻 t_1 应得机会是相关的。因此在时刻 t_1 时，允诺性理论对收益并不起作用。这和要素（b）并没有相似之处。

然而令我有几分吃惊的是，存在着和要素（a）相似之物。我们承认，在我完成工作前，我不会赚取薪水。这是否意味着只有当我在发放薪水前**先**干完工作才可以得薪酬？

并非如此！在日常生活中，我们不会质疑下列做法，即一个新来的但又值得信任的雇员虽然提前获得薪水，但此后依然能够赢得这份薪水。薪酬在时刻 t_1 被给付，此后在时刻 t_1 未实现的在时刻 t_2 成真：也即，秤现在被摆平了，并且在时刻 t_1 被给付的薪水是被赢得的。简在时刻 t_2 完成了获得薪水所要做的工作。

因此，我们无法挽救认为应得是一个纯粹补偿性概念这一学院传统，它并没有把握住应得的概念含义，也无益于赢得概念。[①]

作为补偿的赢得

不劳而获的机会即是未曾赢得的机会，但是尽管是未曾赢得的，一个人还可能对之善加利用。这一可能性通常存在于下列情况，即当我们说一个人应得一个机会时，我们心中之所想。忽略该可能性就是忽略了通过充分利用该机会而对该机会的获得加以补偿的可能性。

在《拯救大兵瑞恩》（*Saving Private Ryan*）这部理所当然深受欢迎的第二次世界大战题材的电影中，米勒队长在拯救大兵瑞恩的过程中受了致命伤。在弥留之际，米勒对瑞恩说："去赢得救援！（活下去！）"在那一刻，角色并未与瑞恩赢得救援有关。就如他们彼此所知的，瑞恩未曾做过什么赢得被救援。同样如其所知，在因素（b）的意义上，瑞恩也不是最佳选择。（随着故事的推进，高层下令救援

---

① 然而，我们可能捍卫费尔德曼（Feldman, 1995）命题的一种变体。一个士兵被提前授予了一枚勋章，他不配拥有勋章也没有努力赢得它。（勋章是一个奖品，并不是一个机会。如果在任何方面它是应得的，那么它必须以奖品的身份而应得，也就是说它必须沿着补偿模型所详述的所应得。）即使如此，因为这位士兵将要做的事情，现在尊重这位士兵仍是有意义的。于是，在这个士兵做出了英雄般的牺牲后，说这位士兵赢得勋章将会是有意义的。

第9章 应得与赢得

瑞恩的原因和瑞恩的价值没有关系。瑞恩的三个兄弟刚刚已战死沙场。拯救瑞恩的目的在于避免向瑞恩的母亲发出这样的电报,上面写着她全部家人都已阵亡。)不过,正如两个角色都知道的,这并不是故事的结束。因为米勒是否算无谓的牺牲,现在完全取决于瑞恩。[①] 对于瑞恩来说,继续生活下去,尽可能做一个有价值的人,来努力抵偿这些牺牲并不算太迟。[②]

如果有任何瑞恩可以做的事情来赢得拯救,那么这些事情将位于时刻 t_2 而非时刻 t_1,和允诺性理论的要素(a)相类似。当米勒说"去赢得救援"时,他充分了解瑞恩并未尽己之份。瑞恩的拯救不会以应得一枚勋章或者奖励的方式而应得。为了能够赢得(应得意义上的赢得),拯救将会以提前支付薪水的方式而应得,也就是说,在事件之后。电影很恰切地以若干年后的场景结尾。年迈的瑞恩去给米勒扫墓,瑞恩十分痛苦地恳求他妻子说:"告诉我,我现在是一个好人。"这就意味着:如果瑞恩是一个好人,那么他已经做了他所能做的来赢得(配得上)那场给他机会做一个好人的救援。

善加利用我们的机会

注意,在涉及什么可以替代应得的基础时,瑞恩的故事是中立的。老年瑞恩的妻子可能认为相关的基础是付出的努力,于是瑞恩凭借他后来做了他所能做到的一切是应得的。瑞恩自己可能把成就看作是与应得相关的基础,并得出结论说,虽然他很努力,但他所做的并不足以抵偿为救他而牺牲的生命。这一问题具有普遍性。如

---

① 亚伯拉罕·林肯的葛底斯堡演讲,是有史以来最动人的演说之一,它精准地从这一点上获得了修辞学的力量:宣称要继续在战争中牺牲战士的未竟之业,号召我们确保他们最后的努力没有白费。

② 这里是另一种来解释米勒队长所说的"赢得它!"的方式。米勒是在说瑞恩要对得起在战争中牺牲的同伴,他亏欠着他们,所以要尽可能有价值地活下去。这样解释的话,米勒的问题和允诺性理论一样,引起了补偿问题。继续尽可能有价值的生活下去,这是瑞恩可以对得起为了拯救他而牺牲的士兵最有可能的方式。我要感谢 Bas Van der Vossen,这个想法是和他在电子邮件通信中而来的。

第二篇 如何应得

果以巨大牺牲为代价换来我们的良好处境，我们就必须要思考是否可以做一些事情以抵偿这些牺牲。一个简单的答案是，如果我们尽己所能，就已做到任何人可能要求我们做的事情。然而，如果我们反躬自省，我们不禁会认为这个答案太简单了，并且无法保证"尽己所能"就已足够。

好运不能够剥夺我们以赋予人们应得的方式来行动的机会，但是坏的运气却可以，这就是厄运之奥义所在。比如说，如果大兵瑞恩在援救的那几分钟内被一颗流弹击中，那么就不存在瑞恩是否善加利用了过上好的生活的机会，因为（在这个例子中）他就没有得到这样的机会。厄运抢夺了他的这一切。

在某些方面，瑞恩的处境有些像一个彩票赢家。如果米勒在临死前递给瑞恩一张中奖的彩票，咽着气说："赢得它。"瑞恩能够赢得它吗？没有人认为瑞恩在时刻 t_1 赢得了它①，但是这并不是故事的结尾，因为即使飞来横财是纯粹的幸运，这也不只是运气而已。它同样也是一个挑战，并和大多数挑战一样存在最恰当的回应方式。某一天，将会有瑞恩是否出色回应挑战这种事件出现。

大兵瑞恩的情景也有点类似于人们生来就具有的天赋和地位优势。我们并不是在出生时就因所作所为而应得这些作为回报的优势。所以，一个标准的补偿性理论无法担保人们在出生时的应得主张。在出生之时，我们仅仅是幸运而已。同样地，如果连选择也是一个问题的话，在出生之时并没有理由相信我们是值得选择的。因此，允诺性理论的要素（b）同样也不能够担保在出生时的应得主张。但尽管如此，考虑到我们的优势，我们以后能够以要素（a）的方式做一些事情，我们也可以对之善加利用。

---

① 如果这一情形更像是因素（b）所适用的情形，那么米勒队长可能会令人信服地说瑞恩应得这张彩票。例如，假设米勒需要从一系列候选人中挑选一位，并看到瑞恩会施展才能证明自己值得这样做。在那种情形下，认为瑞恩基于该基础而值得被选择可能是米勒最成功辩护的方案。

第 9 章　应得与赢得

总　结

之所以引入允诺性理论的要素（a），是因为曾经具有道德任意性之物并不会一直如此。在我们生命中被给予的最有价值的事情就是机遇，并且我们为了应得它们，所做的最主要之事就是在获得机会后善加利用。引入要素（b），是因为这个理论为常识性的观点留足空间，即人们能够理所应得一个机会。他们应得机会并不是因为他们曾做过了什么，而是因为如果被给予机会，他们能做和将做什么。

重要的是秤保持平衡了。平衡的要素源自一种特殊秩序，但这并不重要。如果 X 首先被授予，并且应得的基础后来才被提供，那么这同样也会平衡道德的秤。

讨　论

托马斯·内格尔（Thomas Nagel）认为"或许除了诉诸灵魂轮回说以外，很难反驳罗尔斯的主张，即没有人应该得到更高的自然天赋，或者在社会中配享有更令人青睐的地位"[1]。这是否如内格尔所想的那样显而易见？或者，我们是否应当这么认为：由于人们可以善加利用他们的机会，最初不应得之物并不会一直如此？

---

[1] Nagel，1997，第 309 页。

第10章　为应得奠基

论题：赞扬人们充分利用其机会的一个正当化理由是，赞扬本身使得人们能够充分利用其机会，并有利于他们共同良好生活。

为什么是这个观念而非另一个？

这两种理论，补偿性的与允诺性的，是应得的真实理论吗？这很重要吗？主要的问题不在于当我们谈及那些在获得回报前未尽其所能，以及那些在获得机会后尽己之份的人时，我们是否使用了相同的词语。事实上，我们确实如此；但更大的问题是，我们认为"应得主张在两个情形中是重要的"这一观点，是否**具有正当性**？

我刚解释了在日常生活中，我们怎样通过能做或将做什么，来把握应得一个机会的概念。尽管如此，我将不会诉诸常识来正当化我们的常识性理解。为了提供正当理由，我们会看看别处。这一章标示着（虽然仅仅是标示）我们的目光会投向何处。

某种程度上，我们展开这样一个讨论甚至都很困难的原因在于，在试图正当化的过程中，我们冒着琐碎化讨论的风险。我们冒着风险去用一个不太重要的事物来给更重要的事物奠定基础。当试图去正当化一个正义观时，这是有问题的。在评价替代性的诸正义观念时，我们通常无法通过诉诸另一个崇高却又不乏争议的正义理念来解决冲突。可是，如果我们诉诸其他一些事物——一些（我们观念中的）正义之外的事物——我们就注定要诉诸那些似乎不如正义重要的事物。不过这没关系。我们没有糊涂地为基础性之物本身寻求基础，我们仅是以观念的名义寻求有什么可以探讨的。

最小受惠者

他们想要得到什么；他们想要成为什么

玛格丽特·霍姆格伦（Margeret Holmgren）认为，正义"要求每一个个体被保有同他人福利相协调的、在生活中最基础性的福利"。他补充道，"通过我们自己努力而进步的机会是一个基础性的利益"[1]。理查德·米勒（Richard Miller）表示赞同，"大部分人（包括大部分最贫困者）想要积极地使用他们拥有的资源以便依靠自己而出人头地，这反映了一种对于人们能力的合适评价"[2]。

就某种观点来说，罗尔斯的假定，即不平等应当根据最小受惠者的最大福利而安排，排除了下述观点的可能性：如果当且因为人们的天赋与努力对于社会有贡献，他们便能应得更多，并因此应当获得更多（利益）。尽管如此，霍姆格伦强调在罗尔斯原初状态中的人们会明白（因为基于假设他们能够理想地了解到人们一般心理特征）他们不仅想要被给予金钱；他们也想获得成功，并且想要对他们的成功理所应得。因此，就连仅关注经济上最少受惠阶层的，且极度规避风险的契约论者，也还是急切地想保证这样的人们通过自己努力有晋升的机会。"他们将会选择一个可以保证他们每个人都有机会的分配原则，而不是刻意集中于他们将会获得的收入或财富份额。"[3]

像诺奇克解释的那样，**如果**我们把差异原则理解成是对再分配的一个基本层面的规定，那么霍姆格伦的主张似乎与这种罗尔斯原则是不协调的。在此情形下，简应得其薪水的观点会威胁并推翻我们的如下要求，即代表最小受惠者来主张其薪水。不过，诺奇克的方法并不

---

[1] Holmgren, 1986, 第 274 页。
[2] Richard W. Miller, 2002, 第 286 页。
[3] Holmgren, 1986, 第 275 页。

是解释差异原则的唯一方法。假设我们没有把差异原则解释为一个再分配的权力,而是解释为一种评价基本结构的方法的话。也即,我们通过探寻基本机构是否使得最小受惠者获益来评价它。在后一种解释中,我们通过在经验性实践中探寻何者对于最小受惠者是最有利的,从而在诸如"尽力给予人们所应得的"与"尽力给予最小受惠者一切"这样的规则中做出选择。

后一种(解释)毫无疑问是差异原则的典范性(canonical)解释。不幸的是,我们自然会落入如下情形,即将议价者(bargainer)视作在选择一种再分配方案。当罗尔斯说"常识倾向于假设,收入、财富和一般生活中的美好事物都应该按照道德上的应得(moral desert)来分配……现在作为公平的正义拒绝这一观念。这样一个原则不会在原初状态中被选择"① 时,他自己就以这种方式落入此境地。我们能够同意这样的一个原则将不会被选择,但理由在于分配性原则本身并不在备选条目之中。它们甚至不是议价者选择的那**类**事物。为了**评价**这类根据应得进行分配的原则,议价者们会选择元层次的诸原则。

以这样典范性的方法解读,差异原则就远不是应得诸原则的竞争原则,而是能够**支持**人们应得某个机会的观点。如果霍姆格伦认为最小受惠者根据他们的资质想要且需要一个机会获得成功是正确的话,那么差异原则就支持了应得原则。同样地,如果这在历史角度来看是真实的,即最小受惠者倾向于在且仅在诚实劳动是受到尊敬与奖赏的体系中获得成功,那么差异原则也支持应得原则。这样的一个体系或许是无技能的劳动力所能期望的最好体系,因为这对于身为雇佣劳工,身为其他工人所生产产品的消费者,以及身为相信他们孩子应得一个机会的父母的他们而言,是最好的;以及对于那些有一天或许会需要某类只有一个健康经济环境方能维持的保障体系(个人保险或公共保险)的人来说,也有可能是最好的。罗尔斯主义者与非罗尔斯主义者同样地把这些考量视为重要的。

---

① Rawls, 1971, 第 310 页。

第 10 章　为应得奠基

原初状态是一种体验机吗？

罗伯特·诺奇克的"体验机"（Experience Machine）让我们把大脑接入一个编好程的电脑中并设想我们正过着可能的最好生活。我们设想我们正在过的生活是一个电脑催生的梦境，但我们并不知道这个真相。无论什么体验都会成为我们感受到的体验的一部分。诺奇克问，"你会（将大脑）接入（电脑）吗？**除了我们生活中的内心体验，还有别的对我们关系重大的东西吗？**"①

诺奇克并没有将这个问题同他对罗尔斯的批评关联起来，然而我们可能至少会想知道弱势群体（the less advantaged）是否想要完成某些事，而非仅仅被给予一些他们借此能够开始拥有愉悦经历的事物。也即，我们可以问弱势群体，他们的孩子中有多少是长大后注册专利的？有多少获得博士学位的？有多少成为专业音乐家来养家糊口的？罗尔斯的差异原则问这些问题了么，还是说它仅仅关乎于弱势群体有一个令人愉快的经历？（参见第 31 章）

如何考量结果

功利主义者与非功利主义者们同样都会考虑结果。范伯格说，"奖项的奖励直接促进了构成竞争基础之技术的培养"②。罗尔斯认为，"其他条件同等的情况下，一种正义观比另一种更可取的理由在于它更广泛的结果是更可欲的"③。尽管这些思想家并不是功利主义者，但这并没有阻止他们就应得主张的结果做出事实上的主张（在范伯格的情形下），也没有阻止他们注意到好的结果要优于坏的结果（在罗尔斯情形下）。

范伯格与罗尔斯都正确地坚持认为效用（utility）不是一个产生

---

① Nozick，1974，第 43 页（着重为原著所加）。
② Feinberg，1970，第 80 页。
③ Rawls，1971，第 6 页。

应得的因素，尽管他们同样也认识到（a）作为产生应得因素的事物（努力、杰出）都可成为使人们更为富裕的重要事实；并且（b）使人们更加富裕具有道德上的重要性。雷切尔斯补充道，"在一个尊重应得结果（deserts）的体系中，善待他人者会期望被相应地善良对待，而不善待他人者或许不能期待得到善待。如果道德生活的这一方面被排除了，那么道德将没有回报而不道德将没有恶果，因此一个人也就会有更少理由来考虑（道德的）问题了。"①

简而言之，我们通常的应得概念服务于一个目的。在一个社会中使其人民获益的一个方法（如果只有一个），是根据对于共同事业贡献的份额来分配合作的成果。这就是诸社会如何增进其赖以肇始之贡献的。如通常被理解的那样，应得作为充满创造性的冒险活动是维系社会聚合力（glue）的一部分。如通常理解的那样，尊重应得（尊重人们供给的投入）使人们在整体上境况更为良好。无疑，因为给鲍勃（Bob）加薪会增进实际效用，就说鲍勃应得加薪是对于术语的滥用。我们说鲍勃应得加薪是因为他工作干得漂亮，做的要比其职份多，且没有在工作中口出怨言。我们并不说给予鲍勃加薪会有实际效用。但如果我们问为什么我们应当**承认**鲍勃是一个优秀的工人，使鲍勃的努力值得认同的重要因素，在于他的努力可以使我们的境况变得更好。如果我们问鲍勃为什么应得，答案应当是：鲍勃提供了所需的应得制造物。如果我们问我们为什么**介意**鲍勃是否提供了使一个人应得的投入，一种回答将会是：提供这些投入使鲍勃成为我们想要我们的邻居、我们的孩子以及我们自己成为的那类人，并使得我们境况都更为良好。

我们无须把这一点推演到极致来显示对于使人们境况更好的风俗、制度与性格的尊重。（每一种方法中，应得寻求**建设性**努力而非努力本身。努力的标志无须是成功的，但它们确实需要成为趋向于产生应得结果的一类事物。）如果我们要公正地对待每个人，那么当他们的个体性于建设性努力中展现其自身时，我们最好做好准备去给此

---

① Rachels, 1997, 第 190 页。

第 10 章 为应得奠基

努力以荣誉,并尊重那些点燃此努力的希望与梦想。

应得与需要

当我们说"她应得一个机会"时,这与说"她**需要**(needs)一个机会"有什么不同?"应得"意味着由于她应被给予一个机会而使她具有某种已实现或潜在的资质(merit),然而"需要"既不意味着现实的也不意味着潜在的资质。不过,当我们说"她所需的全部就是一个机会"时,这与说"她应得一个机会"是相近的,这与说"她是那类将给予机会以应得之份的人"也是相近的。

话虽如此,但无论我们赋予应得怎样的地位,事实依旧是人们的需要,至少在某个层面上,是重要的。① 我将于此论证应得之所以重要,某种程度上是因为需要是重要的。鲍勃需要 X 并不是鲍勃应得 X 的理由,这与认为是 X 的效用并非鲍勃应得 X 理由的原因是相同的。并且如果这是正确的,那么需要就不是应得的基础。但还有其他的方式使得需要与应得相关联。

出于简便的考虑,设想应得 X 的唯一方法就是努力工作以获取 X。在这一情形下,根据假设,需要与鲍勃是否应得 X 根本不相关。依照假设,真正重要的是鲍勃努力工作而获取 X。但是,即使根据假设,需要与我们认为鲍勃应得 X 的理由没有关系,需要依旧是我们**介意**应得的一个理由。给予人们应得之份的一个理由在于它表达了人们的意愿,且能够按照帮助他们(以及他们周围的人)获得他们之所需的方式来行动。福利考量并非应得的基础,但它们依旧能为认真对待一个给定的生产应得的因素(比如,为尊重努力工作的人们)提供理由。

一个康德主义的基础

当想知道一个人是否公正地善加利用一个机会时,我们通常不会

---

① 在众多观点中,我在此同意布罗克(Brock,1999,第 166 页)。

第二篇 如何应得

回溯到该机会被接受前发生的事情上。我已指出怎样基于结果主义的立场来论证这一点。但基于康德主义立场也会是个不错的选择。尽管我并不会强调这一点，即仅仅尊重人们拿到桌面上的东西是反历史的（这多少有些是必然的且是值得称赞的）。我们关心他们的工作，仅此而已。我们尊崇他们的品性，仅止乎此。我们没有论证（或者更糟，规定为一种教条）人们是先天或后天教养的产物且因此无资格于道德信誉。有时，我们仅仅因人们所获得的以及他们之所是而赞扬他们。且有时相比于将人们视作历史力量影响的产物，给予人们称赞是把他们当作人来对待的关键。

某种程度上，怀疑简是否应得她的品性这一问题的奇特之处在于，简的品性并非发生在她身上的（外在）之物。品性**就是**简本身。或者我们设想把简与她的品性视为两个无关的事物，那么就会有我们称赞为好品性的简的品性，而至于为什么简本身应当获得这一称赞则是存有争议的。当然，事实上是人而非他们的品性在努力工作。因此，如果我们说楷模式的品性是在道德上任意的，那么我们所拒绝认真对待的是人，而非仅仅是品性。

马丁·路德·金（Martin Luther King）曾说，"我有一个梦想，我的四个孩子有一天将在一个不是以他们肤色，而是以他们品性优劣来评判他们的国度里生活"①。这是一个值得为之生活与献身的梦想。金并没有梦想着他的孩子们会生活在一个将品性视为偶然之物而无法主张品性属于自己的国家，金要求我们以品性优劣而非获得品性的原因来判断他的孩子们。这就是要探寻的事情，因为这就是我们如何认真对待品性（也即，人们）。

如果金的孩子们的品性没有被认真对待，那么他们将既不会得到应得的回报也不会得到应得的机会。特别是受罗尔斯差异原则的启发，认真对待品性应当是重要的，因为最小受惠者根本不会产生自我压抑的犬儒主义（self-stifling cynicism），后者认为没有人应得任何事物，同时也不会允许**更有优势者**（他们认为没有人）应得任何事物

---

① 引自他的《我有一个梦想》的演讲。

· 64 ·

第 10 章　为应得奠基

的压迫。

这些评论意味着应得一个机会的可能性并非仅仅是一个常识问题。最后,底线在某种程度上是一个实践问题,并且在某种程度上可以根据经验性检测加以修正:何种关乎人们能够做什么以使其理所应得的方法,使得人们能够善用他们的机会?

第 11 章　作为制度设计的应得

论题：应得具有制度性和前制度性向度。

正义：制度的和自然的

对范伯格而言，"应得是一个自然道德概念（也就是说，一个并不在逻辑上依赖于制度、实践和规则的概念。）"① 罗尔斯否认在此意义上应得是自然的，不过他认为应得主张的正当性在于它是一种制度设计。因此，由于规则创设的目的是给予跑得更快的人奖牌，所以跑得更快的人才理应获得奖牌。那些"完成了体制宣称会加以奖赏的事情的人，有权使他们的期望得到满足。在这个意义上，更幸运的人拥有更好的处境；他们的诉求是源自于社会制度的正当期望，并且共同体有义务实现这些期待。但是这种意义的应得是一种权利。它预设了一个持续合作框架的存在……"② 这个观点在某种程度上是说，我们要在一个位置上去定义进而承认应得的主张。但是这些主

---

① Feinberg, 1970, 第 56 页。
② Rawls, 1999a, 第 89 页。在 1971 年版本中，最后一句话这样说："但是这种意义的应得预设了持续合作的框架的存在"（1971，第 103 页）。所以应得同之后提及的权利明显相近。然而，1999 版本中下一段有了进一步变化，进入了相反的方向，好像并未意识到先前段落中的改动。罗尔斯在下一段中提到我们不应得我们的社会条件，甚或是我们的品性，"因为这些品性在很大程度上取决于早年生命中幸运的家庭和社会环境，而这些不能归功到我们自身。应得的概念不能运用在这里。但可以肯定的是，更有优势者，和其他所有人一样，有权享有他们的先天禀赋"（1999a，第 89 页）。最后一句话是新的版本，把未得到运用的应得从得到运用的权利中分离出来。

第 11 章　作为制度设计的应得

张：（1）在特定的制度规则语境外并无容身之地，因此（2）无法对规则的关键性内容施加影响。[①]

不过，在其他意义上的应得概念同制度性结构的关系并不那么紧密。一个训练多年的奖牌得主若纯粹依靠其遗传天赋的力量获胜，那么他就不应得这块奖牌——即使就制度性规则而言，后天训练和先天遗传在决定奖牌的应得问题上具有同样权重。同样，即便当制度规则完全不考虑运动员的付出与应得间的关联性时，运动员们也尽其所能去获得胜利，并在这一过程中成为榜样。

如果我们实际上相信现存所有的制度规则和应得一样要紧，那么我们需要解释，为什么我们乐于批评特定制度规则，以及批评依照现存规则获得的结果。加拿大短跑运动员本·约翰逊（Ben Johnson）在 1988 年的奥运会上跑出了百米赛跑的最快速度。他所做的一切并没有显示他应得自己的遗传天分、好强天性，抑或教练们的杰出。他所做的仅是比其他的竞争者跑得更快，表面上看这似乎蕴含了他应得这块金牌。

然而，血检揭示出约翰逊服用了类固醇。这很重要吗？十分重要。他服用禁药的事实引发了有关应得的问题。相较之下，约翰逊有**背景**（他有运动基因，他在一种环境中成长）这一明显的事实并没有引发应得的问题。在宇宙大爆炸后出生，并未能阻止约翰逊应得一块奖牌。但存在一个真实的问题，即服用类固醇是否抢先占有了短跑选手应得奖牌而付出的努力？我们可以怀疑是否类固醇在事实上是被禁止的，这是一个制度性的问题；我们可以问是否类固醇**应该**（should）被禁止，这是一个前制度性问题。它的答案是：（1）并没有引发特定的制度规则，并且（2）确实决定了规则最关键的内容。

前制度性的方面

如上所说，罗尔斯认为那些完成体制宣称将会加以奖赏的事情的人，将有权实现他们的期望。罗尔斯坚持认为这一期望的性质是人为

[①] Rawls, 1971, 第 103 页。

第二篇 如何应得

的制度设计。一方面他是正确的，而另一方面他是错误的。就前者而言，这是一种人为制度设计是因为胜者有权得到黄金奖牌，而非白金奖牌。而就后者来说，它是前制度性的道德事实在于，如果体系允诺把金牌给胜者，那么体系应该给胜者金牌。

注意：体系不需要**宣称**一项遵守承诺的义务。无论如何它都有这项义务。因此，尽管有很多因素决定权利可能是人为制度设计，但遵守承诺并不是。

显然，作为人为制度设计的一些应得主张承载着道德权重。（仅当一个体制引导胜者期望获得白金奖牌时，一个胜者赢得白金奖牌才是有意义的。）然而，一些主张并不仅仅**碰巧**作为人为制度设计而承载道德权重。他们**应该**作为人为制度设计而承载道德权重，因为他们前制度性地承载该权重。体系应允给胜者以黄金奖牌还是白金奖牌是无足轻重的。然而，体系是否鼓励卓越而不是腐败或者无能却并非无足轻重。我们认为获胜的短跑选手应得回报，是因为我们看到了作为多年以来严格艰辛训练结果的杰出表现。如果相反，我们认为成功的关键在服用更多禁药，我们可能不会认为获胜者应得奖牌。这个差异不是一个人为的制度设计。甚至当规则允许提高成绩的药物时，我们仍可以看到这两个情形间的差异。

某种程度上，我们介意的原因在于比赛的目的就是向我们展示了一个人能有多么杰出。如果我们解释成功的原因在于类固醇，而不是因为一个人在前制度的意义下为应得主张奠基的特征，那这个制度就没有起作用。如果竞赛刺激易受影响的观众服用禁药而非发展他们的才能，这个制度就没有在起作用。如果一种竞赛的方式危害到了竞赛者的生命并且为崇拜他们的孩子们树立了一个危险的榜样；然而另一个禁止兴奋剂的方式更有利于所有人的健康。于是我们有了前制度性理由认为：确立、宣传和强化禁令是正确的。此外，我的同胞本·约翰逊并没有获得奖牌。①

---

① 这个结论并没有预设允诺理论。即使在补偿性框架中，前制度性应得的可能性也是很明显的。

第 11 章　作为制度设计的应得

难　题

1. 我们是否经常发现自己难以确定哪一种理论（补偿的或者承诺的）是更相关的？譬如说，我们如何知道把一个奖项视作报酬还是理解为有待应对的挑战？假设简得到一份奖金，进而决定把它视作一个挑战，那么她必须努力去做一些事情以值得拥有它。简会做错了吗？又是什么使她做错了？如果奖励机构明确规定简的奖项是对她过去表现的认可，这就解决问题了吗？那如果简选择不把奖项看作挑战呢？简必然错了吗？

2. 戴维·米勒说，假设我"说服当地的射箭俱乐部让我参加他们的年度锦标赛。纯粹靠运气，我射了三箭得到金牌，但我无法重复做一百万次的尝试而皆如此。我不能够以**此**为基础而应得颁发给我的奖项"[①]。米勒是正确的吗？根据机构的规则，关键的是箭射在了哪儿，所以米勒的例子能证明关于应得具有前制度要素的一般性思考吗？

[①] David Miller, 1999a, 第 134 页。着重为笔者后加。

第 12 章　应得的限度

论题：应得的观念对应于**能动的**行动者。权利的观念对应于**个体性**行动者。

这是谁的表现？

威尔特·张伯伦（Wilt Chamberlain）是否会因在自然彩票中抽签的运气而善加利用其被赋予的潜质呢？[1] 一个可能的回答是，他是否善加利用他的潜质不关别人什么事。威尔特并没有因他的天资而亏欠任何人。他并没有从公共资源中获得天赋。威尔特不过是拥有使他成为威尔特的特质，他没有亏欠任何人。然而，虽然威尔特是否善加利用他的潜质不关别人的事，但威尔特将能或不能善加利用其潜质的事实依旧存在。

某种程度上，认为是威尔特而非你我应得对于威尔特杰出表现的称赞的原因正如戴维·米勒所说，"表现完全就是他的"[2]。注意：问题并非该表现是威尔特的还是宇宙大爆炸的；问题在于表现是否是威尔特而非其他人的。是否因表现而称赞威尔特的问题，从不是一个有关威尔特是否使他自己拥有其性格与天赋的问题。相反，问题为是否

---

[1] 我感谢保罗·多森（Paul Dotson）与彼得·迪奇（Peter Dietsch）就什么关乎一个人的身份地位所做的讨论。

[2] David Miller, 1999a, 第 144 页。

第 12 章　应得的限度

性格、天赋或其他生产应得的投入，终究是威尔特的而非其他人的。[1]

当我们赞扬威尔特的努力时，我们暗示着这一赞扬针对威尔特而非，比如，对我来说是应得的。为什么？不是因为威尔特应得努力（不论努力意味着什么）而是因为这努力是威尔特的。当我们问努力是否真的是威尔特的，答案有时为简单的"是"。有些时候，我们或许想要赞扬在实际上促成其成绩的威尔特的教练、老师或父母的表现。[2]

注意，给予赞扬并非一场零和博弈。在他感谢他父母的时候，我们并不会小瞧了威尔特。相反，如果在赞扬是恰当之时，他未能给予（父母）赞扬，我们则会小瞧他。只有在我们认为威尔特的表现并非真的属于他自己的时候，威尔特父母应得的赞扬才会取代对于威尔特的赞扬。（设想，威尔特在一个学院奖项的获奖感言中感谢他的父母和教练帮他写所有的学期论文。）

如何将应得视为不可比较的

应得本质上并非一个可比较的概念。特别是，在此构建的应得理论**没有**为尊重那些相比于没有优势之人而具备优势的人留有余地，而

---

[1] 查理斯·贝茨（Charles Beitz）说，"尽管自然天赋的分配在这一意义上是任意的，即一个人不可能应得生而具有的能力，如像鲁宾斯坦（Rubinstein）般演奏，但它显然并不意味着这一天赋的拥有需要任何的正当化。相反，仅仅是拥有一个天赋就提供了对于拥有者而言以可能且可欲的方法使用它们的初步理由。纵然一个人不能被认为是应得其天赋的，但一个人没有必要为其拥有的天赋提供正当理由，因为它们早已是一个人自己的了：运用与掌控天赋的初步理由为自然事实所固定"（1979，第 138 页）。

[2] 以这种方法，当我们对应得刨根问底时，就会预设一个基本的应得权益，或至少是占有的观念。我们一定要明白，天赋何时是我的，而非威尔特的。

这会有两种方式。比如，当洛克说一个无主物在我们混入我们的劳动后怎样变成了一份财产时，这一观点似乎是说，如果一个物品是无主的，那么通过制造应得的努力将之与我们相联系，就会导致一种其他人在没有忽略什么是我们应得的情况下不能忽略的关系。这并不能传递所有权到一个已经被他人拥有的物品上，但它确实会使我们位于一种境地，即在此某人未征我们同意而取走一个先前的无主物，是不公正地对待我们。因此，以这一洛克的观点来看，当我们细究应得权益时，结果是它预设了一个基本的应得的概念。

第二篇 如何应得

是为尊重那些尽其所能而对于其优势理所应得的人开辟空间。一个更广泛正义理论的这些因素探求一个人是否已经提供了生产应得的必要因素,而非去问一个人是否要比其他人做得多。会有如下这样的情形:

      a. 威尔特·张伯伦有 X 而你有 Y,
      b. 威尔特的所作所为应得 X 而你的所作所为应得 Y,
      c. X 要多于 Y,可是(只要考虑到应得),
      d. 尽管有此事实,即**在这一描述下**威尔特应得的并不"比你多",但 X 多于 Y 却并没有什么问题。

换句话说,有关威尔特的问题,不在于威尔特是否做了什么而应得的**比你多**,而是在于威尔特是否做了什么而应得**他拥有的**。或许从不会有这样的时候,即一个公正的法官,通过衡量你与威尔特的表现,从而有理由下结论说威尔特的奖赏应该比你的多。所发生的事情是,威尔特公正地对待他的机会而你公正地对待你的机会。我们是否应当关注或者想象在你与威尔特之间存在一种关系,或者说我们是否应当关注这一对儿关系:一个是威尔特所做的与你所做的之间的关系;另一个是你所做的与你所拥有的之间的关系。或许没有一个关注刻画了有关正义的全部真实,但第二种关注(也即关注这一对儿关系)是对于应得的关注,而第一个则是对于其他什么更有可比性之物(比如平等)的关注。[①]

一个打算根据应得进行分配的中央分配者,需要判断相关的应得,并据此而分配。如果没有中央分配者,情况就不同了。如果威尔特为了他的薪水 X 努力工作,而你也为了你的薪水 Y 努力工作,那么威尔特得到了 X 而你得到了 Y 之中会有某种相称(fitting)存在。你们每人都提供了连接你与你值得尊敬的薪水之间产生应得的投入。

---

    ① 奥尔萨雷蒂(Olsaretti,2004,第 8—166 页)论证到,应得诸理论不能为不平等简单地提供正当理由。她是正确的,不是因为应得诸理论在其为不平等提供正当理由的目的中**失败**了,而是因为它们就没有此目的,它们没有预设不平等需要提供正当理由。

第 12 章　应得的限度

或许对于一个中央分配者而言，断定威尔特比你应得的要多得多是很难获得正当理由的。但根据假设，并不存在这样的判断。

威尔特应当获得多少薪酬？

不用说，威尔特并不因将给定的薪水同威尔特表现相联系的经济体系而应得称赞。另外，威尔特也不需要因为这一经济体系而被赞扬。他只是因为他的表现而要求赞扬。如果是威尔特而非你应得对于威尔特表现的赞扬，那么就是威尔特而非你，对于工资有预期性要求；而根据经济体系（或者，是威尔特的雇主），该工资与威尔特的表现相关联。

你或许会质疑威尔特的行业不应支付比你的行业更多的工资，但这不是因为你觉得在顶级行业中的人们是不应得的，而是因为你觉得存在某个预设，它反对如此巨大的不平等。你或许认为应得的程度不足以推翻这一预设。你可能是对的。这将会在有关平等理论的情境中加以讨论，且平等理论提醒我们，我们需要以这种视角考虑有关应得的结论。我称之为"应得一个机会"的并非应得的全部。应得也并非正义的全部。正义并非道德的全部。更为广泛的理论的这一部分内容告诉我们要像对待挑战一样对待机会，并且尊重那些以恰当方式迎接挑战的人们，但这一部分并**没有回答所有的问题**。它没有说威尔特·张伯伦本应当获得什么报酬，也没有说威尔特本应当有什么机会。它只回答了**一个问题**：威尔特或任何被好运眷顾的人能够做什么而可以应得？它的回答是，当我们回顾威尔特的职业时，我们想知道他是否应得他的利益，但我们并没有局限于考量在接受这些优势前他曾做了什么。如果有什么是重要的话，那么重要的就是，他曾对之做了什么。

应得抑或权利

我们如通常理解的那样尊重应得的原因，也正是如通常理解的那

第二篇 如何应得

样尊重应得限度的原因。特别是，一个社会能够做什么是有限度的，一个社会能够期望它的公民做什么以及保证人们得到他们所应得的是有限度的。因此，如人们应获得他们所应得这一原则一样基本的事物也有其界限。

一个公正的体制是为了最小化人们的权利在其所应得面前减损的程度，而非以妥协人们的能力为代价去形成有关应享权利的稳定期待，并进而以和平且高效的方式继续他们的生活。话虽如此，但这一点对应得和权利双方都起作用，因为应得反过来也纠正了正当权利的任意性，而且这也是一个不错的事情。比如，一个业主会知道她的雇员有权享有一个固定的薪水，但也了解到这位雇员分外地多产并（既是允诺性也是补偿性意义上）应得加薪。如果她足够介意应得的话，她相应地调整她的财产（她的工资单），就不仅有益于这位雇员，还有可能有益于她的公司与顾客。

应享权利原则承认我们作为**个体的**行动者的状态。应得原则承认我们作为**能动的**行动者的状态。一个社会的运转离不开保证人们的储蓄与收入，并进而使人们得以规划其生活的法治体系。① 而在这一气质（ethos）——深刻地尊重人们为了理所应得而能够有所作为——缺席的情况下，法治也并不能良好地运转。② 作为道德行动者，我们工作的一部分就是公正地对待植根于我们应享权利的机会。正是在迎接挑战中我们使应享权利体系运转起来。

---

① Waldron, 1989。
② 是什么决定了一份给定的薪水，是否算作对于我们提供的产生应得之投入的恰当回报？有关应得的理论并没有说。薪水是应享权利诸体系的产物，而且应享权利诸体系并不是对什么是工人应得之份这个事实的纯然回应。他们也回应了互惠、平等与需要概念，以及回应了各类与正义问题没有直接关联的因素（供给与需求）。因此，一类工作的现行工资水平并不因某个特定的工人所应得的而被决定，尽管一个工人是否应得现行数目的工资取决于这个工人是否做了什么（提供被期待的制造应得的投入）而应得它。一些应得的概念由于鼓励我们彼此尊重应享权利的权利体系而是可辩护的（参见第24章以及，大体上，第五篇），一些应享权利的概念由于使得我们能够如我们所愿那样应得这样的机会而是可辩护的。哪一个概念是更基础性的？脱离了情境，这个问题就没有真实答案。在有意去为一个应得概念提供正当理由的情境下，我们必须把其他的一些东西视为基础性的，如果只是为了论证起见的话。同样对于应享权利也是如此。我们所要提供的正当理由限定了情境并且决定了什么能够、什么不能够被视为基础性的。

第三篇

如何互惠

第 13 章　互惠

公诉人震惊了,她十分激动,低声嘟哝说:"六个月的缓刑!这个家伙罪大恶极!他应该做五年的苦工!"

法官面对惊呆了的法庭,再次发话:"这是一个正义的法庭,我已经在众人之前宣誓要维护正义的原则。在判决过程中,我受庄严的誓言指引。在适当的慎思之后,我决定在这个案件中的首要原则是互惠的原则。虽然这件案子的被告罪大恶极,但是决定此次判决的首要的考量是——我欠了这个家伙的恩情。根据正义原则我有义务这样判决。休庭。"

正如同应得一样,互惠激发了怀疑论。一方面,很明显在我们回报曾善待我们的人时,我们至少是在做一些好事(其他事情也一样),甚至可能是道德要求的事。然而,阿伦·布坎南(Allen Buchanan)在最近的一篇文章的开篇宣称:"在伦理学思想史上存在着一种思潮,不时地会在伟大的思想家的作品中显露出来,并威胁要打碎我们的法律制度以及阐述正义问题和道德常识的基本概念框架。这个观点可能会叫作作为互惠的正义。"[1] 对布坎南来说,作为互惠的正义暗示着正义的责任仅仅包含在那些可以相互施予恩惠的人中间。[2] 如果布坎南是正确的,那么他所说的作为互惠的正义充其量仅

---

[1] Buchanan,1990,第 227 页。与布坎南在这里形成反衬的主要是戴维·高蒂尔(David Gauthier)。

[2] Buchanan,1990,第 228 页。

第三篇　如何互惠

仅是正义的一部分——当双方并没有相互施予恩惠的时候，它就失效了。

尽管如此，互惠这一更为谦逊的理由，即回报恩惠至少是一个不错的事情，仍然具有说服力。针对这一理由我们可以谈些什么呢？第 14 章特别是以和应得原则作对比的方式，定义了互惠。第 15 章探索了一些不仅不会动摇道德常识，反而恰恰是道德常识难以分割的一部分的诸种互惠。第 16 章思考对社会的义务是否可以在互惠中寻求基础。第 17 章在更普遍地探索互惠的道德限度的同时，也探寻社会义务在何时是强制性的。

第 14 章 何谓互惠？

论题：互惠原则在多元主义正义理论中扮演重要角色。

互惠、应得、自尊

劳伦斯·贝克（Lawrence Becker）在一本出色却遭忽视的书中，将互惠称作为一种倾向："按照我们所获之善而返还善行，并对我们所为之害加以弥补。进一步来说，互惠是基本的美德。它的要求预设了加诸众多竞合考量之上的权威。"① 这一倾向是普遍存在的。"天赋与善行遍及我们的生活。邪恶与伤害也是如此。每一处，在每一个有记录的社会中，都存在着有关这样事情的互惠的规范。"②

细节会因时因地而有显著的不同，并且每个社会都有着丰富多样的形式。礼物赠予的仪式，情人间无须语言的理解，家庭生活的模式，朋友间的期待，公平游戏的责任，公民的义务，合同——都被理解为是互惠的。他们全部都会有一种复杂的礼节，并且这一礼节（在理论上与实践上）与节俭、自利、利他主义，基本人类需要，社会福利，应得与责任概念，正义与公平相联系。③

---

① Becker, 1986, 第 3 页。贝克的这部著作是如此的包罗万象，以至于我们在某种程度上很难说有关主题的任何有用的材料没有被包括于其中。
② Becker, 1986, 第 73 页。
③ Becker, 1986, 第 73 页。

第三篇 如何互惠

互惠涉及当别人帮助我们时我们如何反馈。对于贝克而言，如此理解互惠"恰恰对正义概念来说是基础性的"①。若构成一个原则，这一观点就会是：

当你有能力时，就要依你所获之善返还善行。

有时，我们能够精确地说什么有资格算作相称的（proportionate）返还。② 如果有人借给你 20 美元，这就需要你返还此借款，并且在相似情形下伸出相似的援手。不过，如果你以第二按揭的贷款将某人从银行破产中解救出来，那么你将不会把它视为对于 20 美元贷款帮助的返还。因此，仍然存在虽模糊但真实的限度。一些表示（gestures）会不及，而一些则会太过。

偶尔，我们不仅会问一个表示是否具有适宜的分量，也会问它是否属于恰当的种类。如果你的朋友琼斯（Jones）开车载你到机场，而你则试图以给他 20 美元作为互惠，或许就这一表示的分量而言没有什么问题。20 美元在分量上或许差不多正好；没有更合适数量的美元了。可问题在于，美元显然是对朋友人情的一种错误回应。成功返还一份人情既包括回馈的量度，又包括回馈的诚意。

值得注意的是，想要做什么来还人情并不意味着总忧虑着去摆脱债务。一方面，互惠的艺术是有风度地承认他人帮助的艺术。有时，我们仅仅是报以感谢，而不打算表明我们是在清偿（人情）债务。另一方面，这一艺术则关乎时间安排（timing），因为想要做什么事无须意味着马上就想去做。在朋友之间，我们的互惠不是以单个事务为基础的，而是在一个长时间内，以整体关系模式的观点为基础的。（不论好坏，这一事实是就我们大多数亲密关系而言的核心。我们是

---

① Becker, 1980b, 第 417 页。
② 对于复杂问题，会有不止一个明显的平衡（proportion）。我们是想相称于我们所得的利益，还是说承担我们恩人在帮助我们时令人厌烦的一面？有时，我们无法只满足（一个平衡）而不牵扯到另一个。感谢克里斯·布朗（Chris Brown）的这一观察。

第 14 章　何谓互惠?

习惯的动物。在亲密关系中，除非我们每时每刻都在审时度势，我们的习惯就倾向为转而利用我们的伙伴，或被我们伙伴利用，并最终导致了疏远。)

在詹姆斯·雷切尔斯有关何者为人们所应得的富于启发性讨论中，互惠原则发挥了重要作用。雷切尔斯让我们去思考如下这个情形：

搭车去上班。你，史密斯与琼斯都在一个地方上班。一天早上你的车无法发动了，因此你需要搭车，所以你打电话给史密斯并请他过来接你。但史密斯拒绝了。因为他并不想被打扰，所以编造了一些理由。之后你给琼斯打电话，他提供给你所需要搭的便车。几周后，你接到史密斯的电话。现在他的车坏了并请求搭一下你的车。你应该帮助他吗?①

你应该帮忙吗? 这里有两个答案。首先，如雷切尔斯总结的，就我们所能分析的，史密斯不应得被帮助。其次，你并不亏欠史密斯一次作为互惠的"搭便车"。雷切尔斯并没有下第二条结论，不过可以设想他是支持的。

我们可以更进一步。假设我们可以如此改变雷切尔斯的案例情形，即几周后是琼斯而非史密斯需要帮助。至少在两个方面这成为一个不同的情境。首先，琼斯可证明地应得帮助，因为如果你与他的经历算作某种标识的话，琼斯是乐于助人的人。其次，因为琼斯帮助了**你**，你就有了附加的理由去帮助他，也即你向琼斯伸出援手将会还他一个人情。② 第二个理由不仅是对于琼斯属于哪类人的反馈，也是对于你与琼斯共享的历史的反馈。特别是你欠了他的情。

雷切尔斯自己以不同的方式继续修改了这一案例情形。

---

① Rachels, 1997，第 189 页。
② Rachels, 1997，第 189 页。

第三篇 如何互惠

同时性要求。史密斯给你打电话请求搭便车。同时，琼斯在另一个电话中需要搭便车。但是他们住在不同的方向，所以你不可能同时帮助两个人。你会帮助哪一个？①

雷切尔斯觉得很明显你该帮助琼斯。为什么呢？因为，雷切尔斯说，琼斯是更具有应得资质的。我们能够同意，你应该帮助琼斯。我只是想补充，在这一情形中还有些别的东西。是的，琼斯似乎更应得，但除此之外，史密斯与琼斯都在给**你**打电话，而你特别地与每个人都有历史。

设想史密斯与琼斯改为都给布洛格斯（Bloggs）打电话。布洛格斯从未帮助过两者中的任何一个，也未向他们请求过帮助，因此对于布洛克斯来说的唯一问题（我们可以设想）就是琼斯是更具有应得资格的。如果布洛格斯帮助史密斯而让琼斯陷于困境，那么史密斯所得比其应得的多，而琼斯所得却比应得少。话虽如此，却如雷切尔斯实际上讲述**同时性要求**这个故事那样，史密斯与琼斯是给你打电话，而非布洛格斯。如果是你而非布洛格斯帮助了史密斯而非琼斯，那么就会有一个进一步的问题。如果你帮助了史密斯而非琼斯，你就不仅忽视了他们应得什么，也忽视了你**亏欠**琼斯什么。你的失败不仅是没有给予琼斯其所应得。作为一个有关自尊的问题，这本应对你来说是重要的，即琼斯待你好而史密斯没有选择这么做。

顺便注意的是，自尊与原始的（raw）自利无须相一致。如果为了职业的目的，我忽视了琼斯与我共享的历史。当我通过讨好史密斯时我能够在职场上更进一步，而讨好琼斯却没什么好处，于是我就依然没能够尊重自己（就如谚语所说，我在"放下我所有的尊严"）。

所有这一切都与雷切尔斯的**应得原则**相协调："人们应得以他们曾如何（自愿地）对待别人的方式而被同样对待。那些善待他人的人应得善待作为回报，而那些恶待他人的人应得恶待作为回报。"②

---

① Rachels, 1997，第 190 页。
② Rachels, 1997，第 190 页。

第 14 章 何谓互惠？

尽管这一原则就其适用来看可被证明还不错，但它明显没有在你与布洛格斯之间做出区分。这一原则没有捕捉到由于琼斯在过去选择帮助的是你这一事实，你欠琼斯的人情，而布洛格斯没有。

我们也可以修正雷切尔斯的原则来将这样的互惠债务包含在内，不过我们没有必要这样做。雷切尔斯的原则不过是他所主张的那样：一个应得的原则。你欠琼斯而布洛格斯没有欠的人情能够在独立的互惠原则标题下被更好地捕捉到。

在继续讨论前，要为备受批评的史密斯说句话：在原先**搭车上班**的例子中，并非你帮助了史密斯而史密斯拒绝互惠。很有可能是，如果史密斯先给你打电话而你帮助了他，史密斯本会高兴地还这个人情。史密斯拒绝帮助或许是错的，但这并不是拒绝偿还人情的情形。（没能走出第一步就是没能相信，或没能承认赞颂我们共同人性的一个机会。没能走出第二步才算作没能够互惠。）至少直到琼斯以占先的主张占用你的时间打电话给你时，或许要做的事就是让史密斯解释一下为什么在拒绝帮助你后又这么快打回电话（求助）。根据他的回答，或许向他提出这个疑问是正确的。

增进合作

有趣的是，当雷切尔斯论证给予人们其所应得很重要时，他明显提及了互惠并在论证中给予互惠同其应得原则内涵相同的权重。如下便是他所说的。

> 如果互惠不能被期待，那么善待他人的道德将于人们的生活中占据一个较不重要的地位。在一个尊重应得的体系中，善待他人之人会期待被善待以作为回报，而恶待他人之人就不能期待被善待。如果道德生活的这一方面被排除了，那么道德就没有回报而不道德就会没有恶果，因此一个人就更没理由来考虑互惠了。①

---

① Rachels，1997，第 190 页。

第三篇　如何互惠

雷切尔斯通过诉诸互惠对于人类社会日常生活的影响来论证互惠的公正性。其论据为：设想我们想要社会（或任何关系）成为并保持一项以彼此互利为目的的合作性冒险。并且假设我们希望正义促进而非阻碍这一理想的实现。在这一情形下，问题就不是一个观念是否**支持**合作，而是遵循此观念是否**增进**了合作。依你所获之善返还善行通过了这一检测。当人们进行互惠时，他们就在教导身边的人进行合作。在这一过程中，他们不仅尊重而且增进了正义。特别是，他们增进了一种使得人们在彼此尊重的祥和中共同生活的正义。①

当我们考虑到互惠的教育性功能时，帮助史密斯与没能够帮助琼斯就是两种不同的未能增进善行的方式。在每种情形下，你给每个人发出了错误的信息。就发出错误信息之风险的角度来说，互惠带来的益处与损害是不分轩轾的。有关互惠损害的一个额外问题是，虽然人们易于成为不合格的负面信息接收者；但人们几乎从未想过他们曾挑起了战火。一个作为报复发出的信息被接收者视为打响了第一枪，因此它本身就需要被报复，这就导致了暴力的循环。像贝克一样，我将以善返还善、以恶返还恶视为两种不同的倾向。尽管在特殊情形中没有什么是被保证的，但以善返还善是我们大体上能够支持的，而以恶返还恶就是一个没有任何社会能够简单支持的危险与复杂的实践。我所说的某些内容或许会有助于某些人为以恶返还恶的一些方面提供正当理由，但无论怎样我没有如此主张。②

---

① 弗朗西斯·卡姆（Frances Kamm）（在2004年，伯明翰，纪念詹姆斯·雷切尔斯的工作坊中）问我，在我欠琼斯人情且与此同时史密斯与其他人对我不好的情形下，什么算作互惠。我说我欠琼斯人情这个帮助琼斯的理由，并不受到别人如何对我的影响。我会祝愿史密斯与他人能够对我好些，也会祝愿我能够对此有所作为，但我能够对此做什么却并没有保证。世界并不以这种方式保证其公正，也没有理论应假装能够保证。为了**保证**（世界的公正）我所能期待的全部就是我**应得**更好地对待。而对于琼斯，作为互惠者，我所能做的就是：我以帮助偿还欠他的人情。

② 第8章揭示了为什么我没有打算把应得的允诺性理论扩展为一个惩罚理论。我不知道任何具有相似重要性的理由去拒绝互惠为基础的惩罚理论，但我对于互惠的论证，就我所知而言，没有为这样的一个理论提供基础。

第 14 章　何谓互惠？

多元主义

我大体上将互惠原则定义为这样：当你有能力时，就要依你所获之善返还善行。我并没有试图构建这一原则使得它没有反例。首要的工作是将此观点提入议程。很容易想象如此定义的互惠有违公正的情形。如果琼斯和史密斯都是在我部门的工作应聘者，我没有权利投票支持琼斯以作为偿还他人情的一种方式。下述事实，即与史密斯不同，琼斯善待他人，或许与谁是更好的应聘者相关，但与我欠他人情这个事实并无关联。想偿还人情很容易理解。但以不容我给予的人情来偿还人情就会导致不公正。

因此，一些超出此范围的别的东西，于正义的领域中限制着互惠的范围。还会有其他的原则，但互惠并不能够优先于它们。很明显，正义与互惠彼此有关。而同样明显的是，并非每一个正义问题都是互惠问题。① 布坎南认为，"作为互惠的正义至多能够提供一种描述，即那些恰好能够在一个彼此相欠的给定合作计划中有所贡献的人们能够做什么"②。显然，布坎南没有否认这与等价返还这一基本观点有关。但错误在于认为我们**唯一的**义务就是等价返还。

一个相似的论题隐含于"法庭"案例中，即第三篇开始的场景。在那个场景中，法官错误地把互惠不仅视为相关，而且是超越于其他原则之上的原则。为什么呢？因为统御法庭的原则并非互惠原则。互惠大体上是在个人关系历史情境下的至高原则。然而在法庭中，法官的个人历史不应该与此相关。同样地，当我的部门寻求雇佣某人时，我有义务不把我的投票权视为偿还某人人情的一种方式。有些人情是不容我给予的。有时我有义务为了服务于某些目的而非我自己来发挥实质性作用。

正义的一元论理论是试图把所有正义问题简化为一个单一原则的

---

① Buchanan, 1990, 第 244 页。
② Buchanan, 1990, 第 238 页。

理论。多元主义理论则把正义描述为由一些不可被化约为某个因素的诸多因素构成。作为互惠的一元论正义理论在解释为什么互惠的领域是有限度的问题上存在困难。为什么呢？比如，在"法庭"例子中的法官真的应当返还他所欠的人情，这是真实的。而法庭并不是返还人情的场所，这也是真实的。而作为互惠的一元论正义理论在解释未曾帮助过我们的人的义务时就有困难——并因此在解释那些**不能够**帮助我们的人的义务时是有困难的。不过，这个问题是一元论的问题，而非互惠的问题。

布坎南说我们的道德义务超出了在互惠条款下与我们相关之人的彼此对待，他是正确的。打孩子是否公正根本没有（更别提只是）涉及孩子是否曾（或将要）对共同的合作事业做出贡献。不过，布坎南的理论并不是说互惠在正义理论中不占有一席之地，而是说互惠并非其中唯一具有重要性的原则。正义并没有被互惠原则穷尽，而互惠在一个良好的共同体结构中依旧是一个主要的因素。

第 15 章　诸种互惠

论题：和应得与更一般而言的正义一样，互惠是一个概念丛。

互惠的典型形式

互惠的典型形式适用于自律的成年人之间，并非用于对待那些无助的人。关键在于，如果互惠关涉如何成为一个适格的**接受者**，那么互惠对于那些不能做到应尽之份的人们就失效了，因为互惠涉及我们对于那些**已经**尽其应尽之份的人们，亏欠着什么。而在涉及那些未曾（或许也并不能）做过于我们有恩之事的人们，互惠原则无法指导我们，它也不会告诉我们为什么这样。更普遍的是，对于何时、如何或者为何要走出第一步，互惠原则也言之甚少；因为互惠基本是关于当别人走出第一步时，我们如何做出回应的。

当我们询问如何回馈曾对我们施与恩惠之人时，我们就进入了互惠的领域。如果这一问题不成其为问题的话，那么互惠也就不是答案。

传递性的互惠

或者至少来说，互惠的典型形式并不是答案。此主题有许多变奏，而且在更宽泛的问题上涉及道德义务。典型的互惠会要求我们向最初的施惠者加以专门回报。我将这种形式的互惠称为**对称的**互惠。

第三篇　如何互惠

有时候，对恩惠合适的回应并不是回报，而是"传递下去"。当一个教师帮助我们的时候，我们很感激。然而，既奇怪又常见的是，我们声称我们报答老师的方法，主要是通过传递善举，去帮助我们可以帮助的人——就像老师曾经帮助我们一样。我称其为**传递性的**（transitive）互惠。得到一份不劳而获的飞来横财，我们就欠了运气债——道德之秤就不平衡了。典型的平衡秤的方式就是去回报我们的施惠者，像每一种对称性的互惠一样。然而，这种典型的方式并不是唯一的路径。另一种方法是将恩惠传递下去，就像每一种传递性的恩惠一样。传递性的恩惠更少考虑**回馈**恩惠，而更多考虑兑现它——对恩惠善加处理。传递恩惠可能不会回馈给最初的施惠者，但是它也可成为一种感恩的方式。职业运动员给大学母校捐款。当一些人原样回报母校的恩惠时，另一些人则寻求为母校工作而有益于下一代，以此来酬谢所受母校的恩惠。① 这种意图就不大是直接反馈恩惠，而更多的是将之传递下去。②

对称性互惠和传递性互惠都是试图依比例以善行返还善行的情形。当然它们不完全相同，但它们都是这一主题下的变奏。欢迎读者们保留"互惠"的讲法来指代对称性互惠，可以使用其他一些诸如"制度性互惠"（schmeciprocity）来指代我称之为的传递性互惠。我们使用哪种讲法无关紧要，只要我们明白它们是如何关联的：它们都是试图依比例以善行返还善行的方式。

在对称性互惠的情形中，恩惠得以偿还。不过有时候，偿还恩惠并不可能。另一些时候，偿还恩惠又可能不合适。如果原始的收益是一份礼物，那么任何原样还礼的打算都会冒着无法偿还恩惠的风险。所以，意识到这一点，我们反而可以将该恩惠以原始施惠者的名义，

---

① 以捐赠奖学金方式进行资助的校友没有和更年轻的、并且从他们慈善中获得益处的学生一起成长，但是凭借想象那些学生面临相似困难的时候，他们之间仍可以感受到这种亲缘性。在这个想法上我要感谢沃尔特·甘农（Walter Glannon）。

② 同样存在一种诸如传递性惩罚（transitive retribution）这类事物，也即凭借惩罚无辜的、和罪犯同一个种族或宗教的人们实施报复。传递性惩罚如同噩梦，而传递性互惠则给人激励。

第15章　诸种互惠

明确地或含蓄地传递下去。在传递恩惠的过程中，我们使自身周围以及我们给予和被给予之间的关系恢复均衡。如果我们不能或者不应该试图使原始施惠者身边的关系（在施惠者给予和被给予之间）恢复均衡，那么传递性互惠可能是我们可以用来平衡秤的最好办法。

我曾说，互惠在本质上而言是模糊不清的。从直觉上说，传递性互惠的责任包含康德不完全义务的所有特征。（也就是说，在涉及什么是一个人要做的、对谁要做的、是否任何人都有权做等问题上，它们是缺乏限定的。）然而，尽管传递性互惠的义务是不完全的，但它也存在对于不确定性的限制。比如说，如果我感到母校对我有恩，给正处在同我母校竞争位置的对手一份厚礼可能是非常良善的行为，但是这并不是我感恩母校的方式。①

有人感受到亏欠社会本身，并寻求回报社会。我们可以称之为一种对称性的互惠，同时将社会作为受惠者和原始施惠者。有时候，我们无法依据行为区分这种对称性的互惠和传递性的互惠。鲍伯和希尔达（Hilda）可能分别给红十字献血。鲍伯想要回报红十字会（它被视为原始施惠者），因为它救了他的儿子。希尔达想要传递拯救生命的恩惠给一个无名的受惠者，以感谢拯救她女儿的匿名的献血者。②希尔达并没有认为自己是在偿还原初施惠者（即匿名捐助者），而是认为自己是在向该捐助者致敬。我不认为这是一个主要的议题。鲍伯和希尔达会轻易地忽略了他们各自动机的差异性。

此外，当某人以自己的父母或者之前的恩师来命名一个奖学金项目的时候，这并非交易合作伙伴之间典型的对称性互惠情形。这既不是仅仅加入某个集体事业以维系社会结构（尽管某种程度上它可能

---

① 只有在下述情形下，互惠的行为才是成功的吗？也即，只有当它们成功地和接受者沟通（和/或原始的恩惠者）说，该互惠行为意在承认对于一个恩惠的接受。我认为并不是；我认为我们应该承担起一项私人性的使命来对社会偿还恩惠，并在我们自己眼中取得成功而不需要向任何人解释我们的动机。此外，我认为在下述情形下，我们典型地把我们的互惠行为视作成功的，即只有当它们成功地表达出我们在解决或者至少承认有所亏欠的时候。

② 我以儿子和女儿的形式呈现这一例子，因为如果鲍伯和希尔达他们自己接受了输血，他们在现行的红十字会的规则下，就没有资格来献血。

如此);也不是对社会表达朦胧谢意的姿态。这仅是一种纪念某个特定的人的方式。①

当然,我们确实有时候会感觉到一种朦胧的感激之情,并且这也有助于促进传递性互惠。有一次我在温哥华的深夜乘坐公车。一个不会说英语的亚洲妇女尝试和司机交流,说她在找一个青年旅馆但迷路了。在司机那里劳而无果,她不得不走下公车,在深冬的夜晚十点待在无人的居民区街道,迷茫而不知将要如何是好。

我不亏欠她什么,或者至少,根据对称性互惠来说并不直接亏欠什么。然而,当我看到她要下车时候的表情,给我带来了回忆的刺痛——在一个我不会说本地语言的地方迷路,这该多么孤独啊。所以,我跟她说可以送她去想要去的地方。我们在另一站下车了,查询了地图,步行去了另一站,在那里我把她送上了另一辆公车,并确认司机将会让她在青年旅馆下车。公车开走了,她在车窗前向我鞠躬致谢,这让我觉得很高兴。为什么高兴?老实说,我并不知道。我猜想,高兴的是生活在一个以善意为主的世界中,并且高兴能有机会成为增进这个世界仁善的一分子来感谢这个世界的善意。

作为价值的互惠

对称性互惠将债务归属于我们的施惠者。传递性互惠是其变体,将我们承认的债务不是通过返还恩惠,而是通过将它传递的方式加以归属。两者都有关于欠债,亦即有关于互惠是如何限制我们的。如果我们把互惠看作一种价值,特别是一种我们所要增进的价值,又会如何呢?

---

① 贝克(Becker,1986,第111页)认为,如果原初的赠予"并不是针对一个特定的人,相反,而是针对维持一个社会结构从而向很多人提供好处,我们可以得出结论(相反则缺乏证据):一个具有相同意图的回馈将会是合适的。"贝克是正确的,并且他在描述一个次级范畴——我称之为传递性互惠。更大的范畴并没有要求原初的恩惠不应针对一个特定的人。当你的老师若干年前帮助你,尽管当那个恩惠是专门针对你的时候,传递性互惠也能够被要求。即使在那时,原样返还恩惠可能是不可行的或者是不合适的。于是,即使那时,有时候最合适的回答就是把恩惠继续传递下去。

第 15 章　诸种互惠

假设我们把这个问题看作一个开放式的问题：我们的孩子是否会如自律的成年人一样成长，有意愿且能够作为互惠者而生活。假设我们认为他们这么做的话，对他们自己而不仅仅是对他们未来的邻居和伴侣会**更好**。在此情况下，我们可能会认为我们自身**不是**有义务偿还债务，**而是**有义务增进一种价值。特别是，我们要增进一种偿还债务的能力，并且我们要培育具有如下品性的孩子，即能够在践行此种能力时享受乐趣。①

当我们以这种方式看待互惠，我们就会看到我们亏欠下一代一些东西，而不仅仅是简单的彼此交换。也就是说，孩子们为我们做过什么并不重要，重要的是在我们的帮助下他们会变成怎样。② 随着孩子们成长，他们会肩负义务，以负责任的成年人的方式生活。这其中（首先）就包括互惠。由于这一义务将要到来，所以我们试图培养孩子能够以体面的方式履行此义务的能力。

布坎南对互惠正义的主要批评在于，任何人，只要他们认为道德共同体的成员资格限定于具有互惠能力的人之中，就是赋予互惠以过高的权重。布坎南只提及了一点，但我们还可以补充一点：布坎南所言的互惠正义未能**足够**认真看待互惠。我们并非生来就能够进行互惠。因此，既然互惠是一个充满活力的共同体的核心，那么一个道德共同体就不该把互惠的能力视作理所当然的。它应**致力于**（work）使人们能够作为互惠者而生活，同时道德的公民将一些培育共同体的个体责任视为互惠的发生器。

我们通常把进入道德慎思中的互惠视作一种限制———一种回报恩惠的责任。然而，作为一种价值，互惠在道德慎思中发挥着不同的作用。作为价值的互惠是一个目标，而非限制。

---

① 我们认为互惠本身有价值，但是我们**促进**的是互惠的意愿和能力，因为在某种程度上，自由意志必然会取而代之。我要感谢迈克尔·史密斯在这一问题的贡献。

② 对于孩子，我们为了他们**能够**成为什么样子而行动。对于成年受惠者，（当目的在于促进作为价值的互惠时）我们在直觉上设立一个更高的标准；即我们根据一个人**将会**变成什么样，或者现实中**意图**成为什么而规定其责任。

第三篇　如何互惠

异化、互惠和平等伙伴关系理念

贝克说，如果行为 A 没有被视作一件**善行**、一次**回馈**，也没有被认为能适时地**对未来的互动施加影响**，那么行动 A 作为互惠行动就不再有意义。① 这有些夸张了，但贝克确实指出了一个问题。贝克的论点是说没有了上述这些特征，互惠行动就丧失了互惠的典型工具性价值，这种价值有助于我们建立持续的互惠关系。认为互惠行动如果**缺乏**工具价值就**丧失了**意义的观点，是一种夸大的说法。互惠有其目的，但不是典型的这个目的。无须总以增进未来互动的观点来施行互惠。我们可以因为简单的原因，即我们欠人恩惠，所以就返还恩惠；或者，我们可以将返还恩惠视为对于我们共同的人性的承认和赞美。

我认为马克思著作中最富有启发性的章节是他关于异化进行的评述。② 我认为我自己很幸运地生活在这样的社会里，在其中马克思是一流的批评家，我依旧感受到他对于异化的评论所言非虚。自由社会确实异化了一些人：他们的工作、他们自身、他们的财物、他们的种族；甚至自然本身对一些人而言是异化的力量。自由社会的异化程度可能比批评家们说的要小一些，并且有可能比其现实中的替代物的异化程度更小，其原因在某种程度上是它允许人们按照自己的方式联合起来。它使人们创造出"更团结紧密"的共同体。可是这并不意味着异化就不存在了。

可能异化是人类境况的永久组成部分，可能并不存在疗救的方法，或至少不存在广泛持久的疗救方法。纵然如此，我们仍可以在个人的层面上解决一些问题。在个人层面上，未能做到互惠是我们所能做出的最为异化之事的一部分。（反思片刻如下事实：未能**接受**恩惠同样也是一种异化。）但我们未能做出回应时，我们把自己不仅从相

---

① Becker，1986，第 107 页。
② 比如，参见由 Easton 和 Guddat 编译的《青年马克思文集》（1967，第 287—301 页）。

第15章 诸种互惠

互帮助的世俗利益中孤立出来,更切断了使我们感受到有存在感和有价值的关系纽带。我的牙医曾对我进行了一些诊治,但由于我并不能完全理解的原因,他没有收取我诊疗费。给牙医寄出支票作为回应也许是错误的,但如果我连一张感谢信都没有寄,或者没有以其他的方式来表达我的谢意,同样也是错误的。此中深意不仅仅是审慎。更确切地说,它关乎像我和我的牙医一样的人,需要做出什么样的行为来维持这样一幅存在于我们之间的生动的图景,在这幅图景中,我们自己是受到合适地尊敬的主体,并生活在由这些主体组成的世界之中。

从最好方面看,浪费互惠的机会,就是浪费相互肯定的机会。——肯定我们的伙伴认为我们值得信赖是正确的。互惠展示给我们伙伴的是我们将他们看作他们自身的目的。更含蓄些,但还是比较明显的是,尊敬那些将我们本身视作目的的人们,就是将我们**自己**视作自身目的。

相应地,我并不相信互惠和感激仅在回应那些超越其职责要求的人们。由于互惠和感激都是彼此肯定的形式,因而对于仅仅尽其本分之人心存感激也非常有意义。如果我能够留意到司机在拥堵的交通中行事得当,并报以赞许,那么我就使公路变得更加安全,我就表现得更有公民礼仪。如果我感谢收银员的良好服务(虽未超越其职责但确实足够好),那么我就使商店变得更宜工作和购物。

普通的能力就是一项成就,而非毫不费力的原始状态(default)。得以恪尽职守也是一项成就;因此而给予人们称赞并不是过错。即使当普罗大众面对普通状态被期待的回应行为是不对之加以赞许,但超越这一规则并非错误。互惠者并不避免给出赞许。他们寻求的不是尽可能少的偿还珍贵的恩惠,而是愉快地承认他们与其伙伴在合作性冒险中的角色。①

此中存在平等尊重与平等对待的因素,在某种程度上它是互惠者的本质。此外,虽然在某个给定维度上人们之间是不平等的,但人们

---

① 在此我并不否认高蒂尔的洞见,即成为一个"有限的最大化者"(constrained maximizer)能够确保个体收入最大化。在某些情形中,在限制中行事会成为那种被人们选中作为交易伙伴的一种方法,而"直接的"最大化行为会让我们会成为那种人们避之不及之人。

可以设计出强调另一些维度的互动关系，在这些互动维度中人们得以最大限度地彼此互惠。作为互惠者，人们**精巧地构建**（craft）使他们得以彼此平等联结的维度。这一构建并非社会疾患的万灵药，但互惠者能够并且确实以此（每个时刻中的某种关系）解决了他们个人异化的问题。

互惠是"原子论"的反题，后者是自由主义批评家们对于自由社会不准确地刻画。① 互惠者明白一项进展顺利的事务是一种相互肯定，并因此参与到这种事务中来就是一种自我肯定。异化从根本上说是个人的问题。其解决之道在于对于我们共同人性的积极肯定——这种肯定践行于我们彼此互惠之时。特别是传递性互惠，就是一种激活我们共同人性的方式。没有这一点，就仅仅是"次好"的。

这里有两点说明。首先，由于互惠强化了群体内的团结度，那么它就有可能加剧群体间的疏离，即使一些个体通过与其他群体成员建立个人关系而缓和了群际的问题。是个体而非阶层在彼此互惠，因此互惠立基于个人和个人间的关系，而非其他更为普遍化的方式，因此，它打破了阶层间的樊篱。其次，市场交易显然没有必要符合彼此肯定的理念。未彼此看上眼的顾客与收银员并没有使得他们彼此间更少疏离感。然而，一个能够注意到何时店员工作做得好的顾客，确实有助于这个世界少些疏离。金钱很少会是店员唯一想从他们顾客那里得到的。

---

① 有关原子论的重要讨论，参见 Taylor, 1995, 第 139 页及其后。

第16章　亏欠于社会与重复计算

论题：人们并不仅仅因身处社会而亏欠于社会。如果他们亏欠于社会，那是因为他们独特的个人历史。

重复计算的问题

一个互惠原则有时被援引来为政治义务（特别是交税的义务）提供理由。在共同体主义与民族主义者看来，这样的论证会以此事实开始，即当劳伦斯·贝克说，"没有人是自致的。无论我们生活中存在的何种善，在某种程度上，都是他人行动的一个产物"①。贝克正在说明什么？我们或许认为贝克想要说，我们因为社会曾为我们所做的而亏欠于它；与此同时，我们并不因自己曾做过的事情而应得作为回报的赞许。并非如此。事实上，贝克以寓言的形式这样说道：

> 我认识一个认为自己亏欠着别人的人……
> 他的行为仿佛是他没有过，也从不会对任何事情完全理所应得。好像他人表现出的善良意志、良好动机与良知从未由于权利或理性而属于他，反而是一些值得他崇敬的事物。
> 他感激他的父母，即使他在他们的暮年照顾着他们。他感激着他的雇主并且十分忠诚，尽管他的工作仅仅是被注意到。并且

---

① Becker, 1980a, 第9页。也参见 Becker, 1980b, 第414页。

第三篇　如何互惠

他也感激他的国家（这些情感的强烈是令人尴尬的），即使他已为此而遭罪。

他明白自己为别人做了什么。他只是觉得他之所是与他所拥有的一切都以某种方式亏欠于他们的。没有他们，他将没有这一切。没有他们，他就会如火柴屋一样崩溃。

他认为，这就是不可能被偿还的债。他认为，他不是一个原子——不是一个他自己生活的独立的、孤独的、自足的提供者……

他是个傻瓜。①

贝克提醒我们不要假设他就处于同他寓言中叙述者一样的位置（这散见于全书各处）。因此贝克或许不能确定故事里的这个人是个傻瓜。贝克或许同意"一以贯之"地心存感激，这并没有什么可傻的。愚蠢的是没能够看到债务是有限的而且不是无法偿还的。以"原子化的"方式看到我们自身或许是愚蠢的，但认为我们有可能已经尽己之份，却既非"原子化的"，也非愚蠢的。注意：觉得我们已经尽己之份与不知感恩并非一回事。我们有理由心存**感激**，并且想要做得更多，甚至在当我们没有理由觉得自己明显处于**亏欠**之中时。

不用说，我们除了从特定的交易中获益以外，我们也因生活于一个富庶繁荣的社会而获益。这是一个额外的人情吗？如果是的话，什么将能够偿还它呢？我们是否借此偿还了债务，即通过参与相同的交易而使我们的伙伴在其中获得（当他们像你那样，同时也是帮助创造）了那些具有相同背景的利益？我们或许还有模糊的义务去返还社会，甚至当社会的每个成员已经（就如我们那样）全额偿还了所被给予的服务。

我的目的不是说这些问题的答案是明显的。相反，我是在说，无论我们如何回答这些问题，我们需要记住，在探寻社会义务基础的过程中注意，去抵抗重复计算的诱惑。这并非如一个每天出工的

---

① Becker, 1986, 第6页。

第16章 亏欠于社会与重复计算

工人仅将她每天尽其所能的工作**纳入**计算。我们需要记住,就如上百人的交换为我们的生活增添了价值一样,我们的交换也已为上百万人的生活增添价值以作为回报。漏算这个方程的任何一边都是错误的。简漏算了他人对于她的生活贡献不好的事情,但我们漏算了她为他人的生活贡献了什么,是与之同样糟糕的;二者都是相同错误的不同例证。

我们有时会说,似乎"返还"给社会的唯一方法就是纳税,但任何优秀的技工通过修理汽车为社会做的要比通过纳税做的多很多。或者如果这个例子并不明显,那就想想托马斯·爱迪生(Thomas Edison)。无论他缴纳什么数量的税收来为社会做的贡献,都不能与他在给我们带来电灯泡时为社会做出的贡献相提并论。我们将财富给予爱迪生,但我们所给予他的根本比不上爱迪生给予我们的。

如果这是你的天赋,你应当获得它所致的全部利益吗?

我有时会被问及,为什么我认为有天赋的人应当获得他们通过利用天赋而增加的**全部**利益,不过当然,我并不这么认为。我所认为的是,当有天赋之人将其天赋带入市场,有深远影响的且关乎彼此利益的涟漪就于运动中被设定。在这个充满不幸而又在技术上(同时某种程度上是文化的)有所进步的一个世纪中,预期寿命几乎是**翻倍的**,并且我们都知道在接下来的世纪中预期寿命会继续增长。没有托马斯·爱迪生这样的人就不会有进步(他的电灯泡当然有助于提升生活期待),但自由社会也易于产生如爱迪生这样的人。

简通常在她得以从市场取走任何事物之前不得不带入某物。不是每个人都喜欢市场的上述事实,而指出这一事实并且继续说简应当返还某物(就好像她不曾返还过一样),会是前后矛盾的。这并不是说简考虑她所继承的财产,并因此而考虑她如何才能更多地反馈社会是错误的。错误在于认定如果简比较富有，那么她就一定没有尽己之份。①

如果简参与了彼此互利的网络，那么基于此事实，她会多多少少尽己之份去构成并维持这一网络。无可否认，如果简如我们一样获得了一份在社会中普通的回报，那么她就获得了一系列令人惊奇的价值（甚至比爱迪生在一个世纪以前能够想象的都要多）。每人贡献一点儿就会为所有人带来巨大回报的事实，使简心怀感激于成为这一事业中的一员。不过，如果每个人要贡献一点儿，那么贡献一点儿就是简的应尽之份。显然，一个平常人**获得了**很多，但这并不决定什么算作**贡献**的平均份额。②

结　论

结果是有争议的，绝非被广泛接受的，因此我将换一种表达来重申这一点。如果社会没有简会情况更好，那么我们有理由说简于社会有未偿还的债务。简没有"发挥其作用"。但简如果因为她是社会的一分子而贡献了足够多以使社会变得更好，那么就没有理由说简有未尝清的债务。简由于身处社会而情况比较良好并不能决定她是否亏欠着社会。她是否亏欠着社会取决于社会境况是否因她是一分子而相应地变得更好。③

---

① 事实上，简能够享有一些物品——公共物品——而无须带入任何事物到市场中，但这也会是"如果我们具体知道了什么算作简的应得之份，那么可能是由于简或许已经尽其应得之份"情形。如果简的邻居挂起圣诞的装饰，就会使简更充实。但如果简已经挂起了相当的装饰，那么她就算已经尽其之份了。

② 简或许欠的要比这多，但她额外的债务显然不会成为互惠的问题。或者有可能在有关什么是简所亏欠的第一人称与第三人称视角之间是有差异的。也即，即使每个对简的帮助已经被偿还（并不必然是被简本人偿还），但对于简而言依旧有理由心存感恩而选择如确实处于负债之中一样行动。这样的态度在慈善家中是普遍的，而且我也没看到质疑它的道理。

③ 我对于集体性实体是否能够给予或获得帮助而保持开放。一些集体性实体，比如说公司，就在某些重要方面是行动者，或类似于行动者。参见罗瓦尼（Rovane, 1998）。不过，社会就几乎不算什么实体了，就更别提有目的的实体了。或许一个社会足够像一个能够被帮助的实体，而非像一个能够给予帮助的行动者。

第16章 亏欠于社会与重复计算

讨 论

比起没有社会，有它我们情况要更为良好。比起没有太阳，有它我们情况会更为良好。那又怎样呢？太阳帮我们忙了吗？社会帮我们忙了吗？

第 17 章　互惠的限度

论题：尽管互惠原则是公正社会的核心，但任何单一原则不过是正义的一个要素。

互惠和基本结构

艾伦·布坎南说："就互惠正义排除了对于基本合作框架正义与否的考量，并因而忽视了在互惠提供者中共同体成员资格的选择标准方面而言，互惠正义是一种肤浅的观点。确实，互惠正义甚至可能连什么是一个人会遭受的最大痛苦都无法识别：也即一个人被在道德上武断地从正义的主体中排除出去。"①

首先，一个初始起点是：布坎南所说的肤浅并不是件很坏的事。社会基本结构并不是评判社会公正与否的唯一实体。下述想法是愚蠢的，即认为只有当社会的基本结构全靠其自身来保证我们所得均为所应得时，我们的社会才是正义的。大多数我们所得的应得之份是借由彼此互惠，而非依赖基本结构。不可避免地，公民掌有（也必须被信任其掌有）大部分的责任，以确保他们和他们的邻居被合理地公平对待。并不是所有的正义问题都关乎基本结构。②

初始起点暂且不表，尽管我赞同布坎南认为的观点，即未对形成

---

① Buchanan, 1990, 第 239 页。
② 在这个话题上，尤其要关注 Tomasi, 2001, 第 6 章。

第17章　互惠的限度

日常互惠交换背景的基本结构加以任何论述的理论是蛮奇怪的。可在另一方面，从其所处的原始位置出发的人们，在双赢模式下，把社会变成一个彼此互利的合作冒险。不过，把彼此互利的合作冒险这一事实解释成解放奴隶正确与否取决于（就事论事？）废奴对奴隶和奴隶主来说是否是双赢的举动，这是很荒谬的。

显然，没有人会这么说。事实上，互惠正义不需要如此幼稚的概念。首先，互惠，甚至是对称性互惠，都没有这样的意涵。对称性互惠关心的是，对于施惠者人们亏欠了什么。它并未提及基本结构，而是正确地将互惠（特别作为一种限制的互惠）视为只不过是一个更大正义领域的附属领域。对称性互惠并未声称要解释奴隶制错在哪里。

其次，作为价值的互惠在评估基本结构时**发挥着**作用。它可以回答对称性互惠不能回答的问题，这些问题可能甚至包括了像奴隶制错在何处这样的问题。借用作为价值的互惠的观念，我们可以借由探寻基本结构是否促进了互惠的规范来对之加以评价；也即基本结构是否使人们作为自律的成年人，以互利的方式彼此相待；它是否使人们以乐意让彼此成为邻里的方式来彼此相待。[1]

正如布坎南所强调的，贡献的能力某种程度上是由社会决定的。我们皆非自致。这我同意。诚然，现代科技使那些缺乏体能（尤其是女性）的人可以为经济生产做出更多贡献，并且较之于几代以前，现代科技带来了难以想象的更为平等、互惠的社会关系。这又怎样呢？由此并不能推断出我们应忽略那些不能自力更生的人们的贡献。相反，如果那种我们并不能自力更生的想法有任何实际意义，那么意义并不在于我们应该针对他们的贡献，给他们以（女性或者男性）较少的称赞，而在于我们应该赞许我们的社会，因为它使女性（和男人）得以尽其所能做出贡献。

因此，如果布坎南是正确的，即社会结构在使人们能够做出贡献的方面发挥重要作用，这就**平添**而不是阻止了下述可能性，即我们从上述

---

[1] 我并不打算说，作为价值的互惠可以对奴隶制错在何处提供一个完整的或者基础性的解释，只是认为，在该话题中对称性互惠无法评价奴隶制的错误，而作为价值的互惠可以。人们应得机会的想法（第8章），人们要求平等对待（第19章），以及我们是独立的且拥有各自的权利的人（第六篇），或许可以算作更完整的解释。

作用是否得以充分发挥的角度，评估并有时谴责社会结构（包括奴隶制）。因此，一种包含着作为**价值**的互惠的理论，可对社会结构加以充分评价。

在作为限制的互惠和作为价值的互惠之间，如下是一个关键的差异：如果我们把作为限制的互惠运用到社会结构中，那我们可能得出结论说一个社会结构应该按照人们贡献的多少来分配因合作而得的利益。相较之下，由作为**价值**的互惠所规定的理论并不是按照贡献多少来决定分配，而是通过分配来促进公民意愿的产生以及他们互惠的能力，亦即以分配促进他们对于彼此承认模式的参与。

残疾人

一些人可能比另一些人更容易回报恩惠，所以我们怀疑，是否那些比较不容易回报恩惠之人对待回报恩惠的责任有不同的态度。当然他们有时确实如此，尽管详细说明差异的原因比较困难。（想象一个可以走动的正常人为一个坐在轮椅上的人开门，然后那个坐轮椅的人想要通过开下一扇门加以回报。那个**领受**恩惠的人可能认为额外的困难并不妨碍自己回报恩惠，然而原初的施惠者可能一想到受惠人还要那么麻烦的时候就会很窘迫，于是希望受惠人说声谢谢，然后离开就可以了。）我们彼此亏欠什么？无论在哪种情形中，该问题并没有被有关互惠的讨论穷尽，并且这一问题在当我们讨论对于残疾人的义务时尤其重要。

一些互惠的怀疑论者源自于这样的担忧：一个立基于具有互惠精神气质的社会可能对残疾人存在偏见；即作为一个道德立场的标准，互惠将残疾人排除在外。恰好相反的是，在实践中具有互惠的精神气质的社会倾向于**帮助**残疾人参与到共同体之中。迄今为止有两个原因。

首先，许多残疾人仅是暂时的不能参与共同体。当互惠的规范如社会和技术进步的引擎一般发挥作用时，它们使人们作为自律的互惠者而生活，要不然人们身体的残疾就会使得他们无法参与到共同体之中。比如，我患有严重的近视。然而，由于我可以在任何一个商场中配到眼镜，没有人会把我当作残疾人。（正如我写的，"残疾"是暂

第 17 章　互惠的限度

时的标签，但是可能是误导性的，因为它使得一些不过是暂时性的问题看上去就像是永久的残疾。）总而言之，当一切进展顺利的时候，在经验上互惠倾向于增益下述情形，即像我一样（因严重近视而暂时"残疾"）的人在此情形中无须他人帮助。

其次，互惠的精神气质也倾向于增益这一情形，即当我们残疾的邻居确实需要帮助的时候，我们其他人能够帮助他。基于这两点原因，残疾人在促进作为一个互惠冒险的社会中发挥着实际作用，**即使**互惠的概念与论证对残疾人负有特殊义务的理论任务是不相关的。

互惠并不要求我们帮助我们的邻居，不过这并非互惠的目的。如果帮助那些残障人士关乎正义的话，这是多元主义理论中不同于互惠的一个因素，后者提出了该项义务。不过这一考察并未削减互惠原则的任何内容。① 总结起来，如果互惠并不是那个可以对残障人士产生特殊义务的正义要素，它仍可能维持一种经济和文化，中等程度的残疾人士（在此社会中）可以或多或少地过上和常人一样的生活；而重度残障人士在需要帮助时，可以得到特殊照顾。

恩惠：得到承认抑或仅仅被接受

我们何时有回报恩惠的责任？我何时**接受**了恩惠？是否仅仅因为**接受**了恩惠，我就有回报恩惠的责任，而无论我是否愿意接受该恩惠？罗伯特·诺奇克设想了如下情景：你的邻居设立了一个公共广播系统。"他们公布一个名单，包括你在内，每人负责管理一天。每人在指定给他的那天（每个人可以轻易地改换时间）独自来运行公共广播系统、放唱片、发布新闻公告，讲一些他听到的有趣故事等。在 138 天之后每个值班人都完成了自己工作，轮到你的这一天了，但你有义务去值班吗？"②

当然没有这种义务，诺奇克会这么说。邻居的想法只是单方面的

---

① 贝克自身患有严重的残疾，深思熟虑过这些问题（1998）。
② Nozick，1974，第 93 页。在一个关于诺奇克故事的讨论中，西蒙斯（Simmons，1979，第 5 章）注意到了这一合作冒险对于一个抱有期望的贡献者来说是否值得。更奇怪的是，如果一个听者确实受益了，那么直觉上，这以某种方式涉及了是否听者生活在邻居之中或者仅仅白天在那里工作。

第三篇 如何互惠

决定想为你做些什么,而单方面决定你因此对他有所亏欠的做法是粗鲁的。在另一方面,尽管我们可能会同意我们的邻居并没有权利单方面地决定我们亏欠他们什么,但这至多也就意味着我们承担决定如何做出回应的某些责任。它并**没有**意味着对我们来说,正确的回应是:我们什么都没有亏欠。(假使利害攸关的益品并不是公共广播系统,而是一些不可置疑且非常重要的益品,比如一座洪水监视台,这将会怎样?如果益品令人不容置疑地重要,那么即使在你并没有同意去尽自己的一份力时,你有义务去值班吗?)①

我们一直都会收到未经要求的恩惠。未经有关互惠的思考,得体的道德行动者并不会享用它们。相应地,如果问题真的涉及了互惠(比如,同自愿提供公共益品相反),那么得体的邻居会承认接受者必须决定如何回报恩惠。留给哲学家的是如下难题:承担互惠义务,你必须要做的是承认上述恩惠还是满足于仅仅接受恩惠?从直觉来看,仅仅接受恩惠并不总是充分条件,但是全身心的承认也并不总是必要条件。②

投机在互惠中意味着未被要求的恩惠,但它并不给接受者拒绝的机会,以便使他们背负回报的义务。③ 如果我们的邻居有此投机行

---

① 贝克(Becker)主张互惠是能够产生非强制性义务的美德,这一说法和威尔曼(Wellman, 1999)认为感激是一种美德而不是义务是类似的。同样参见麦康奈尔(McConnell, 1993)和西蒙斯(Simmons, 1979,第7章)区分了互惠的两种义务:公平的游戏和感激。尽管西蒙斯本人得出结论说没有任何奠基是有效的,但设若我们尝试给特定的政治义务奠定基础,这个区分按理说是重要的。

② 在消极的收到和积极的接受之间是一片中间地带。如果你接受了之前被提供的F该怎么办?一个医生对一个处于昏迷的事故受害者实施紧急手术。病人重新获得了意识,并且医生说,"我必须假定你同意(我做手术),如果我刚才能(被你)咨询的话"。如果医生是对的话,那看起来病人亏欠了医生恩惠。相反的是,假定病人想要寻死,于是不会同意(医生给他手术)。然而,那个先前想要自杀的病人,现在十分亢奋地想要活下去,并因此收到一份她并没有同意的真正的恩惠。在那种情况下,如果病人亏欠着医生的恩惠,那么假设的同意并不足够,或者至少当尝试奠定强制性的政治义务的基础的时候是不足够的。因此,这个中间地带的建议并没有解决我们的疑惑,但是我感谢史蒂夫·比格斯(Steve Biggs)的建议。我同样感谢尼克·斯特金(Nick Sturgeon)(在对话中)回应我的文章中关于假设同意的部分(Schmidtz, 1990a),他正确地建议将突发性的手术案例作为一个在假设同意中将会有意义的范式。

③ 投机的想法来自贝克(Becker, 1980b,第419页)。

第 17 章　互惠的限度

为，那么就冒着对我们认为是合适的回应表示失望的风险。如果他们并没有投机而仅仅想让我们受益，那么只要我们确实在实际中受益了，他们就不会失望。或者说，如果他们是商人而不是投机者，如果他们可以的话，他们将会事先沟通，以免对什么会是一个合适的回应产生误解。

贝克认为我们对投机者并不亏欠什么，因为投机者并没有让我们真正受益。① 这可能是从错误的理由中得出了正确的结论。另一个我们并不亏欠投机者的原因在于，即便他们确实使我们受益，可主观动机才是最重要的。② 投机背后的动机并非那么的仁慈。一个投机者的目的并不是给我们恩惠，而是在我们的偏好上投资，让我们感到负有义务。如果动机并不仁慈，那么只有在愿意承认该恩惠时，我们才对投机者有所亏欠。贝克和诺奇克也会赞同这一观点。那么投机性的恩惠，可能属于这样一类恩惠，即对这些恩惠而言未主动地承认而仅仅接受它们并不足够。

真正的恩惠，以及我们如何回报它们

投机性的恩惠是出于使受惠人负有义务的目的而做的。有时候，理论家们想要为政治义务的意愿寻找基础，实际上，是在寻找他们可以**称之为**恩惠的东西，并要求作为形成诸如交税、服兵役等义务的基础。不必说，我们拥有回报恩惠的义务，仅当恩惠确实已经完成的时候。如果某个可确认的当事人曾于我们有恩，那么该当事人就是那个我们亏欠其恩惠的当事人。值得争议的是，我们都对托马斯·爱迪生有所亏欠，因为他发明了电灯。然而，托马斯·爱迪生若已经因其发明而得以清偿，那看起来我们就太迟了——恩惠已经被或多或少地清偿了。

可能我们亏欠于已回报托马斯·爱迪生的人，因为他们的行为免

---

① 投机的想法来自贝克（Becker, 1980b，第 419 页）。
② 谚语说，"心意才是最重要的"。我并不认为有理由相信**只有**心意才是最重要的，但是心意确实很重要。我们想要被承认。

除了本来是我们对爱迪生的债务。如果我们那么说，我们就不再处于这样一个情境，在其中我们对如爱迪生这样可确认的当事人亏欠着恩惠。义务变体成为一个对社会模糊的债务。我们亏欠曾买过电灯泡的每一个人，或者为生产电灯泡的工厂工作的人，或者把电灯泡带到市场并向我们这样的顾客出售的人。

这个看法蕴含真理的萌芽。我们对这样的人亏欠什么？大概我们亏欠他们的是**回报恩惠**吧。我们应该像他们一样，为电灯泡以及我们消费的任何东西付费，并且应该凭借在生产或销售电灯泡或者其他能使人们变得更好的公司工作，而挣得我们的收入。当我们这样做的时候，我们就是以他们为我们所做的同样的方式进行回应。他们施予恩惠的方式是谋生，我们作为回报也是如此。①

互惠的义务何时具有强制性？

投机性恩惠的问题，由诺奇克提出，贝克给予命名。贝克可能有一个局部的解决方案：如果我们的邻居有投机行为，那么我们仅仅收到他们恩惠的事实并没有让我们承担互惠义务。这就带来了开放式问题，即对那些并没有投机而是真诚共同提供公共益品的邻居而言，我们亏欠了他们什么？

我们可以悬置这些问题，或者把它们归入个人道德良心领域。除非我们试图把互惠的责任转化成对强制的辩护，我们才能接受互惠的义务并不是完美的这一显而易见的事实。我们从各种各样的渠道中获得好处。从直觉来看，我们应该心存感激，并且试图参与到这一使所有人境遇变得更为良好的善行网络中来。如果我们并不乐意加入该网络，就会产生出问题。如果其他人强迫我们参加违背我们意愿的事情，同样也会出问题。我们被彼此冲突的直觉互相拉扯，我们并未因为人们未能报答恩惠而把他们送入监狱。至多，我们不再信任人们，

---

① 贝克（2003）近来嘲讽说，"生活在一个我们不能选择也不能离开的政治体系中，一个给我们展现《终结者》之类电影的体系，并没有在我们之中根据它自身创造互惠的义务"。

第 17 章 互惠的限度

从某一段关系抑或绯闻中退步抽身。我们并没有**转过另一边脸让人打**，但是我们也没有诉诸官方渠道寻求报复。用亚当·斯密的话说，"用武力强迫某人来履行他出于感激而应该履行的事情，以及每一个客观的观察者都会同意他履行的事情，如果可能的话，这将会比忽略履行这件事更不合适。"[①] 因此互惠的概念对任何强制性的政治义务来说，毫无疑问都是一个不合适的理论。

以上所展现的内容部分上是合同法的宗旨。互惠在它的典范形式下并不是强制性的。合同法的部分宗旨就是把义务转换成可强制的形式。签署合约的当事人许可他们的契约当事人依靠他们做他们同意的事情，并以此作为互惠受益协议的一部分。他们也许可他们的当事人寻求补偿，如果他们未能如承诺的那样履行的话。它应该得到执行而不是说，尽管如果没有事实上的合同，那么也没有事实上的许可。在这种方式下假设的政治义务的同意理论未能很严肃的对待合同，因此未能严肃地对待同意，因此也未能深刻地严肃对待互惠。

我的假设是，如果我们拒绝了诺奇克得出的结论，即他并不亏欠他邻居一个工作日的广播工作，这并不是因为我们比诺奇克更加在意有关互惠的问题。真正的原因是，我们比诺奇克更担心公共益品的问题。以这个视角来看，我们最大的担忧是并不能从每个人那里得到合适的**投入**，以至于能够从作为整体的集体劳动中得到合适的**产出**。许多人会认为，一些公共益品（比如服兵役）对我们来说太重要以至于不能信任自愿的参与。我们不过是必须要有一个保障。

因此，讨论互惠并不会使我们聚焦于那些社会政治关切，后者给予我们切实的理由来考虑动用强力。如果我们有任何很好的理由来强迫人民，那将不会是因为我们无法容忍如下想法，即某人于某处未能回报恩惠。一个好的理由会另在别处：比如，我们或许并不能承受公共物品供应匮乏的风险。（并且我们至少希望，如果政府对我们征税的话，风险将会降低。）

[①] Smith, 1982, 第 79 页。

第三篇　如何互惠

总　结

　　布坎南担心作为正义原则的互惠能够证成的太有限了。我回应说，在多元主义理论中证成所有值得证成的事情，并不是互惠的任务。更何况互惠有超过布坎南考虑之外的维度，所以互惠可以证成的比布坎南所认为的要多。如果它并不能证成所有的事情，那么这也不成问题。就布坎南所说，互惠正义并非一个充分的正义理论这一点而言，我深表赞同。然而我要论证的是，他称之为互惠正义的理论即便是作为一种互惠理论也是不充分的。一个更好的互惠理论将会在可信的正义理论中扮演突出的角色。

102　　1. 自律的平等主体应该如何公平对待他人？在亲密关系中的伴侣又该如何彼此相待？有完全能力的成人该如何对待像其年迈双亲这样在永久丧失能力之前做出了贡献的人？对这三个问题的部分回答是：人们应该依据**对称性**互惠回馈恩惠。

　　2. 如果我们想承认有所亏欠，但是原样返还又将会是不合适或不可行的，那该怎么办呢？部分回答是：**依据传递性**互惠理论，存在着我们应该将它传递下去的时机。

　　3. 有完全能力的成年人应该如何对待那些不能够做出贡献的人，尤其是孩子？部分回答是：具有完全能力的成年人应该将互惠视为一种**价值**，以自律且彼此支持的互惠者身份行事，而他们的受惠者也会变得自律且彼此支持。

　　4. 有完全能力的成年人应该如何对待深度残障人士（那些从未有过也不曾会有哪怕最小的行动能力之人），以及如何对待从未有过也不曾会对任何人做出有意义善举之人？这些问题并没有通过诉诸互惠而得以解答。如果我们必须以正义原则来回答问题的话，那必须是正义这个较大的理论中的其他部分。然而，尽管互惠并没有回答此类问题，但它能够影响这些问题出现的频率。在公正的社会中，随着时间流逝，不同的作用力会使一些暂时使我们丧失能力的缺陷（比如

第 17 章 互惠的限度

我糟糕的视力)程度减轻,从而减少了被排除于互惠范围之外的人的数量。互惠的商业作为推动繁荣进步的引擎,就是这样一种作用力。互惠商业同样也使人们变得足够富足,因而使人们有能力展开有意义的对话来帮助他们重度残障的邻居,正义要求他们再多做些什么。

在社会中有基本结构的用武之地,那就是它可以按人们对社会贡献的比例进行奖赏。同样或更为重要的是,社会中也有这样一种结构的立锥之地,那就是它可以使人们愿意并能够作为互惠者而生活。我得出的结论是:在正义理论中存在着显著的位置,它可以适用于传统的常识性互惠原则。

任何单一的正义原则,包括互惠正义,都不过是正义的一个要素。不过互惠依旧是公正社会的核心,它需要在我们的理论核心中占据相应位置。[①] 互惠关系是为了共同利益而作为合作冒险事业这一社会理想的终极典范。

[①] 贝克总结认为,我们应该考虑拒绝任何的"努力来构建精细的正义概念,而这一概念并未能发展出与之同等精细的互惠概念。一个恰当的例子,就像我刚才提到的,是罗尔斯的正义理论,多年以来越来越倚重对互惠的参考,但是就像我说的那样,它从未严肃认真的通过厘清这一概念而解决这一问题。"(2003,第12页)

第四篇

平等尊重与平等份额

第18章 平等

"嗨,宝贝,你在比利(Billy)的生日聚会上不开心吗?"

"爹地,怎么比利有一辆自行车而我却没有呢?"

"哦,辛迪(Cindy)。让我来抱抱你。那是比利的八岁生日,宝贝。在你八岁生日的时候,你也会得到一辆自行车的,像他的那样。我保证。但你才六岁。你不得不等一下。"

辛迪推开父亲。"爹地,你应该是同样地对待我俩的。如果你给比利一辆自行车,你也该给我一个。如果他现在得到了一辆自行车,那我也该现在得到。"①

我们在某种程度上都是平等的,但我们就身体或心理能力而言是不平等的。在道德角度上讲,我们也并非同等善良的。显然,并非由于我们实际的特质,反而是因为除了它们之外,我们是平等的。

事实上,我们借由平等所表达的,最好在本质上被视为政治的而非形而上学的(甚或道德的)。我们并未指望人们是相同的,而是说我们不认为差异与人们作为公民应当被如何对待之间有关联。或者说,差异在它们确实起作用的时候,并不构成等级体系的阶级结构的基础。人们曾把社会视为由不同的阶级构成(平民与有尊贵出身的人),但这是属于另一个时代的信念。作为一个社会,我们已取得了道德上的进步。这些进步构成了我们朝向政治与文化平等进步的一

---

① 感谢格里·麦凯(Gerry Mackie)这个故事。

第四篇　平等尊重与平等份额

部分。

罗尔斯在其论证的某个阶段,将任何使人们不平等且确实使人们并不同等之物视为具有"道德任意性"。公正的议价者(fair bargainers)应当忽略他们不同的性情、天赋,并且最重要的是,忽略一些人已比他人**付出**更多的事实。[①] 因此,罗尔斯的结论有着平等主义取向并不足为奇。而令人惊讶**是**,这一结论又并非严格意义上的平等主义。在设定了排除**一切**使得人们不平等之物的原初状态后,不同等份额的大门依旧敞开。这或许会成为罗尔斯永恒的贡献。

如果我们以这种方式理解罗尔斯,那么第四篇的目的就是对于罗尔斯理论的补充。在罗尔斯论证甚至平等主义者也应当支持某些形式的不平等之处(那些有利于最小受惠者的不平等)时,我将论证甚至一些非平等主义者也应当支持某些形式的平等。甚至对如人类般不平等的存在而言,多元主义正义理论中依旧为平等因素留有空间。

第 19 章论证即使在其他非平等主义正义理论中也会有根据"平等份额"(equal shares)原则进行分配的(有限的)余地。此外,"平等份额"只是表达平等关切的一种方法。第 20 章与第 21 章分别把平等主义同人本主义与精英主义相联系。第 22 章探索一个棘手的经验性问题,即我们是走向还是背离一个平等机会的制度。第 23 章考虑并拒绝了基于边际效用递减概念的一个对于同等份额制度的功利主义论证。第 24 章细致考察了为什么先占(first possession)规则限制了根据正义原则(而不仅仅是平等原则)进行分配的意图。

[①]　Rawls, 1971, 第 72 页。

第19章　平等对待是否意味着平等份额？

论题：平等对待和正义之间存在着深刻关联，但是在平等对待和平等份额之间并非如此。

为平等份额代言

就财富和收入方面的差异而言，布鲁斯·阿克曼（Bruce Ackerman）的论文《论得到我们所不应得的》（On Getting What We Don't Deserve），是一篇出色地捕捉到平等主义在此方面具有核心关切的对话。阿克曼假设你和他共处一个花园，[1] 你看见一棵树上有两个苹果，然后一口全部吞掉。与此同时，旁边的阿克曼瞠目结舌地呆望着。阿克曼于是问你，就好像一个人对另一个人发问一样：难道我不应该得到这两个苹果中的一个吗？

他应得吗？为什么？为什么只应得一个？在那两个苹果当中，我们认为阿克曼应该得到一个且只有一个，那是什么构成了我们公认的、有说服力的直觉基础？显然，阿克曼否认他的主张基于需要，这意味着他的关切并不是人本主义的。相反，阿克曼的观点是，一个苹果应该算作一种平等份额。对于阿克曼来说，平等份额的规则是一个

---

[1] Ackerman, 1983, 第60—70页。对阿克曼"思想实验"（thought experiment）方法的平等主义式批评，参见加尔布雷斯（Galbraith, 2000: 387 – 404）。

第四篇　平等尊重与平等份额

道德默认值（moral default）。道德上，如果我们不能证成其他分配方式可行的话，那么依据平等份额的分配是我们自动采取的方式。至少，在阿克曼的花园中，说阿克曼没有假设平等的份额，就是说他并没有设定尊重。

阿克曼是对的吗？冷静地看待这个问题，有许多事物都代表"平等份额"，**即使**我们不认为阿克曼的假定就是如此。在阿克曼的花园中，平等份额并不进一步要求争论谁得到更大的份额。没有人嫉妒别人的份额。当我们同时到达这个花园，平等份额是一个与现状（在其中，我们没有人拥有可以被分配的物品）完全不同的相互合作、彼此互利、彼此尊重的状态。最终，如果你我两人都想要两个苹果，"折中妥协"是容易的，并且它通常也是一种令人愉悦的解决我们分配问题的方式。在这一过程中，我们不仅解决了问题，而且向彼此表达了敬意。在阿克曼的花园中，平等份额是一种明显的方式，借此可以在最坏的情况下仍不带怨气地生活下去，在最好的情况下则有受到可敬之人尊敬的感觉。

这些想法并不是平等的基础，但它们隶属于平等的德性。至关重要的是，即便非平等主义者也会承认它们是德性。因此，就连平等主义的批评者也会同意，在公正的社会中也可以将益品分配为平等份额。特别是，在"无主物"（manna from heaven）的情形中，[①] 当我们同时抵达交易之桌，并要分配无人事先主张所有权的益品时，我们即处于此情境中而由此以任何角度来看，平等份额都是一种公正分配的方式。这或许不是唯一的方式。（比如说，我们以如下方式使思想实验充实具体起来，即交易者的不平等的需要，比起他们作为公民的平等更加显著。）但这是一种公正分配的方式。

平等的维度

阿玛蒂亚·森（Amartya Sen）认为我们在某种程度上都是平等

[①] 有关"无主物"（manna from heaven，直译为"天赐食粮"）的讨论，请参见中译本第163页译注及相关正文。——译注

第 19 章　平等对待是否意味着平等份额？

主义者，因为"每一种经受住时间检验的规范性理论或者社会配置看起来都要求一些**事物**的平等。"① 出于同样的原因，每个理论也都要求一些不平等，包括平等主义的理论。一个平等主义者会赞成一种不平等的对待，用作保护一种更重要的种类平等的代价（他或她认为的）。（回想第 3 章的例子：减税如何不成比例地惠及那些毕竟同样都交税的人。）

假设相比于乔，一个老板习惯于期望简做的工作更多、更好，但他却认为没有原因支付他们不同的薪酬。问题不在于两者工资间的差别（假设他们的工资是相同的）未能反映出他们各自的贡献与回报之间的比例均衡。均衡的缺失是一种不平等的对待。这种不平等的对待，以及它象征的尊重的缺失，是人们怨恨之所在。

当孩子们将自己的份额和他们的兄弟姐妹们的份额相比较的时候，常常会心生嫉妒。更准确地说，是在比较他们父母分发的份额的时候。为什么？因为从他们父母那里得到较少的份额意味着他们较少受到重视。比起富有的邻居，所得较少并不会使他们不安，因为只要**没有人故意分配**较少份额，就没有人表示出不尊重人的意味。同样，在此有争议的根源，在于平等对待而非平等份额。

注意：随着孩子们的成长，我们期望他们更少地怨恨兄弟姊妹们，而不是更多地怨恨邻居们。更少怨恨兄弟姊妹们是成熟的标志；而更多地怨恨邻居们则不是。

没有同时到达

不平等对待已经预设了对待的存在，但不平等份额却没有。当阿克曼遭受不平等**对待**时，一定存在着阿克曼可以请求证明他受到不平等对待之人。而且，在阿克曼的花园中，你把两个苹果都抢走，这大概象征着不平等对待的情形。

如果阿克曼晚到几年的话，在你已经把那两个苹果转变为一个繁

---

① Sen，1992，第 12 页。

茂的果园之后很久，他又该如何呢？你欠阿克曼什么吗？如果有又是什么呢？一个苹果？两个苹果？半个果园？非同时性到达很难将你最开始的夺取（苹果）视作不平等或者其他方式的对待，因此使得下述前提极为坚定，即从存在不平等的份额这一前提出发，得到结论说存在不平等的对待。

如果你仅从一个苹果培育出你的果园呢？假设你把第二个苹果留给阿克曼，但是阿克曼来得太晚无法利用它。我们可以为了论证的缘故假设，来得晚既不是阿克曼的错，也不是你的错。那会影响你现在亏欠阿克曼什么吗？为什么？你未能把第二个苹果变成第二个果园，无论阿克曼何时露面，该果园都归阿克曼所有——这是你亏欠于他的吗？

在阿克曼原先的花园中，如果你夺走两个苹果，那么我们会感受到冒犯。为什么在真实的世界中如此不同——不同到如果阿克曼步入一家自助餐厅然后说，"难道我不应该得到这些苹果中的一个吗"？我们可能会觉得为阿克曼而非你的行为所冒犯。不必说，真实世界的阿克曼肯定不会这么做。（简言之，他身处文明世界。）所以，显而易见的是，从阿克曼的思想实验中概括出结论会有些困难。为什么？粗略地讲，问题在于：在我们的世界中，我们不会从分配一袋存在于交易桌上的苹果开始我们的生活。相反，我们从这样一些物品开始，这些物品由一些人协助生产而其他人并未参与；当其他人到达交易桌时，它们已为一些人所拥有并被投入使用。契约论式的思想实验将所有人描述为同时到达桌前；但具有核心道德重要性的是，（现实）世界并不是那样（进一步讨论请参见第24章）。

阿克曼简短的对话，卓越而富有启发地把握住了平等主义者关切的核心。在我看来，这类关切的目的和力量立基于平等对待的理念。在此我并没有质疑这一理念。我唯一想要说的是，平等对待的理念和我们应该有平等份额的想法并不是一回事。

第 19 章　平等对待是否意味着平等份额？

如果平等就是公正,那平均公正吗？

戴维·米勒注意到，认为平等是好的和认为平等是被正义所要求的，二者之间存在着差异。① 如果我们的小学组织了一场田径运动会，并且一个男孩赢得了所有的比赛和奖项，那么我们承认这就是正义。奖项的赢取很公正，但是，我们仍感觉到有些失落。如果奖项分配给每一个人的话，那本可能是更好（至少让人更舒服）的一天。然而，米勒观察到，我们不需要掩饰我们的失落。不是所有要紧的事情都关乎正义。

我们可能认为更多一些平等将会使这个世界更好，但是我们无须坚持认为任何主张奖项**事关正义**的男孩儿，会使这个世界变得更好（或更公平）。

讨　论

1. 如果我们尝试去平衡人们在别处遭受的不平等对待，那么我们对待他们是平等的还是不平等的？②

2. 回想第四篇开始的场景。什么算作给六岁的辛迪的一份平等份额？现在给她一辆自行车，还是在她八岁生日的时候给呢？平等主义者可以告诉辛迪她要等一等吗？（当然，如果我们现在给辛迪一辆自行车，她的哥哥将会很愤怒，因为他比她多等两年。正如上面所说，在一个维度上的平等就是在另一个维度上的不平等。）③

---

① David Miller, 1999a, 第 48 页。
② Iris Marion Young 认为我们正在不平等地对待他人，并且认为我们有充分理由这么做。她支持"平权行动计划并不是基于对过去歧视的补偿，而是作为反抗压迫的重要手段。"她补充说："平权行动计划比起许多支持者所愿意承认的，更直接地挑战了自由主义平等原则"，并且"我认为，如果他们积极地承认这些政策是歧视的，而非试图论证它们不是歧视原则的扩展，或者它们与非歧视原则相容。那么平权行动计划政策的支持者们将会更少感受到受到侵犯。"（Young, 1990，相应在第 12、192、195 页）
③ 有关每个人都应该同时得到机会的讨论，参见 McKerlie, 1989。

第四篇　平等尊重与平等份额

　　总体来说，在一个平等主义者的视角下，下边的问题才是要紧的：我们都得到我们的份额了吗？我们**同时**得到我们的机会了吗？后者对于生于不同时间的人们意味着什么——在**同一天**得到他们的机会，还是在**同样的年纪**得到？

第 20 章　平等何为？

论题：一个人不需要成为人本主义者就可以是平等主义者，但历史上这二者在自由主义传统中紧密相关，这便是自由平等主义有道理的原因。

平等与人性

人本主义大体来说是这样的一种观点，即我们应当关怀那些遭受痛苦之人，不是因为这是唯一甚或主要的使我们更加平等的方式，而是因为苦难是不好的。人本主义关切人们的境遇如何，而平等主义关切**相对于彼此来说**人们的境遇如何。就如拉里·特姆金（Larry Temkin）对于他们的描述，人本主义者"不过因为平等是帮助穷人的一种方法而支持平等；而且在给定如下情形中做出选择时——从富人到穷人的再分配与为穷人提供重大的利益的同时也给予富人同等的，或更大的利益——他们没有看到倾向于前者而非后者的理由……可这些人并不是在我所说意义上的平等主义者……"[1] 而真正的平等主义者甚至当我们没有人会变得富裕时也想让我们变得平等。[2] 特姆金并不打算批判这一观点，他**支持**这种形式的平等主义。[3] 特姆金拒

---

[1] Temkin, 1993, 第 8 页。
[2] Temkin, 1993, 第 248 页。
[3] Temkin, 1993, 第 249 页。

绝人本主义是因为它并不涉及平等本身。① "作为对于平等主义者真切地在乎什么的可信分析,……人本主义是无成功希望的。"②

伊丽莎白·安德森(Elizabeth Anderson)认为,"左翼知识分子受到学院平等主义的思想影响不下于保守主义者与自由至上论者"③。她认为,学院平等主义者未能洞见平等为何重要。④ 对于安德森而言,当我们假设任何自称平等主义的人也必须是人本主义者,而此二者的联系并非自动生发时,学院平等主义攫取了其所不应得的赞誉。⑤ 她说,"近来的平等主义著作都被这样的一种观点支配,即平等的基本目的就是去为人们所不该遭受的厄运做出补偿"。虽然如此,安德森认为,"平等主义式正义的恰当的消极目标并不是从人类事物中排除无情的运气的影响,而是去终结压迫"⑥,因此我们会"在一个民主的共同体,而非一个等级社会中共同生活"⑦。

如果你的农场被一场龙卷风摧毁,那么你的财产就会减少,但这不是因为你受到不公正的对待。你根本就没有被(他人)**对待**。相反,如果国王因为不喜欢你的肤色而没收你的农场,那么你的财产减少了而且受到了不公正对待。在每个情形下,我们都想去减轻你的苦难,但只有后一个情形的不公正对待是我们有理由去**反对**的。此外,安德森认为,当再分配的目的是去弥补人们遭受的厄运,甚至包括不如别人有能力这一不幸时,在实践中的结果就是不尊重(平等)。"人们因为他们不如别人而非与别人的平等去宣称再分配的权利。"⑧

政治平等就没有这样的后果。在 19 世纪,当女性开始有权投票

---

① Temkin, 1993,第 247 页。
② Temkin, 1993,第 247 页。
③ Anderson, 1999,第 288 页。安德森并未指明是特姆金。
④ 普赖斯(Price)在 1999 年得出了相似的结论。另参见卡特(Carter, 2001)。
⑤ Anderson, 1999,第 289 页。
⑥ Anderson, 1999,第 288 页。我注意到安德森提及恰当的"消极"目标,而对于什么是他所认为的平等主义的恰当的积极目标却并未谈及。
⑦ Anderson, 1999,第 313 页。正如高斯(Gaus, 2000,第 143 页)这样描述自由平等主义传统,他说,"基本的人类平等就是不把个体纳入有人发号施令、有人服从的等级秩序中"。
⑧ Anderson, 1999,第 306 页。

第 20 章 平等何为？

而登上历史舞台时，她们的形象并非穷困且卑微，而是以自律的平等个体形象出现——她们拥有的不是平等份额而是受到平等对待的权利。

两个结论：（1）平等主义并不能通过与人本主义的对照来定义自身。没有正义观能够做到这一点。（2）甚至在不需要经济平等时，我们也需要政治平等。因此，对于前一章的结论，即一种多元主义的正义理论包含了平等份额，我们可以补充下面的看法：一个多元主义正义理论也可以容纳次级平等（second equality），即一种具体的平等对待的政治理想。

经济学与政治学中的全球平等

艾里斯·马里恩·扬（Iris Marion Young）认为，试图将正义化约为一个更具体的分配正义的观点是错误的。她的想法很好地适用于对于平等的讨论。平等主义，首要的是，要有一个关切我们怎样被对待，而非关于我们应得份额大小的历史。作为对伊丽莎白·安德森的补充，扬认为，"与集中于分配不同，一种正义观应当起始于支配与压迫的概念。"[1] 扬看到了"分配范式"（distributive paradigm）的两个问题。首先，它导致我们集中于分配物质利益；其次，尽管这一范式可以"隐喻性地被扩展到非物质性社会利益"，诸如权力、机会与自尊上来，但这一范式代表的利益好像是要被分配的固定数额的利益，而非在持续展开的关系中演进的利益。[2]

一些平等主义者会同意（这一观点），特别是迈克尔·沃尔泽。比起将财富上的差异转变为政治权力上的差异，并进而转变为从属关系的可能性，他认为财富分配本身更不重要。[3] 当人们变得足够富裕，有钱去买其他一切东西时，他们去收买政治家们会怎么样？很不幸，平等主义者正确地将此视为一个问题，因为权力的买卖就连在民

---

[1] Young, 1990, 第 3 页。
[2] Young, 1990, 第 15—16 页。
[3] Walzer, 1983, 第 17 页及以下。也参见 Rawls, 2001, 第 138 页。

主社会中也是日常之事,在独裁社会中也是一样。

有解决的方法吗?如果只是一个国家自己的公民买卖政治权力,那么我们或许会梦想着我们能够通过宣布公民足够富裕到影响立法者是非法的来解决这一问题。然而,即使我们能够阻止本国国民变得富有,可并非仅是本国国民想要收买立法者。(毫无意外,科威特人想让我们立法者将纳税人的钱花在科威特人身上。)如果政治家有权力出售,那么确定没有**公民**(或者没有公民中的利益群体)有能力收买得起政治家也不是解决问题的方法。我们需要确定**在这个世界上没有人**能够收买得起政治家并利用他们进行压迫。

从现实来看,如果权力被买卖,那么它就会转而被用来对付我们。解决之道并非保证没有人足够富裕来购买权力,而是去了解如何能够阻止政治家创造与出售它。拉平经济份额并不会解决真正的问题。如果一美元出售 X 是错的,那么我们应当追究出售 X 的人,而非有一美元的人。

社会不是比赛;没有人需要获胜

社会并不是一场比赛。在比赛中,人们需要从一个平等的基础(footing)开始。为什么?因为一场比赛的目的是去衡量相对的表现。① 相比之下,一个**社会的**目的并非去衡量相对表现,而是创造一个良好的生活空间。要想成为一个良好的生活空间,一个社会就需要成为人们在其中不会遭受任意的偏见或排外的场所。在处于最好状态的自由社会中,女人、男人、黑人、白人,以及信仰各种宗教的人们,都有作为自由与负责任的个体而良好生活的机会。人们需要一个好的基础,而非一个平等的基础。

在平等主义学术中的新近发展中,有两种方式隐隐地流露出上述

---

① 不可否认,一些人把社会视为一场比赛,并且通过与自己的邻里攀比来衡量自己。但别人没有理由去介意那些人是否有一个公平的起点。另一种想法为:我们与相同服务的替代提供者相竞争,但替代提供者们,在某种程度上,是超出我们视线之外的人。实际上我们与之共度时光的人是伙伴,而非竞争者。

第 20 章　平等何为？

洞见。首先，诸如沃尔泽、扬与安德森这样的平等主义者，他们在植根于 19 世纪反抗压迫运动的平等主义运动旗帜下再组织起来；彼时的平等主义运动是一场纯粹的自由主义运动，并与 19 世纪功利主义一道反抗威权主义贵族制。在第一次发展中，19 世纪古典自由主义者们以及 20 世纪 60 年代公民权利运动的领袖的公民自由至上主义得以复出，同样这些运动中的人本主义因素借平等主义学术研究中的第二次发展而得以复兴。我所知的是如理查德·阿内逊（Richard Arneson）这样的平等主义者，以即使不听从于一个激进平等主义意识形态的人也会赞赏的观点重构平等主义："我要说的平等的关键在于提升人们生活的期望，给予权利以支持那些贫穷的人，并且支持那些已然做得足够好而有理由合理期待获得命运眷顾的人。"①

我们的目的是提升而非夷平生活期望。我们今天有像大学这样的机构。进入大学，一个人不再需要是男性，或白人，或富人。这就是进步，不是因为机会更平等了，而是因为机会**更好**了。

评论员鲍勃·赫伯特（Bob Herbert）说，"把美国梦的神话放在一边。重要的是，对于工薪阶层的美国人来说，在阶层中向上流动越来越困难"。更富文采的说法是，"就好像是以划艇追赶快艇一样"②。赫伯特假设美国梦与城郊老谚语"与邻人攀比"（keeping up with the Joneses）是一样的，我对此表示怀疑。我怀疑未来的移民因追赶所有"快艇"的挑战而受到惊吓，并因此更愿意移民去那些就连最富有的人也不比"划艇"好的国家。

资本主义的批评者们曾嘲笑城郊老谚语"与邻人攀比"的目标。现在批评者们又把某些群体未能超越邻里的现象视为证明资本主义在衰败的证据。这就是像赫伯特与戴维·凯·约翰斯顿（David Cay Johnston）这样的评论家们在他们悲叹某些群体的收入**份额**并未增长

---

① Arneson, 1999。许多作者潜在地回应诺奇克，而阿内逊（Arneson, 2003）鲜明且富有建设性地做出了回应。
② 来源："流动性神话"，《纽约时报》署名评论，2005 年 6 月 6 日（Bob Herbert, "The Mobility Myth", *New York Times* op-ed, June 6, 2005）。

第四篇 平等尊重与平等份额

时所说的话。①（收入**份额**总计100%；除非另一个份额在下降，不然没有份额能够增长。如果我试图隐瞒社会彼此互利的程度，那么我就不会把"超过"等同于增加某人的**收入**，而是将之等同于增加某人收入的**份额**。）逻辑论证中的这一改变是令人尴尬的。我们对于资本主义的老式批评曾是深思熟虑的。它在批评与邻人攀比的目标时曾是正确的，可它将这一目标提升至正义原则的地位是愚蠢的。

平等主义并不能作为一种需要强制性保持的静态分配模式（比如，收入份额的分配）而免于审思，且这并非自由平等主义之所是。成员不能成长、改变以及自我分化的社会，不会存留下来；一个可行的平等主义要为发展与改变留有余地。② 尽管，在一个真正的自由主义理论中也可容纳平等主义，以便其致力于**提升**（而非夷平）普遍的生活机会，也即不是由于藩篱确立了不平等而是因为藩篱就是藩篱，从而致力于排除它们以使人们能够提升自身。③ 以屈从于下述诱惑，即以更独裁的形式实现平等的社会试验，要么注定会很快放弃试验，要么就自食该试验的苦果。

---

① 戴维·凯·约翰斯顿，"最富有的人甚至把富有的人甩在了后面"。《纽约时报》署名评论，2005年5月5日（David Cay Johnston, "Richest Are Leaving Even the Rich Far Behind", *New York Times* op-ed, June 5, 2005）。

② 这一点同样适用于国际领域。戴维·米勒考虑到如果在法国的某人能够比在英格兰的米勒得到远为良好的医疗服务，那么米勒的第一直觉就是法国有更好的医疗体系而英格兰应当考虑采用它，而非资源应当从法国转移到英格兰以便减少不平等。为什么呢？因为米勒的平等主义的主要观点是提升生活的期望，而非使期望均等。参见 David Miller, 1999b。

③ 托马斯·克里斯蒂安诺（Thomas Christiano, 2005）论证道，平等如果不是富裕目标的一个手段，那么也与其紧密的联系。相应地，克里斯蒂安诺也谴责了通过均平化而达至平等的观点。他认为，如果存在一个结果，比可达到的最平等的程度对每个人来说要更好，那么前者的结果，甚至以一个平等主义视角来看，都是更可取的。克里斯蒂安诺强调当生产力在平等主义正义的正当考量范围内时，我们将要采取的观点是：人们应有平等的机会获得能够发挥出生产力的条件。如果在这些条件下，超高产的（hyperproductive）人们知道使得每个人（比可达到的最好平等程度）更富裕而无须使得每个人同样富裕的方法，那就这么做好了。

第 21 章　同工同酬

论题：我们并不需要在平等和精英统治之间做出选择。从历史角度来看，至少在自由主义的传统下，它们能相互协调。

精英统治

第 20 章提出了平等主义同人本主义，以及同反抗政治压迫之间有什么关系的问题。这一章补充性的目标在于追问：平等和功绩（merit）之间有什么关联？

十分粗略地讲，如果一个政体到了会根据人们表现的功绩对人们加以评判的程度，那么它就是精英统治的。精英统治要满足"同工同酬"（equal pay for equal work）的原则。奖励要根据表现的情况，至少是从长远来看如此。一个**纯粹**的精英统治的政体是难以想象的，但是任何政体都有可能具有精英统治的要素。一个公司若把业绩和晋升挂钩，即是精英统治的；但若把资历和晋升挂钩，则背离了精英统治。注意：没有人需要**有意地**使奖励与表现挂钩，然而一个精英统治的文化通常是一个精心设计的结果。一个公司（或者特别地，一个社会整体）可以在一定程度上是精英统治的，而没有任何人需要特意决定使之如此。

按我们工作的价值支付工资，看起来可能像是一种平等对待的范例，可结果却是薪水的不平等。诺曼·丹尼尔斯（Norman Daniels）认为，许多"精英统治的支持者一直关切着如何同非精英主义的工作安排所引致的较小的罪恶做斗争，以至于这种安排留下了不受质疑的、引发更大罪恶的高度非平等主义的工资制度。有人怀疑精英们对这种工资制度的迷恋，潜藏在背后的原因是他们对这种精英统治工作安排的狂热"①。

我认为这就是安德森所说的学院派的平等主义。我承认，我习得的那种思考平等主义的视角，除了把精英统治看作对"精英的迷恋"（elitist infatuation）以外，几乎没有任何其他方式的理解。然而在学院之外，自由平等主义有一个更悠久、更民粹的传统：以精英统治的概念去反抗世袭的贵族政治。② 即使是社会主义的传统，它也一度部分上是一种对社会等级制度的精英统治式的回应，因为该社会等级制度妨碍工人们得到他们所应得。与丹尼尔斯意见相左，精英统治式的自由主义恰恰**反对**而不是支持精英主义。③ 自由主义胜利了。当然，自由主义取得了如此决定性的胜利，以至于我们今天都很难回想起之前曾有必须要克服的困难。在今天的西方世界中，没有人期望我们（见面）要鞠躬。无论我们贫富与否，我们介绍自己的合适方式是握手，从而表明我们作为平等之人而见面。④ 尽管这个事实很平凡（也确实很平凡），尽管我们认为这是理所当然的，但它确实鼓舞人心。

同等价值？

假定我们有某种程度的道德价值（moral worth），同时我们并不能做任何事情使之更多或更少。在此情形下，我们可能被证明具有相同的价值。换一种讲法，现在做这样的假设：在某些维度上，我们的道德价值会受到我们选择的影响。在此情形中，就现实而言，永远不

---

① Daniels, 1978，第 222 页。
② Galston, 1980，第 176 页。
③ 自由主义实质上也是反对宗教改革前的天主教教会的宗教霸权的。罗尔斯（Rawls, 1996, 303）写道："自由主义的一个关键的假设在于，平等的公民有着不同但是的确不可通约的、不能调和的有关善（good）的观念。"可能这是最近学院派关于自由主义思考的一个关键假设。我怀疑这和自由主义在历史上的实践有很大关系。（中译文参照［美］约翰·罗尔斯《政治自由主义》，万俊人译，译林出版社 2011 年版，第 281 页，根据英文原本有所改动。——译注）
④ 参见 Walzer, 1983，第 249—259 页。

第 21 章 同工同酬

会存在这样的一个时刻，在那时，我们在所有维度上都具有同等价值。

自由主义政治平等典范的真正目的是什么？当然不是在我们的选择会影响到我们价值的诸维度上**阻止**我们变得更有价值，而是**促使**我们变得更有价值。

自由主义政治平等并不基于如下这一荒谬的希望，即在理想的环境下，我们都变得更有价值。它仅预设了一种关于下述社会类型的古典自由主义的乐观主义。该种社会起源于给人们（只要是现实可行的，就可以是所有人）一个选择有价值的生活方式的机会。我们没有将人们的不同贡献视作具有同等的价值，而且这永远不是也不会是机会均等的目的所在。为什么呢？因为我们甚至没有将**我们自己的**贡献视作是具有同等价值的，更遑论所有人的。对于是否获得更多而不是更少，我们并非无动于衷。我们的一些努力会产生优秀的成果，而一些却没有，我们很关心这个差异。在日常生活中，真诚的尊重在某种程度上关乎当我们以不同的方式发挥我们各有所长的天赋时，我们如何使自己变得更出众。①

传统的自由主义者们想要人们——所有的人们——变得尽可能自由地去追逐自己的梦想。相应地，自由主义传统意义上的同等机会把重心放在了提高机会上，而不是使它们均等化。② 在产生"同工同酬"这一理念的传统之中，以及比之于平等份额自身和精英统治，

---

① 特姆金为功绩留出空间，他说："我认为应得的不平等**根本**不是坏事。相反，引起异议的是一些人**不因自身的过错**却比另一些人更为贫穷。"（Temkin, 1993，第 17 页）遗憾的是，特姆金试图开辟的空间产生了一个尴尬的后果。如果比尔因为工作干得更好而比我赚得更多，当然我干得也不错，那么根据引文的第一句话来看，上述不平等是应得的，因此这根本不是坏事；与此同时，我没有犯错却愈加贫穷，根据引文的第二句话，这是可争议的。

② 理查德·米勒说："在任何合理的、有效率的资本主义经济体中，人们普遍被社会壁垒所害而不能上升……另一方面，在一个发达的工业化环境中，一些合理的、有效率的资本主义体系对所有受正义约束之人是最佳的。"事实正如米勒所设想的一样。关于这个想法并没有任何前后矛盾之处，尽管它"依赖如下事实，该事实会使现代工业场景的观察者感到悲伤，出于不同的原因而使不同的观察者感到悲伤：中央计划失效了，然而传统的社会主义者们对资本主义不平等的大部分的指控依然正确。"（Richard Miller, 1992，第 38 页）

该理念与精英统治概念具体表现出的平等尊重有更多相通之处。

在学院派之中,关于什么应该被平等化还存在大量的争论。在学院派中几乎很难听到精英主义者发声,但是如果他们准备自告奋勇地辩论,那么他们会发现在自己内部之间如同平等主义者间那样很难达成一致。归根结底,精英统治式的工资制应该如何安排?像平等一样,功绩有很多维度:人们工作了多久,人们工作有多努力,人们工作有多熟练,人们为了工作需要多少培训,人们为了社会贡献了多少等,诸如此类。

精英统治和市场社会

作为天才探求者的市场

精英统治并不是市场社会的同义词。精英通常认为市场的精英倾向太过于薄弱,天才们通常不被赏识;而平等主义者却经常说精英倾向太强了。丹尼尔斯似乎担心使数百万消费者满意的工资太高了(一个特别乏味的人将会在两方面都很刻薄)。在双方的抱怨下存在这样一个基本事实:只有当(人才的)表现呈现于市场并待价而沽时,市场才根据该表现做出反应。只要艾米莉·迪金森(Emily Dickinson)① 把她的诗集锁在抽屉里,市场就对它的价值哑然无声。无论她多么才华洋溢,她的产品必须要在消费者能够做出回应前带到市场中。②

另外需要注意的是,当市场创造财富的时候,它也创造了闲暇的可能。市场创造了时间和空间,人们可以在其中创作诗歌(同时可以获取用来书写的纸张)。如果那就是让他们高兴的事情,那就用不

---

① 艾米莉·狄金森(Emily Dickinson, 1830—1886),美国传奇诗人,被视为 20 世纪现代主义诗歌先驱。从二十五岁开始,她闭门不出,埋头写诗,度过一生。遗留下诗稿一千七百余首。但她生前只发表过七首,其余的都深锁于抽屉中,直至逝世后由其妹妹整理出版,世人方知其文学才华。——译注

② 参见 Cowen, 1998,以及 Cowen, 2000。

第 21 章　同工同酬

着去担心诗歌是否能够养家糊口。市场让人们能够储蓄资本，从而使得人们有能力安排自己的时间。不过人们在此时间段中，亦即在为非市场性活动所保留的时间段中做什么，市场通常不作判断，也不支付报酬。

不完美的市场

戴维·米勒说，"精英统治是一个这样的社会，在其中人们能够得到他们应得的东西"①。米勒注意到，就任何系统性方法而言，经济无关乎精英统治。并且即使消除政府以市场机制手段做出的干预也不会使上述结论有所改变。② 于是米勒认为功绩不应该被允许来支配必需品的分配。③ 这是一个耳熟能详的论断，但是它意味着什么？米勒是在说生活的必需品不应该给那些应得的人们吗？大概不是。④ 一个替代性的解释为：米勒说的是生活必需品在宏观层面的中央计划分配不应该根据功绩进行。这才是米勒的观点，且在上述情形中我赞同这一论断。米勒承认，从历史来看，"由市场经济发挥中心作用的社会来临后，人们将'应得'引入并成为评估益品分配的关键标准。或许这是开天辟地的时刻，在此几乎所有人都渴望自己的功绩得到承认并获得恰当的报酬。"⑤ 米勒总是说，市场价格是测量消费者们有多想要一件物品的合理手段，从而也是测量这件商品对消费者价值大小的合理手段，进而也是测量生产者对于消费者生活做出有价值贡献时应得什么的合理手段。⑥

通过对比，一个中央计划的精英统治简直是一场噩梦。不同形式的功绩应该得到承认和回报，但是当中央计划者们进行统治时，不同

---

① Miller, 1999a, 第 198 页。
② Miller, 1999a, 第 193 页。
③ Miller, 1999a, 第 200 页。
④ Miller, 1999a, 第 207 页。注意米勒对女性代词特别恰当的使用。
⑤ Miller, 1999a, 第 199—200 页。
⑥ Miller, 1999a, 第 180—189 页。

第四篇 平等尊重与平等份额

形式的功绩不仅得不到承认,且这种情形一直会持续下去,这就是中央计划式精英统治的全部。此时艾米莉·迪金森或托马斯·爱迪生或许会有新的灵感,但计划者或许会表示不同意,或许会认为自己的朋友们不会同意,又或许会确信自己的朋友们肯定会不同意,如果这个新的灵感会使他们自己的想法过时的话。并且一个计划者可能会有这样的朋友们。中央计划式精英统治在实践中就会沦为中央计划式庸才之治。

因此,为了保存米勒认为对于一个可行的精英统治而言至关重要的多样性,对于功绩的评价必然需要是极为去中心化的。当然,完美并未位列于我们的选项之中。我们所能够设想的最令人满意的精英统治的社会(在其中,人们对于功绩的评价是去中心化的,从而使得我们能够将精力集中于那些欣赏我们所能提供之物的人身上),从不会令人完全满意。其他人永远不会像我们自己那样欣赏我们的成就。

结 论

"我有一个梦想,有一天我的四个孩子能够生活在如此国度。在那里,人们不会因其肤色而是以其品性对他们做出评价,"当马丁·路德·金这样说时,他是在梦想这样的一个世界:在其中,他的孩子不是获得平等份额而是能够得到平等对待。他所梦想的那种平等非但不与精英统治相矛盾,反而是精英统治的基础。

第20章认为,平等主义无法通过与人本主义的对比而得以界定;而且没有一种正义观可以如此。同样,我们可以在此补充说,也没有任何一种正义观能够作为精英统治的对立面而界定自身。

讨 论

1. 作为一种理念,下面哪一个会更重要:是竭尽所能地培育人们满足基本需要能力的社会,还是尽其所能促进杰出的社会?

2. 理论家们有时会建议,作为对于性别歧视的纠偏,母亲仅仅

第21章 同工同酬

因为是母亲就应当被给予工资。下述观点：在传统家庭中，父亲上班而母亲待在家中，但他们都在努力工作。父亲获得报酬，但母亲为什么没有报酬？（如果我们放弃价值的劳动理论，不把报酬视为来自劳动而是来自消费者，那么这个问题就会变成：如果只有在消费者想要得到父亲所出售的商品时，父亲才得到报酬，那么母亲为什么没有收入呢？）这里存在诸多议题：家庭劳务薪金关乎性别平等吗？有顾客和没有顾客的销售者之间存在平等吗？在那些把儿童护理技术视为商品（比如，出售儿童日托服务）的人与那些不这么做的人之间存在平等吗？家庭劳务薪金如何筹措呢？官员们只是把资金从女性家庭之间（或之内）彼此转移吗？

从平等主义视角而言，这尤为棘手。上等阶层的母亲应当比工薪阶层母亲获得更多报酬吗？如果不是，那么报酬应该是什么？薪金会被设置得太低以至于对于上等阶层的母亲而言没有意义吗？或者，薪金又抬高以至于使工薪阶层的父亲们相形见绌？如果我们给每一个孩子支付额外的薪金，而且该薪金对于工薪阶层家庭而言是有意义的，那么就会导致工薪阶层中一些男性迫使他们的妻子或女儿养育比先前更多的孩子。就此而言，这会解放妇女吗？如果我们不确定怎么办？我们应该怎么做呢？[①]

[①] 有关将儿童抚育从"爱的领域"转移到"金钱领域"的讨论，请参见 Fobare and Nelson, 2000。感谢 Ulrike Heuer, Ani Satz 以及 Elizabeth Willott 颇有助益的讨论。Willott 提出更多一般性的议题：很多生产性工作都创造出了正外部性，使**许多**人变得富裕，而不仅仅是支付我们报酬的顾客。为人父母这种教养工作同其他工作一样也会创造出正外部性。全职父母贡献出正外部性，并会得到正外部性作为回报。因为他们既维持了一个他人在其中工作的社会，同时也从中受益。不同之处在于：全职的父母缺少支付报酬的消费者，并因此只能贡献和获得这些正外部性。更确切地说，他们确实拥有一类顾客，这就是他们的子女。但是在近几十年来，子女对于他们的回报在减少：（1）我们不再期待子女能有一天以照顾年迈的父母作为回报。社会福利体制，不管怎样，取代了父母曾经从孩子们手中获得的回报。（2）子女们曾经不得不待在家中继承地产，但社会现今变得如此富裕，以至于土地的价值对于成年子女而言不再是留在家中足够重要的理由，因此子女们不再留在家中。（或许毫不稀奇的是，土地生产率的直线下落导致子女们不再留在家中经营地产。参见 Willott, 2002 中的资料。）

第22章　平等与机会

论题：统计数据会误导人，但数据似乎显示美国是一个垂直流动的并且在逐渐富裕的社会——固然不是一个真正机会平等的国度，但总之依然是一个充满机会的国家。

进　步

我们在经济平等方面有所进步吗？我们是怎样知道的？我们有统计数据表明（在某些国家）甚至是最小受惠群体也沿着我们可测度的维度提升了预期寿命与生活标准。如果我们是十分理想主义的，那么我们会说，提高生活标准是不够的：一个孩子的背景应该与这个孩子最终所处的地位无关。但更现实地讲，我们会说，在一个可比的年龄段，子女应当有机会比他们的父母更富有。进步被如此加以衡量，那么它就不会被"家庭教育影响一个孩子的生活前景"这一老生常谈而搞得难以理解。

有人或许假设相关的统计数据唾手可得，并很容易对它们做出解释，但并非如此。报纸经常发表有关这一主题的文章，但这些文章通常犯有严重错误，并且不易改善。意识到这些统计数字多么易错，我呈现出这些相关数据。[①] 信息库总在变换，而且数据信息必然来自抽

[①] 我感谢 Analysis & Inference Inc 主席与顾问统计专家威廉姆·费尔利（William Fairley）博士对于本章的阅读与评论（该公司是一家数据咨询与研究的机构）。文中错误仍由我负责。

第22章 平等与机会

样而非穷尽式调查。此外,以可获悉的数据来工作就有点儿像在路灯下找我的钥匙,不是因为那是我掉钥匙的地方,而是因为那里的光线更好。① 可获悉的数据使某些问题清楚地呈现出来,但呈现出的未必是最重要的问题。②

这里讨论的数据描绘了2002年前后的美国,一个正处于衰退中的国度。在大萧条中,所有群体都处于不利的境地。可预计的是,群体间的差距变小了。事实上,由于这场衰退主要体现为股票市场的震荡,所以我本来猜测收入差距会有实质性的缩小。因为同较贫穷阶层相比,衰退非对称地缩减了那些可能从股票中获得更多收益的较富裕群体的收入。但是我错了。③

家庭收入五等分

为了指代方便,当我们把家庭收入五等分后,2002年④收入的界限如下:

最低的五分之一: 0—17916 美元
第二个五分之一: 17917—33377 美元
第三个五分之一: 33378—53162 美元
第四个五分之一: 53163—84016 美元
顶端五分之一: 84017 美元以上

---

① 有关种族与性别不平等的数据是粗略的,但我同情那些说这个数据会有意义的人,因为就不平等牵扯(track)的因素来看,它明显地超出人力所能及的范围。
② 关于数字会误导人的经典论述,参见麦克洛斯基(McCloskey, 1985)。
③ 或至少,在我检验顶端20%时并没有看到我所预计的结果。不过,在我撰写上文时尚未看到皮凯蒂(Piketty)与萨斯(Saez)的研究(2004)。其中说,"从2000年到2002年,顶端收入份额的下降,仅仅集中于顶端1%的人群中,该现象同样值得关注。后一种现象有可能是因为股票市场中的震荡急剧减少了股票价值,并因此压低了报告中顶端人群的工资与薪金。"
④ 来源:美国统计局,现有人口报告,第60—221页,表A—3(U.S. Census Bureau, Current Population Reports, pp. 60-221, Table A—3)。

在第 80 百分位的家庭，其收入是在第 20 百分位家庭收入的 4.7 倍。① 这很糟吗？这个问题没有下述问题重要，即在第 20 百分位人群的生活质量是否糟糕。收入 17916 美元会有多么糟糕？这不是一个简单的问题。尽管地域会有所影响。如果"家庭"指的是一个中西部城镇中的一个人，那么 17916 美元会是一大笔钱，但一个在波士顿抚养两个孩子的单身母亲靠这笔收入或许就不能支付生活费用。②

更大的家庭，更多的收入

收入分配的研究明显是根据家庭收入把人口五等分。尽管根据定义，每个家庭收入区间都包含了总家庭数的 20%，但当 1997 年时底层的五分之一包含 14.8% 的个人；顶端的五分之一含有 24.3% 的个人。在底层五分之一的家庭中，一个家庭平均有 1.9 个人和 0.6 个工人。在顶端五分之一的家庭中，则每个家庭平均有 3.1 个人与 2.1 个工人。③ 这意味着什么？这意味着统计中不平等的一个原因是一些家庭包含有更多的挣薪水的人。如果每个工人所挣的薪水相同，那么仅仅因为一些家庭只有一个工人，家庭收入间就会呈现出实质的不平等。

相关的一点是：当我们在一个因离婚率上升这类事情的影响而使得每个家庭中挣薪水的人数下降的社会中研究家庭收入变化时，我们就会被误导。随着每个家庭中挣薪水的人数下降，平均的**家庭**收入甚至在个体收入上升时也会下降。④ 因此，根据美国商业局的经济分析

---

① 在顶端五分之一中，家庭收入也并非平等分配。比如，位于第 95 百分位的家庭收入是 150002 美元（如上），将近是在第 80 百分位的家庭收入的 1.8 倍。

② 泰勒·考恩（Taylor Cowen）曾提醒我说，在具有人口趋于同质化的国家易于支持平等。而当一个国家在地理上或种族上多元时，或迎来穷困的移民时，平等的成本就会上升。测量瑞典或美国堪萨斯州平等是一回事。而测量如美国或欧洲这样人口庞大而又多元的（国家或地区）的平等则是另一回事。

③ 雷克托与赫德（Rector and Heder, 1999，第 12 页），引用美国统计局数字。

④ 如果两个人现在生活在一个典型的学生公寓中，而相对于一代人以前，有三个人生活在该类型公寓中。我们的统计数据就会显示底层五分之一的平均收入下降。然而，在此情形下，家庭收入下降是因为个体更富有了，而非更贫穷了，这就是现在的学生能够和更少的室友分摊房租的原因。

第 22 章 平等与机会

部门（the U. S. Department of Commerce's Bureau of Economic Analysis）的统计，处于中位的家庭，其收入在 1969 年到 1996 年间提高了 6.3%，这在表面上似乎与那个时期经济多少有些不景气的大环境（thesis）相一致。然而，就在那个时期内，真实的收入中位数**按人头**提高了 62.2%。①

可个人收入如何提高了 62.2%，与此同时家庭收入却提高了几乎不到它的十分之一？我起先觉得一定有什么错误。但设想一个在 1969 年每人能够挣 100 美元，总计能挣 1000 美元的十人家庭。在 1996 年，我们发现家庭收入提高到了 1063 美元，变化了 6.3%。家庭**成员**的收入能够在同时从 100 美元上涨到 162 美元吗？是可以的。如果同时户主从 10 人下降到 6.56 人，那么每个人的收入就会提高到 162 美元。我没能找到数据证明在 1969 年到 1996 年间家庭规模实际上缩减了这么多，因此可能性依旧是商业部或许搞错了它的数据。然而，在刚才我们显示了该数据或许是正确的：在家庭收入仅提高了 6% 的同时，个人收入是可以提高 62% 的。这就有助于证明如果我们仅看家庭收入的变化，那么我们仅看到了事物全貌的一部分。②

总而言之，家庭收入的差距在某种程度上归因于家庭规模的差

---

① McNeil, 1998，表 1。

② 有关家庭规模的进一步人口统计学思考，请参见欣德雷克与约翰逊（Hinderaker and Johnson, 1996，第 35 页）研究。

统计局区分了"家庭"与"非相关个人"的数据。统计局的数据显示，在 1980 年到 1989 年间，中间五分之一家庭的实际收入增长了 8.3%，而中间五分之一的非相关个人的真实收入增长了 16.3%。CBO（美国国会预算局）通过将"家庭"与"非相关个人"汇合为一个种类"家庭"，整合了统计局的数据。自从人口结构趋势在 20 世纪 80 年代使非相关个人在数量上的迅速增长，以及自从平均被两位成年人主导的家庭要比非相关个人有更高的收入以来，将这两个群体汇合为一个种类就极大地压低了平均"家庭"收入。因此，即使中间五分之一家庭的收入增长了 8.3% 并且中间五分之一个体的收入增长了 16.3%，在 CBO 的意义上中间五分之一的"家庭"发现在同一时期家庭收入下降了 0.8%。

如果还不明确一个群体的收入怎么会在其成员的收入增长了 8.3% 与 16.3% 的同时还会下降，就想这样一个简单的解释。让家庭 X 的收入是 1000 美元以及个体 Y 的收入是 100 美元。平均收入就是 550 美元。之后，家庭收入上升到 1080 美元而个体收入上升到 116 美元。同时，额外的资金使得家庭 X 的女儿能够离开家独自生活，因此就会有两个个体，每个都挣 116 美元。如果我们再平均这三个收入，我们就会得到平均为 437 美元的收入，即使**每一个**的收入实际上上升了但依旧在**平均**收入上下降了 113 美元。

异。同样，**缩小的**家庭规模能够使家庭收入似乎要比其实际上更加不景气。罗伯特·勒曼（Robert Lerman）估计，在 20 世纪 80 年代末与 20 世纪 90 年代初被观察到的家庭收入不平等增长的一半原因，都要归结为单亲家庭数量的增长。①

更老的家庭，更多的收入

所以，一些在五等分组间的收入差异是家庭规模的差异。在年龄上的差异又如何呢？一些家庭的户主（heads）正处于他们挣钱的最好年头而其他一些家庭中就不是如此。设想我们再次看一下家庭收入，这次将户主分为五个年龄组，同样也是 2002 年的收入。②

a. 27828 美元　当户主在 25 岁以下时的平均收入
b. 45330 美元　户主 25—34 岁
c. 53521 美元　户主 35—44 岁
d. 59021 美元　户主 45—54 岁
e. 47203 美元　户主 55—64 岁

当工人们进入 40 多岁时，收入一度开始下降；而当工人到了 50 多岁时，收入又保持增长。之后因提前退休而下降，并且重要的维持家计的人若过早离世也开始拉低了平均收入。迈克尔·考克斯（Michael Cox）与理查德·阿尔姆（Richard Alm）在报告中说，"在 1951 年，平均而言，35 岁到 44 岁的个人所挣的工资是 20 岁到 24 岁个人所挣工资的 1.6 倍。在 1993 年，被给付最高工资的群体已经转移到了 45 岁到 54 岁群体，它们工资几乎是 20 岁到 24 岁人群所挣工资的 3.1 倍。"③

统计上不平等的增长，是我们直觉认为的不平等的增长，还是说

---

① Lerman, 1996。
② 来源：美国统计局，2003，表 3。
③ 考克斯与阿尔姆（Cox and Alm, 1995, 16），引用美国统计局数据。

第 22 章 平等与机会

只不过是终生收入不平等的普遍增长？如果刚进入 40 岁的人们的收入现在也继续增长，而在几十年前，这一时段内收入是开始下降的。随着 45—54 岁年龄段的人继续与其他年轻的参照者们区别开来，这就会增加统计上的不平等。但这不好吗？这是否有损于任何人？仔细反思，一个能够使 45—54 岁人群做出更加有价值贡献的社会就是一个在表面上满足罗尔斯差异原则的社会。统计上看，社会是不平等了，但每个人却更富裕了，每个人期望的终生收入更高了。

数据显示，顶端的五分之一并非一个现在收入甚至更多的独立的贵族等级。相反，中间阶层的收入（当然，不必是每个人的历史）有这样的一个运动轨迹：当一个中间阶层户主在 25 岁以下时，他的收入处于第二个五分之一，而在他 25 岁到 34 岁时上升到了第三个五分之一，之后又上升到了第四个五分之一并且保持于此直到他退休。

所以，我们会看到收入中位数在第 80 百分位的人群的收入在 1967 年到 2002 年实际上（也即扣除通胀因素）提高了 55%。① 我们应当明白，对于许多正处于第 20 百分位上的人而言，这一飞跃意味着为他们，而非仅仅为一些精英本身，提高了终生收入。45—54 岁人群今天挣得更多，并因此而加剧了五等分组间的差距。对于当下处于那一年龄段的人来说，在一般意义上不仅是甚或主要是个好消息。

总之，家庭收入的差距部分是由年龄的差距造成的。收入差距在某种程度上是由当人们向最佳收入年龄段过渡时为每个人提升的机会造成的。加里·伯特利斯（Gary Burtless）估计，因年龄不平等而造成的收入不平等份额在男性中是 28%，而在女性中是 14%。②

在繁荣时期，富人变得更富，但阶层成员的身份却不固化

如果说顶端五分之一的收入在增长，那么这与说富人变得更富并不

---

① 来源：美国统计局，2003，图表 A—4。
② Burtless，1990。

第四篇　平等尊重与平等份额

是一回事。通常而言，统计数字表明的不仅是富人变得更富，也有更多的人变得更富有。在1967年，只有3.1%的美国家庭挣得相当于2002年的100000美金。到了2002年，这一数字上升到14.1%。对于白人，这一增长是从3.3%到15.0%。对于黑人，这一增长是从0.9%到6.6%。[1]（同其他各处，这些数字扣除了通胀因素。）在1967年，有一批人有许多钱，而今天同样一批人有更多的钱，而**这就解释了为什么顶端五分之一人群的收入进一步领先了**：上述结论似乎是错误的。恰恰相反，似乎正在发生的是，千百万人正在加入富人的行列之中，而他们在年轻时并不富裕。他们的父母也不富裕，但是他们现在富裕了。

即使金钱自身并不存在涓滴效应[2]，可生活质量却是如此

　　增长的收入差距掩盖了正在缩小的生活质量差距。不平等会以穷人的预期寿命下降，而富人的预期寿命上升这样相关的方式增长。事实上，二者都在增长。我怀疑穷人与富人之间的预期寿命差距已经缩小（尽管这是显而易见的，即极度不健康的人会挣更少的钱并因此转向了底层的五分之一群体，而极度贫穷的人们活不了那么长，每一个事实都会影响底层五分之一人群的平均寿命）。我尚未没有找到与此直接相关的数据，但我确实找到了有关白人与黑人的数据：从1900年到2001年，白人的预期寿命提高了63%，从47.6岁上升到77.7岁。黑人的预期寿命上升了119%，从33.0岁上升到72.2岁。[3]

132

---

[1]　来源：美国统计局2003年数据，表A—1。

[2]　渗漏（trickle down），又为"涓滴效应"，意指利益在社会阶层或体制中从上向下传递。——译注

[3]　来源：疾病防控中心的健康统计国家中心（National Center for Health Statistics at the Center for Disease Control, http://www.cdc.gov/nchs/fastats/）。这一变化幅度超出了婴儿死亡率的下降幅度。"婴儿、成年人的死亡率在下降，老人也一样，而艾滋病、谋杀、癌症与心脏病的死亡率在上升。"来源：疾病防控中心的健康统计国家中心（National Center for Health Statistics at the Centers for Disease Control and Prevention），美联社2002年9月16日报道（the Associated Press, September 16, 2002）。

· 140 ·

第 22 章　平等与机会

收入没有停滞

极少数经济学家曾说，并且数不清的报纸重复说，中产阶级的工资最多也只是处于停滞状态。而综合各方面证据来看，结论恰恰相反。研究显示，基于可质疑的修正通胀（并且也忽略了福利待遇的增长）的方法，1975 年到 1997 年平均工资下降了大约 9%。① 在 1996 年 12 月，由参议院财政委员会任命，并由迈克尔·博斯金（Michael Boskin）任主席的五位经济学家组成的专家组认为，消费价格指数每年大约夸大通货膨胀 1.1%（至少是 0.8% 或至多为 1.6%）。② 如果博斯金 1.1% 的数据是正确的，那么"与官方数据中记录的停滞相反，一个更低的通胀率意味着**真实的**中间家庭收入从 1973 年到 1995 年增长了 36 个百分点。"③

1996—1999 年的数据（不是时间推后了，但这是我所能找到的最新数据）显示，在此 48 个月的时间内遭受贫困的人中，有 51.1% 的人在 2—4 个月中处于贫困；而 5.7% 的人处于贫困状态达 36 个月以上。④ 由于当下处于衰退的低谷期，较晚近的数据可预计地将会显示出持续更久贫困状态。在贫困线附近，我们似乎看到了大量的收入下降或上升的流动性。人们找到工作，又失去工作。人们也会退休，因而使得他们永久地向下流动。最终，人们大量移民到美国，并且第一代移民者总是处于赤贫之中，如果这仅仅是暂时的话。

美国看上去是一个垂直流动的社会

假设处于底层五分之一的人群的收入在一代人之内真的没有提

---

① 两个数据都见于诺里斯（Norris, 1996）。第一个数字基于当时标准消费价格指数。第二个由伦纳德·纳卡穆拉（Leonard Nakamura）这位费城联邦储蓄银行经济学家提供。
② 来源：《经济学家》（1996 年 12 月 7 日），第 25 页。也见于 Boskin 等人，1996。
③ 来源：美国《新闻周刊》（1997 年 9 月 8 日），第 104 页。着重为笔者后加。
④ 来源：美国国家统计局 2003 年数据，图表 6。

第四篇　平等尊重与平等份额

升，这会意味着什么？这**不会**意味着一代人以前曾是烙牛肉饼的人，在今天依旧是拿着同样工资的烙牛肉饼的人。此外，如果自从1967年以来工资水平是停滞的，那么就会意味着以下情形：如果今年的这批高中毕业生刚高中毕业就开始工作，烙了一年的牛肉饼以后，他们就会大体上得到他们父母在1967年被支付的工资。如果处于第20百分位的工资一直以来是停滞的，那么结果就会是低工资的**工作**像往常那样被支付工资，而不会是曾经干着低工资工作的**人**今天依旧还在干着低工资的工作。我要强调这一个问题的两个方面。首先，底层五分之一人群的薪水并没有停滞。扣除通胀因素来看，在1967年到2002年间底层五分之一人群收入的中位数提高了31%。[1] 其次，这些实在收益对于底层五分之一人群而言，虽然不错，但对于这些处于此薪金区间，烙着牛肉饼但打算向上流动的人群来说仅具有短暂的相关性。

如果你想到了你认识的所有40岁以上仍在工作的美国人，我会打赌他们中的每一个要比他或她在20岁时更富裕。他们的家中与工作场所将会充斥着他们在20岁时无法买得起的家用电器设备（如果这样的家用电器设备存在的话）。或许这在每个国家未必是真实的，但在美国就是如此。

美国财政部税务分析办公室（The U. S. Treasury Department's Office of Tax Analysis）发现，在1979年处于底层收入五分之一的人群中，有5%的人在1988年上升了两个或更多五等分组，[2] 86%的人至少上升了一个五等分组。这一发现并非独一无二的。根据来自密歇根收入动态专家组的数据，考克斯与阿尔姆跟踪了在1975年处于最低五分之一收入组的人，结果发现80.3%的人在1991年上升了两个或更多个五等分组，[3] 95%的人至少上升了一个五等分组。

这些研究都跟踪了个人的社会流动，而当研究追踪家庭而非个人时，结论是否还会被显著地证实？并没有这样。在观察家庭而非个体的收入时，格雷格·邓肯（Greg Duncan），约翰内斯·博伊斯乔利

---

[1] 来源：美国国家统计局2003年数据，表A—4。
[2] 哈伯德，纳恩斯与伦道夫（Hubbard, Nunns and Randolph 1992）。
[3] Cox与Alm, 1995, 第8页。引用收入动态专家组研究数据。

第 22 章 平等与机会

（Johannes boisjoly）以及蒂莫西·斯米丁（Timothy Smeeding）[①] 估计，大约在 1975 年处于底层五分之一收入群体的 47% 人群在 1991 年时依旧处于这一五分位中。（事实上，邓肯等人只观察了非移民家庭，而这会影响到他们的结论。我猜测移民家庭会呈现出更像个体工人那样的向上流动性。）20% 上升到分配的上半部分，6% 上升到顶层五分之一。

那么，在个体与家庭的流动性间明显的存在差异，这是为什么？想象一下 1975 年前后一个有两个青少年的家庭。两个研究将跟踪这个家庭随后的历史。一个研究跟踪作为个体的家庭成员，结果发现六年后青少年的收入提升了几个五分位。另一个研究跟踪作为家庭的这个原始家庭收入，结果发现家庭失去了现已离开家中的（now-departed）青少年当初在家中以及上大学时所赚的暑假工资。离开家的青少年在第二个研究中消失了，因为由他们组成的新的以及向上流动的家庭，在 1975 年并不存在；第二个研究只跟踪当研究开始时存在的家庭。因此，给定同样的数据，对于在 1975 年既存家庭的纵向研究描绘了流动性温和下降的图景；而对于个体的纵向研究显示出了强烈的向上流动性。哪一种景象更真实？

在考克斯与阿尔姆以及邓肯等人的研究之间，一个或许更重要的差异在于：两个研究在一个时期内都跟踪年轻人群体，但考克斯与阿尔姆跟踪相对于一般人口一个群体内成员的收入如何变化；而邓肯等人跟踪一个群体内成员的收入相对于群体本身如何变化。25 岁群体在一般人群收入分配中易于向上流动仅仅是因为在长达 16 年的研究过程中他们向最佳收入年龄的过渡。然而，如果我们将底层五分之一的 25 岁群体同一个控制组对比，即与同样在研究过程中向最佳总收入年龄过渡的群体对比，那么常态的进步就被控制，且将不会改变组内任何人的相对地位。只有非常态的进步——领先于同自己地位相同者——才显示为相对地位的提升。因此，就归结为一个问题：什么是收入流动性？穷人的收入流动性是否领先于一个缓慢上升的基线

[①] Duncan 等人，1996。目前可在网上获得。

(一般人群)或是一个快速上升的基线(向最佳收入年龄过渡的群体)？如果我们主要关切的是人们境遇如何，那么我们最好求教于像考克斯与阿尔姆这样的研究。① 如果我们主要关切的是相对于彼此人们的境遇如何，那么我们最好去求教于像邓肯等人的研究。② 我提这些事情并不是要批评各个研究，而是注意到对于收入流动性不同的解释会导致不同的结果。我们一定要解释数据——不仅是理解统计数据，还要在一开始生成这些数据。并不存在做出这些决定的运算法则，因为(在这方面)我们处在艺术而非科学的领域。

儿 童

彼得·戈特沙尔克(Peter Gottschalk)与谢尔顿·丹齐格(Sheldon Danziger)根据家庭收入的差别将儿童们做五等分。③ 他们的数据，迈克尔·温斯坦(Michael Weinstein)报告道，显示了"1970年代早期大约十分之六的孩子们处于最低一组——最贫穷的20%群体，大约10年后他们依旧处于这一组中……不存在有关流动的幻象，无论真实的还是想象的，能够为这一不合理的事实开脱。"④

既然温斯坦仅仅依赖戈特沙尔克与丹齐格的研究结果，我便核对了这一原始研究。戈特沙尔克与丹齐格在着手进行这一为期10年的研究时，主要针对5岁或更小的美国儿童，因为10年后这些儿童依然是儿童。⑤ 那我们所得到的结论是，大部分有孩子的年轻夫妻的同期族群中，10年后40%上升到更高的五分位组之中。40%的比例算

---

① 我对其研究要做出的一个改变是，找出多少人因为他们是学生而处于底层五分之一人群之中。我将不会于研究中排除他们，因为毕竟他们处于贫穷之中，但在一个自由与充满活力的经济中，95%的人向上流动是毫不奇怪的。我会试图单独对待那些不是学生(也未退休)但依旧处于底层五分之一群体中的人。他们是也向上流动了，还是说他们是底层五分之一群体中如此小的一部分，以至于即使他们没有向上流动，包括他们在内的这个群体的95%也会向上流动？我想要找出这个问题的答案。
② 我感谢格雷格·邓肯为解决这一问题提供的帮助。
③ Gottschalk 与 Danziger，1999。现在可于戈特沙尔克的个人网页上获得该研究结果。
④ 《纽约时报》社论版(*New York Times* editorial)，2000年2月18日。
⑤ Gottschalk 与 Danziger，1999，第4页。

第22章 平等与机会

糟糕吗？脱离了情境，我们既不能说它糟糕也不能说它好。存在任何比之做得更好的社会吗？

结果表明，至少有一个社会比之做得更好：美国。被温斯坦引用的数据是来自两个十年研究结果中第一个十年的数据。温斯坦呈现自20世纪70年代以来的数据（仅是43%的人向上流动）作为对美国今天的批判。而未提及的是，自20世纪80年代起这一相应的数据是51%。尽管这两个数据来自戈特沙尔克与丹齐格的研究的同一个表格（表4），温斯坦显然觉得更晚近的数据与明显上升的趋势不值得报道。温斯坦的评论发表在这个国家最负盛名的报纸上。

我自己本可能会是戈特沙尔克与丹齐格所研究的儿童之一。我成长在萨斯喀彻温省（Saskatchewan）的一个农场。在我11岁那年我们卖掉了农场并迁居到城市。父亲成为一名看门人，而母亲在一个纺织商店当收银员。甚至在离开农场前，我们就已经在绝对意义上向上流动了——我们有室内水暖设施——但我们依旧处于底层的五分之一。甚至在我们得到一个冲水马桶后，水不得不由水车来运送，而且水是如此昂贵，以至于我们一天仅冲一次马桶（而这一次冲水要解决一家八口的问题）。40年后，我的家庭收入处于顶层五分之一（这意味着，要比40年前该地位所象征的绝对财富还要多出很多）。如果我要是戈特沙尔克与丹齐格研究的一部分，那么温斯坦还会宣称他们由于这"不合理的"事实愤怒了，即当我10岁的时候，我还没有任何向上的流动。

回到研究上来：如我所言，在测试结束前未达到十五六岁（middle teens）的儿童中，我是捕捉不到太多向上流动的证据的。戈特沙尔克与丹齐格认为，在20世纪80年代一个孩子脱贫的可能性要好于在20世纪70年代，不过这一变化是不显著的。① 戈特沙尔克与丹齐格说："只有一个人口统计学意义上的群体（在双亲家庭中的儿童），在持续处于贫困的可能性方面显示出了显著下降。"② 在该群体中，

---

① Gottschalk and Danziger, 1999，第9页。
② Gottschalk and Danziger, 1999，第10页。

脱离贫困（对此他们是指底层的五分之一群体）的可能性从 20 世纪 70 年代的 47% 上升到在 20 世纪 80 年代的 65%。奇怪的是，作者顺带地承认了"双亲家庭中儿童"前景的大规模提升，好像这一群体是与他们的论点，即脱离贫困的可能性没有提升，无关的一个小反常（anomaly）。①

最后，同样回到我们正在谈论的在 10—15 岁年龄段以内脱离贫困的群体上来。如果我们打算设计一个保证不会显示向上流动性证据的实验，那么我们很难做到如前所述的研究那样好了。然而令人惊讶的是，戈特沙尔克与丹齐格数据似乎是说，有 65% 的未破裂的穷人家庭的孩子在他们获得第一笔工资前就已经脱离了贫困。

充满机会，而非平等机会的国度

美国似乎并非一个等级体系或停滞的贵族制社会。种族主义与性别歧视依旧令人苦恼地存在着，但它们都远非如一代人以前那样盛行与有害，更别提与一个世纪以前相比了。向上流动不仅是可能的也是常态的。

但这些都不意味着家庭背景不重要。当然它很重要。麦克默尔（McMurrer），康登（Condon）与索希尔（Sawhill）指出，证据显示了：

> 美国的竞争环境（playing field）更公平了。社会经济出身在今天不像在过去那样重要了。进一步的，这些出身对于有大学

---

① 戈特沙尔克与丹齐格用"贫穷"（poverty）这个词指称底层五分之一人群的收入状况。美国的贫困率在过去的两年里上升了，从 2000 年的不到 11.3% 上升到 2002 年的 12.1%。因此，即使处于萧条中，底层五分之一（最底层的 20%）也不再是如它在，比如说，1929 年贫困率是 40% 时那样，是贫穷的同义词了（来源：Levitan, 1990，第 5—6 页）。

最新数据来源：美国统计局，2003 年，表 2。贫困临界值随着家庭规模而变化（并且，不那么直观地，随着户主的年龄而改变）。在 2004 年，由两个在 65 岁以下成年人组成的家庭的官方贫困临界值是 12649 美元。来源：美国统计局，2005 年。

第 22 章 平等与机会

学位的个体而言几乎没有或就是没有影响，而这些有大学学位的个体的行列规模还在扩大。更多人获得高等教育是扩展机会的重要途径。此外，家庭背景依旧重要。虽然竞争环境更为公平，但家庭背景依旧重要地形塑了孩子们的经济状况。①

根据戈特沙尔克与丹齐格，处于**单亲家庭**中的底层五分之一的儿童，只有 6.4% 的可能性向上流动从而超过第二个五分之一组。② 当然，这一研究坚持认为单亲母亲家庭不可能代表收入分配的中位值。③ 有意思的是，始于 1971 年的 10 年研究的结果是："在该十年的末期，如果黑人儿童从单亲家庭转移到双亲家庭，那么他们就有比白人儿童还高的脱离贫困的可能性（67.9% 比 42.6%）。"④ 始于 1981 年的第二个研究发现，对于黑人儿童来说这一可能性上升到 87.8% 而对于白人儿童来说上升到 57.6%（他们的表 6）。令人沮丧的是，截至 1998 年，非拉丁裔白人的非婚生育率为 21.9% 而非拉丁裔黑人的则为 69.3%。⑤ 我相信甚至是顽固的平等主义者也会同意，对于这些数字而言，糟糕的是它们的数值有多高，而非它们多么的不平等。

为什么我担心这一章

我已经引用了许多资料来源，但其中没有一个我是完全相信的。诚实并非一个好人能够按开而坏人却按不开的开关。不过在这个竞技

---

① McMurrer, Condon 与 Sawhill, 1997。引用来自在线版的结论。参见 www. Urban. gov。
② Gottschalk 与 Danziger, 1999, 第 8 页。
③ 尽管，同样统计数字并非总是意味着它们看上去的含义。如果父母同居而没有结婚，那么只有母亲的收入被算作孩子的家庭的。因此，许多孩子仅仅通过使他们的父母结婚就脱离了统计上的贫困，即使在实际收入上并没有改变。
④ Gottschalk 与 Danziger, 1999, 第 11 页。
⑤ 国家健康数据统计中心，"出生率：1998 年最终数据"（Births: Final Data for 1998）。

· 147 ·

场上，诚实是一项成就，一场持续艰难奋战的战役。

在一次讨论会中，一位专家拿出影印的统计局数据来反对我下述主张：（a）年龄是收入差异的**唯一理由**，以及（b）最低五分之一的收入**份额**增长了。其他专家困惑地指出我并没有做此主张。我们随后观察到他影印的表格显示，最低五分之一的**收入**，即使在其收入**份额**下降时，扣除物价因素实际数量也增长了。这位专家开始为他未注意到这处的不一致性道歉，其他专家则指出并不存在不一致性。因为根据罗尔斯的差异原则，扩大的差距会伴随着底层民众收入的增加，并且从最小受惠者角度来看，最佳的差距不必然是最小的差距。若这位专家没有向一群同行们提出他的主张，那么他还会坚信他的数据可以反驳我。他之后说，他希望他所做的是通过向我展示我会得到何种回应而对我有所帮助，而非总是在一个像讨论会这种误解会被讨论和纠正的地方。我感谢他的关怀以及帮助，这些帮助使这本书变得更好。

我们生活在一个由不完满证据构成的世界。统计数据看似是结论性的，但事实上并非如此，并且在某一天会以重要的方式被淘汰。数据会与多种解释一致，并会被进一步统计的数据推翻。因此，数据无法保证我的解释或任何人的解释是正确的。不过，借助专业训练以及职业，我将哲学与经济学结合起来。而这种分析工具的结合对于相关的数据分析任务而言明显是恰如其分的，因为如果数据分析任务似乎要求这样做而我没有冒险为之，那就是一种错误。

讨 论

1. 我们知道，在经济增长率上微小的差异，若其累积甚至超过了整整一个世纪，那么它最终会在经济繁荣上汇聚成巨大的差异。因此，如果我们相信差异原则的话，并且如果我们相信将来的世代是重要的话，我们将会觉得降低经济增长的财富再分配方法怎么样？

2. 在一个世代重叠的世界中，增加的收入在我们的数据中是作为不平等显示出来的。设想史密斯与琼斯在同一个工厂做同样的工作，但每一年琼斯都会得到基于资历的加薪，而史密斯在持续三年内

第22章 平等与机会

无法获得加薪。终其一生来看，其收入是持平的（evens out），但没有在任一个时刻薪水是相同的。这会是一个问题吗？假设差距不是三年而是一个世代，那么差距就不是在薪水而是在预期寿命上显现出来。假设预期寿命在一个世纪内增长了：邻居的增长了63%，而史密斯的增长了119%。然而史密斯的预期寿命依旧少5.5年，大体上是邻居20年前的样子。如果需要20年使史密斯的预期寿命再提高5.5年，这会是一个问题吗？如果邻居的预期寿命在这个时期内也提高了，这是更好还是更坏呢？这因而会是一个永恒的差距吗？

第 23 章　论平等份额的效用

论题：先前的章节讨论了在精英统治、人本主义和平等对待之间的协同效应。这一章要考察一个著名的关于平等份额和效用之间协调作用的论证，该论证脱胎于边际效用递减的观点，不过这个论证并不有效。

边际效用递减

托马斯·内格尔相信，从客观的立场出发，如果我们站在一个公正的视角来挑选正义分配的原则，那么我们将会赞成极端的平等主义。[1] 同时，内格尔意识到，如果我们打算公正地思考问题，那么平等的原则并不是我们可以采取的唯一原则。特别是，功利主义具体表达了它自己不偏不倚（impartiality）的特征，并且相比较于最大化效用或满足基本需要的要求，不是每一个人都更赞同平等化的要求。

然而内格尔却认为，解决平等和效用之间的理论张力是没有实际意义的。平等主义和功利主义在理论上存在分歧。尽管在实践中，它们由于边际效用递减（后文简称 DMU）现象而汇聚。正如 R. M. 黑尔（Hare）所说，财富和消费的边际效用递减意味着朝向平等的路径倾向于增加总体效用。[2] 埃德温·贝克（Edwin Baker）争辩说，如

---

[1] Nagel, 1991, 第 65 页。
[2] Hare, 1982, 第 27 页。赞同我论据的一位作者是纳维森（Narveson, 1997, 第 292 页。）同时参见 Narveson, 1994, 第 485 页。

第23章 论平等份额的效用

果财富是边际效用递减的，那么"某种对于收入的不公平再分配将会最大化个体效用的总和。"① 因此，"在功利主义的原则下，至少有一个违背平等的原则得以正当化"② 艾拜·勒纳（Abba Lerner）认为，"依靠下述收入分配方式，总体满意度得到最大化：该收入分配方式使得社会中所有个体收入的边际效用是一样的"③。勒纳推断说，"如果最大化一个社会中的总体满意度是可欲的，那么理性的程序就是在一个平等主义的基础上分配收入。"④

思考一下我们拥有的需要的层次性。⑤ 对我们而言，食物可能具有首要优先性，尽管只有我们在吃饱后所追求的满足感要比我们从食物中获取的满足感大得多。因此，具有第一优先性的事物和具有最高效用的事物并不一一吻合。（根据我的优先性序列，在我今早起床后，我会在写作前先吃早饭。但是在一天结束以后，我能记住的一天之中最重要的事情是写作，而不是吃早饭。）尽管理论家们倾向于认为这些案例并不具有典型性。

假设从个人角度来看，贫穷的简没有把用来买食品杂货的钱用于赞助艺术，这是理性的。但下述情形，即一个共同体没把本可用来买食品和杂货的钱用于赞助艺术，从**客观**（impersonal）角度来说也是理性的吗？如果我们从身处贫穷的简的处境来思考，温饱是第一位的，然后才会资助艺术，这似乎就理性而言是必然的。但设若公正性并不意味着**超然于任何个人的立场**又会怎样呢？在此情形中，我们会看到减轻饥饿并不是唯一的客观价值；因为我们不清楚的是，假如说我们把建造金字塔和帕特农神庙的资源转而投入施粥赈济的事业之中，世界是否就此会变得更好。

同样，尽管大多数的哲学家假定平等和效率之间关系紧密，并且

---

① Baker，1974，第45页。
② Baker，1974，第47页。
③ Lerner，1970，第28页。
④ Lerner，1970，第32页。
⑤ 第36章扼要地讨论了心理学家亚伯拉罕·马斯洛（Abraham Maslow）富有创造力的工作。

第四篇 平等尊重与平等份额

从一个公正的角度来看这是一个支持平等的理由。约翰·布鲁姆（John Broome）将此论据视作"平等的标准功利主义式论据"。① 托马斯·内格尔说，

> 即使公正本身在此意义上并非平等主义，但由于边际效用递减这一为人熟知的事实，公正在其分配结果上是平等主义的。在任何个人的生活中，五万美元之外多出一千美元起到的作用将会小于五百美元之外多出的一千美元——因为我们会先满足较重要的而非较不重要的需要。并且人们在基本需要和欲望方面都足够相似，以至于在人与人之间存在某些大体上可以比较之物。②

内格尔认为我们会先满足较重要的需要，而非相对不重要的需要。不完全是这样的。我们首先满足更**紧迫**的需要，但是最紧迫的需要并不必然是最重要的。内格尔称之为效用的东西，同迫切性而非重要性的关联更为密切。效用在这个意义上是短视的，它关乎用接下来可以花的钱能够干什么，而与在一个宏大的事物格局中最值得做什么无关。即便如此，正如内格尔所说，边际效用递减是一个常见的事实。我们都曾见过如下情形，即一个人转向另一个人，说："拿着，你比我更需要这个。"我们可以想象这样的语境，在其中该对话听起来不仅为人所理解而且十分真实。

然而，这并不意味着我们应该赞同内格尔等人的观点，即认为边际效用递减解决了平等和效率之间明显的张力。事实上，这一章将要展示的是，这种张力是的确存在的。更进一步来说，这种张力存在不仅没有由于边际效用递减而消失，而且有时候正是**因为**边际效用递减它才会产生。

我们应该把这当作对于功利主义还是平等主义的批评，是视角问

---

① Broome, 1991, 第 176 页。
② Nagel, 1991, 第 65 页。

第23章 论平等份额的效用

题。这里的要点不是要驳斥平等主义或者功利主义,而是要展现边际效用递减未能协调它们二者,并且在假设要确保它们之间调和的情形下,甚至会加剧二者之间的张力。

前　提

哈里·法兰克福(Harry Frankfurt)认为边际效用递减的论证是不合理的,因为它植根于错误的前提之中。正如法兰克福的洞见,边际效用递减的论证有如下两个假设:"第 n 美元提供的,或从其中而来的效益对每人都是相等的,并且它要比任何($n-1$)美元的效益要小……因而每增加一个单位的边际货币,相比于不那么富裕的人,总是带给富人更少的效用。并且这包含着,当从较富裕的人手中取走一美元给予较贫穷的人时,社会总体效用由于不平等的减少而势必增加。"[①] 法兰克福认为这两个前提都错了。第一,货币效用在边际时刻并非总是递减。第二,个体并不完全相似;没有任何理由来支持他们的效用函数是一样的。因此,效用或者满意度在人际间的比较是成问题的。不同的人们从财富中得到千差万别的满意度,以至于比起穷人来说,一个单位的边际货币可能给一个富人带来更多的满足。我们可以补充:第三,即使这个论证是合理的,那么我们建立起来的用于施行平等主义再分配的科层制度也易于变得低效和浪费。第四,即使再分配的代价是可控的,也会出现激励的难题:再分配会使富人和穷人丧失工作的动力。从一个功利主义的角度来看,这些代价至少是相关的。

毫无疑问,上述四个回应都具有一定价值。不过本章追问的是,在下述四种情形中到底发生了什么:(1)边际效用持续递减;(2)已知所有人都具有相同的效用函数,因而人际的比较变得容易;(3)再分配的代价很小;(4)无论怎样都不存在激励的问题。我将要在文中展示的是,即便在原始环境中,也即功利主义例证最简单明确时,我

---

① Frankfurt,1987,第 25 页。

们也会有下述情形：从严格的功利主义观点来看，把一美元从一个较不需要它的人的手里转移到了一个较为需要它的人手里，这是无法得到正当性辩护的。

有人认为，一边际美元带给富人的效用总是要少于它带给不那么富裕的人的效用。法兰克福认为，上述结论是从"平等的标准功利主义式论据"这一前提中得出的。出于论证的需要，让我们先接受这一结论。法兰克福补充道，上述结论中还蕴含了"当不平等减少时，总体效用势必会增加"的观点。[①]

不过并非如此。这一章解释了为什么不是这样。为了弄清楚为什么不是这样，让我们来假设两个人，富裕的乔和贫穷的简有相同且持续递减的边际效用函数。为了方便起见，假设分配的唯一物品就是玉米。如果我们按照给定的前提来看，那么一个边际单位的玉米对一个有充足玉米的人来说要比一个匮乏玉米的人来说价值更低。

假设简没有玉米，与此同时乔有两份玉米。进一步的，我们假设一个单位的玉米就足够吃了，并且当乔试图把两份玉米都吃掉的话，他就会生病。我并没有假定一份玉米关乎生死问题。我们可以假设没有玉米的话，乔和简会吃一些很糟糕的食物，以至于如果他们有玉米可以吃的话，就不会再让自己吃那些东西。因此，消费第一份玉米对简和乔具有同样高的边际效用，然而消费第二份就具有较低的边际效用了。很容易观察到，一个人如何得出结论说，当我们把一份玉米从乔转移到简时，总体效用增加了，然后继续得出结论说，边际效用递减对平等主义再分配的论证至少在这里是无懈可击的。

论　证

但果真是无懈可击的吗？是否**可能**在这样的原始环境下，从乔到简转移的一份玉米并没有最大化效用，于是所谓推论也就失败了。注意：我们并没有试图证明从低边际效用的人到高边际效用的人之间进

[①] Frankfurt，1987，第 25 页。

第 23 章　论平等份额的效用

行再分配**绝不会**最大化效用。为了反驳上述推演主张，我们只需要显示出这样的财富转移并不**总是**最大化总效用即可。接下来的论证将会证明这一点。

给定一份玉米，贫穷的简把它运用到具有最大价值的地方，也即立刻吃掉玉米。富裕的乔已经吃了一份玉米并暂时得到了满足，然后把剩下的玉米投资到了就其看来不那么迫切的事情上。简吃了玉米，然而乔已经吃饱了。对乔而言，没有比种植玉米更好的方式来处理他的剩余玉米了。

对于有一份玉米的人来说，吃掉它是最有价值的利用方式。对一个有两份玉米的人来说，吃掉第一份玉米是最有价值的利用方式，然后因为消费的边际效用在递减，所以进行生产成为对第二份玉米最有价值的利用方式。因此，如果富裕的乔的第二份玉米转移给了贫穷的简，那么两份玉米都会被吃掉；然而若富裕的乔继续保有第二份玉米，那么有一份玉米被吃掉而另一份被种植了。

在图 23.1 中，C^* 是这样的点：在此点上，一个人拥有那么多的玉米，他会选择种植多出的玉米而不是去吃掉它们。在简和乔的故事中，C^* 等同于一份玉米。准确地说，由于消费的边际效用递减（即向下的斜线），所以生产成为增加财富的更有价值的方式（在横轴上以玉米为单位进行测量）。

注意：相对于消费而言，生产的趋势变得更可欲，这是消费边际效用递减的普遍结果，而并非奇怪例子的生硬编造。一般性的结论是：如果一个共同体并没有让它的民众远离效用曲线，以至于他们除了种植玉米之外，并没有更好的使用手段来利用边际单位的玉米，那么此时共同体最好的情况也是面临经济停滞。

因此，在消费具有边际效用递减的观念中，我们并没有发现对于平等主义再分配的明确的功利主义论据支持。这一结果并不取决于对于边际效用递减论据的质疑。恰恰相反，该论证**基于**边际效用递减。与内格尔的论证相反，它并没有预设如果每个人的边际效用都一样，那么一种更为平等的分配会更好。在一个社会中，若将富裕的乔手中的第二份玉米再分配给简，那么就是把单位产品从一个人手中取走而

第四篇　平等尊重与平等份额

给予另一个人。从前者的角度来看，除了种植该产品外没有更好的处理方法；而从后者来看，却是有比种植该产品更好的处理方法。这听起来是合理的，但在此过程中，社会把用于生产的玉米种子转用作现在的消费产品，对自己来说不过是拆了东墙补西墙。

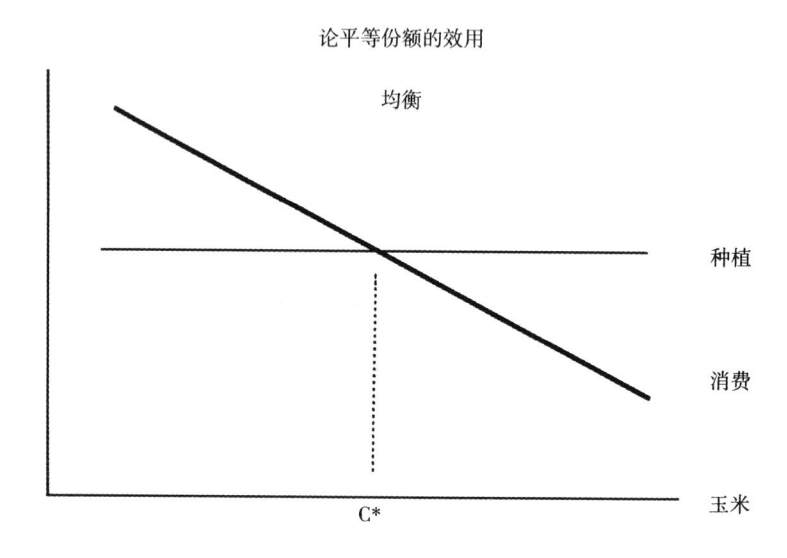

论平等份额的效用

均衡

种植

消费

玉米

C*

图 23.1　玉米的边际效用：种植与消费①

---

①　图 23.1 是一个对动态多时期模型的静态快照，在其中如果我们在时段 1 中根据 DMU 而重新分配的话，根据假设每一方都消费了一个单位。如果消费一个单位的效用和 U 等同，那么时段 1 的总体效用是 2U，之后为零，因为没有单位产品再投入生产。根据假设，富人和穷人在随后的时期内都没有玉米，并只有一些很糟糕的东西可以吃，糟糕到如果有玉米作为食物可选项的话，他们不会去吃这些东西。

如果我们没有在时段 1 中进行再分配，且富人消费了一个单位并种植了第二个单位，所以对时段 1 来说玉米消费的总体效用是 1U。假设种植的单位的产值是 2 + e 个单位，那么富人可以每个时段消费一个单位，并仍然可以比之前的时段有更多的玉米种子。最终富人的仓库是满的，他把剩余的谷物播种投入了生产之中，也同样使回报减少。或者有可能他没有时间自己播种所有种子。富人最终寻找了其他的投资方式，比如把谷物借给穷人，或者送给他，抑或付给穷人工资让他为富人耕作。所以消费的效用在每个时期是 1U，直到我们到了这么一个时期，此时 e 的积累盈余达到或超过一个单位的玉米。在那时候，富人开始想找到其他使用剩余物的方式。如果他在每个时段送或者卖一个单位的谷物给穷人，那么在那个时间点之后，每个时期的消费效用大概就是两个单位。

第23章 论平等份额的效用

回 应

论证假设了哲学家关于效用的观念

黑尔、内格尔和法兰克福所使用的人际总和效用的概念,引发了上述相关讨论,但很大程度上它已从经济学的话语中消失了。肯尼斯·阿罗认为,在经济学中"功利主义的方法现在并不流行了,部分的关键原因在于人际间进行比较的效用很难去界定。"①

论证假设了一个动态的模型

尽管察觉到这一论证的前提,但阿罗认为该论证是有效的。"在有关收入分配的功利主义式讨论中,如果进一步假设个体都具有相同的效用函数,且每个人的边际效用都会递减,那么收入的平等就来自于诸条件的最大化。"② 阿罗并不是唯一一个认为这个论证有效的荣获诺贝尔桂冠的经济学家。保罗·塞缪尔森也论证道,如果所有的人们都大体相似,"以至于他们的效用可以叠加,那么富人赚的钱并没有创造出如穷人所损失的那么多的社会福利或者总体效用"③。在其他地方,塞缪尔森也说,"如果每增加的一美元给一个人所带来的满足感越来越低,并且如果富人和穷人获得满足的能力相同,那么将从一个百万富翁那里征税得到的一美元补贴给一个中等收入的人,比起扣除的,这会增加更多的总效用。"④

毫无疑问,阿罗和塞缪尔森都会回应说,他们并没有认为边际效用递减的论证将会在一个生产的世界中有效。他们大概不会惊讶于在此得出的结果,即认为他们潜在地(若不是直接地)假定产出效用

---

① Arrow,1971,第 409 页。
② Arrow,1971,第 409 页。
③ Samuelson,1973,第 409 页。
④ Samuelson,1973,第 423 页。

的物品的存量是固定的。

我接受这个回应。**如果**边际效用递减论证被看作仅仅和没有生产的世界相关的论证，那么该论证将会是有效的，或者差不多是充分的。不幸的是，许多人，可能阿罗和萨缪尔森本人也会做如下推断：如果边际效用递减论证的强平等主义式结论，并不符合一个生产的世界，那么该世界可能**实际**遵循的是该平等主义式结论的适当的弱化版本。非也。在一个生产的世界中，依据确切的初始禀赋和生产函数，边际效用递减会**反驳**而非支持平等主义再分配。

论证假设生产的边际效用并未递减

图 23.1 把种植的边际效用表示为横轴，我们可以把其解释为不变的**规模收益**（return to scale）。① 在此假设下，会存在边际效用递减妨碍而非支持平等主义再分配的点 C^*（保持稳定的其他变量，比如产量的边际效用，允许我们聚焦于消费边际效用递减如何在 C^* 点使得产量的使用价值变得更高一些。），相反，设若我们假设规模收益递增，且用上升的曲线代表种植的边际产品，那么将会得出同样的结论，因为 C^* 将继续存在。设若我们假定规模收益递减，那么代表种植边际产品的就是下降的曲线。如果产量的边际效用向下倾斜，那么只有当生产的斜率比消费的斜率更加缓和一些的时候，C^* 点才会继续存在。（即只有当富裕的乔吃了那么多的玉米，以至于他宁愿种植另外的一份而不是吃了它的时候，才会到达这个点）。② 所以只要存在 C^* 点，就存在一个人们通过种植可以变得富裕的区间。如果是这样，那么消费的边际效用递减是支持还是反对平等主义再分配，将会取决于我们在曲线的何处，即我们是处在 C^* 点的左侧还是右侧。

在任何情况下，我并没有认为生产呈现出边际效用递减；我也没

---

① 此处一般指涉及厂商生产规模变化与产量变化之间的关系，这种关系一般包含收益递增、收益不变和收益递减三种。——译注
② 如果 C 线是从 P 线之上开始的并未能和 P 线相交，那么这个点会在 Y 轴的右侧。否则，如果就连对第一份玉米而言，种植也未必会优于吃掉，那么 C^* 将会在 Y 轴。

第 23 章 论平等份额的效用

有假设相反的状态（除了出于绘制图 23.1 的目的）。我争论的原因在于**消费**的边际效用递减规律在支持平等主义的再分配中必然具有重要性。

如果我们把生产和消费的效用结合起来该会怎样？

尽管承认在转移财富过程中造成的损失，但内格尔却说，"边际效用比率下降得如此迅速以至于它仍会有平等主义式的后果，即使在很多情况下富裕的人注定会丧失的资源，但比之于穷人一定会获得的，还要多出许多。"① 然而在图 23.1 中，对富裕的乔而言，消费的边际效用递减奠定了反对再分配论证的基础。

为使该论证有效，当富裕的乔分配其最后一份玉米时，乔的消费边际效用必须迅速地减少到种植玉米时的边际效用之下。否则，就不存在生产活动变成相对有吸引力的点 C^*。在那种情况下，因为富裕的乔的最后一份玉米注定用来消费，所以在功利主义的视角下，把该份玉米转移给消费边际效用更高的人的做法，是有道理的。

所以让我强调一下：这个论证并不是总体上反对再分配，而是反对从一个功利主义的视角来假定消费的边际效用递减，从而必须要赞成平等的再分配。这个论证也没有反对为了资本而投资的税收。这些投资应该根据它们的产出效值进行评估。对一个社会的未来而言，投资支持贫困儿童教育的项目将会是一个明智的选择。但是边际效用递减并不会也未能够在这些事例中起到很有说服力的作用。

通过将玉米给予一些人，这些人倘若没有玉米就没有机会变成有产能的人，那么再分配将会增进生产力，但是之后我们就无法进行从富人到贫人的再分配；我们并不是把玉米分配给贫穷的接受者本身，而是将之分配给处于更好位置的接受者，以便使得额外的单位得到高效利用。这样的接受者可能倾向于是这样的人：他们已经有 C^* 单位玉米，以至于有余裕将来自我们的授予物加以高效利用。这样的再分

---

① Nagel, 1991, 第 65 页。

配将会从富人到穷人，或者从穷人到中间阶层。或者，想象这样的中间阶层，他们的温饱已得到满足但尚未到最佳投资的层次。① 把种植与消费的效用结合起来可能意味着把财富在**双重方向上**从这个阶层转移走——既转向贫穷吃不饱饭的消费者，又转向（其他条件相同）处于更好位置的且能够利用规模效益的富裕生产者。

结 论

消费边际效用递减的含义只有在一个没有生产的理论中才一贯是平等主义的。在一个没有生产的世界中，一个斜率向下的边际效用函数把边际财富描绘为逐渐增长的琐碎的消费。通过把资源赋予那些认为资源对他们而言最有效用的人，这个社会中的效用得到最大化。在一个生产的世界中，事实并非如此。在生产的世界中，消费边际效用递减意味着有更少的理由消费，并且相对而言，有更多的理由进行长远的投资。在这样的世界中，通过把资源赋予那些认为资源对他们而言最有效用的人，能否使社会效用最大化则是一个开放性问题。通过转移资源给那些将会以最有产能的方式使用他们的人，效用也可以最大化。②

受到理论简化的假设是有其存在理由的，但是在假设中忽略了生产的可能性，却并不是像在效用曲线中忽略了某些步骤那样。忽略了步骤就是简化了真理。然而当我们忽略了产量的时候，我们并不仅仅在简化；我们忽略了在真实世界中满足需要的**那个**先决条件。

---

① 我成长于一个并不盈利的小农场（160 英亩大），所以我们可能曾是这个阶层的一分子。
② 毋庸赘言，使人们**看上去**贫穷的不良激励效应会与使人们**看起来**富有生产力的制度发生龃龉，后者在大公司中并不鲜见。

第 24 章　平等的限度

论题：所有的正义原则必须可以回答，让我们能够共同良好生活之社会的先决条件是什么；而先占规则即属于这些先决条件之一。

自由主义是关于自由联合而非原子化孤立的理论

由于深思平等主义如何能将平等同精英主义、人本主义与功利主义的考量联系起来，我一直在讨论内在于自由平等主义中的冲突。在此，我想跨出这一框架去探讨存在于平等主义与强调先占的所有权习俗这一实用性考量之间的紧张关系。

在现实世界中，我们几乎没有做任何纯粹分配性的事情。从一个人那里获取产品然后给予另一个人，这并不仅仅改变了一个分配，它同样也改变了产品被它们的生产者控制的程度。在现实生活中进行再分配时，我们必须将生产者与他们的产品区分开（alienation）。生产者与其产品的分离曾被卡尔·马克思视为一个问题。而且毫无疑问，确实如此，从任何角度来说这都应该被看作一个问题。

在一个注定要系统地背离平等主义理念的世界中，平等主义哲学能够鼓舞那些已分离或正在分离的态度。因此，学院平等主义者，像曾提及的那样，有时将运气视为是一个道德问题，是某种令人厌恶之物。在这一点上，一个纯粹精英主义者会赞同这样的观点：成功应该不仅仅是运气，应该是被赢得的。当精英主义理念使我们感到疏离于

第四篇 平等尊重与平等份额

151 一个注定系统地背离前述理念的社会世界时，那真是令人遗憾的。此时问题的关键，尤其不在于违背了平等主义，而在于即使当一种激进哲学在其表面上是具有吸引力的，而与其相伴的心理负担却无须如此。①

伊丽莎白·安德森和许多人一样，强调平等主义者"将经济视为是一个合作的体系，联合的生产"，而不同于"更熟悉的自给自足的鲁滨孙·克鲁索（Robinson Crusoes）形象，即在交易时刻之前由他们自己生产一切"；并认为我们应该"将经济的每个产品视为在一起工作的每个人联合生产的"。② 这一克鲁索形象确实很熟悉，但那只是在自由主义的社群主义批评者的作品中。自由主义的理念是自由联合，而非原子化孤立。③ 进一步讲，自由联合的实际历史是我们没有变成隐士，反而是自由地将我们自己组织入"团结紧密的"（thick）的共同体之中。④ 胡特尔派教众（Hutterites）、门诺派教众（Mennonites）以及其他群体迁移到北美不是因为自由社会**不能**让他们形成团结紧密的共同体，而是因为自由社会是他们**能够**形成紧密共同体的地方。

然而安德森的观点还是有道理的，他认为我们并非白手起家。我们将我们的贡献编织入一个既存的贡献之毯中（tapestry of contributions）。我们为一个生产体系做出贡献，并且在一定限度之内，我们被视为拥有自己贡献的人，无论这些限度可能是多么细微（humble）。这就是人们为什么贡献，以及反过来为什么我们拥有一个生产体系的原因。

显然，要感谢我们生活于其中的这一独特的"合作的、联合生产的体系"，以及向使这一体系得以运转之物致敬。我们有很多话要

---

① 在此，作者意指人人都会赞同精英主义下述理念，即成功是赢得的而非单纯依靠运气；可是当现实与该理念不符时，人们并没有感觉到不适。——译注
② Anderson, 1999, 第321页。
③ 社群主义对此的开创性批评，参见 Taylor, 1985。
④ 自从在有像今天我们称为国家这样的事物之前，人们就一直是自由地把自己组织入由志趣相投的人们组成的共同体中去。参见罗马斯基（Lomasky 2001）与莫里斯（Morris 1998）。

第 24 章　平等的限度

说。当我们确实在思考任何给定的正在运营中的企业时，我们无疑地感激托马斯·爱迪生以及所有那些实际上帮助这个企业从而使其得以可能的人。我们当然可以拒绝感恩的要求，并且坚持认为一个人的品性取决于"幸运的家庭以及他所不能主张应得权利的社会环境"[1]，并因此，至少是理论上，甚至当我们没有因人们表现出来的努力与天赋而给予其称赞时，也存在一种我们可以给予人们尊重的形式。但一个问题是：这种"尊重"不是那种将生产者推上台面的尊重，它也并不是那种能够维持共同体存在的尊重。[2]

正义：在具有历史之世界中

布鲁斯·阿克曼通过设想我们坐在宇宙飞船上寻找新的移居世界而让我们思考平等主义正义的要求：

> 意外地来到一个新世界，我们从远处对其进行仔细查看后获悉它只拥有一种资源，吗哪（manna）[3]……我们决心要将这个新世界变成我们的家。当我们接近这个星球时，我们在宇宙飞船中展开了热火朝天地讨论。因为吗哪的紧缺以及被普遍地需要，它的最初分配问题就萦绕在每个人的心头。我们指示自动驾驶员在我们花费时间解决最初分配问题时环绕星球飞行并向议事厅（Assembly Hall）进发以进一步商讨这一问题。[4]

---

[1] Rawls, 1971, 第 104 页。

[2] 我并不是在说对于天赋与努力的尊重是维持共同体的仅有的尊重形式。伊丽莎白·威洛特（Elizabeth Willott）提醒我回想在第 8 章的例子。在那个例子中，主教对于冉·阿让的仁慈使冉·阿让成为一个配得上该仁慈中所蕴含的尊重的人。

[3] 据圣经《出埃及记》记载，耶和华赐吗哪给以色列人吃。以色列民一连吃了 40 年，直到约书亚带领百姓过了约旦河，到达迦南地。后人推而广之，把 manna 理解为天赐或精神食粮。在本小节中阿克曼以此指代某种无主物。——译注

[4] Ackerman, 1980, 第 31 页。（中译本参见布鲁斯·阿克曼《自由国家的社会正义》，董玉荣译，译林出版社 2015 年版，第 31 页——译注）

第四篇 平等尊重与平等份额

那么问题来了：万一这个星球有人居住怎么办？当然，阿克曼可以假设这个世界是无人居住的，当然在这种情形下我们也会对他的结论感到满意。但如果这个星球是有人居住的怎么办？假如说这个星球像地球怎么办？

这并非一个无意义的问题。阿克曼想以此思想实验阐明在地球上的物品应当如何被分配。因此，就像我们在自己星球上空盘旋，梦想着分配原料，我们的问题依旧是：如果这个星球有人居住怎么办？难道地球上像这样的无主物品是在一个**无人居住的**星球上被发现的吗？或者是阿克曼想要分配的真实的物品，此时此地，就是那些已经被发现、创造、拥有以及被其他什么人投入使用的物品吗？

哲学家们很久以来就借此而探寻识别正义的本质，即如果人们来到谈判桌前，为他们接下来将要在其中生活的社会的框架而沟通时，他们会就什么达成一致？阿克曼在此是相当正确的：如果议价者们正在关注桌上的一堆物品，那么用不了多久就会有人提出物品应当按照所有人拥有相同份额来分配，这在该情形下是有道理的。

如果我们把这一情境仅改变一点儿会怎样呢？假设人们并没有同时来到谈判桌前，假设一个当地的部落率先到达。现在，飞船上的乘客与船员正在决定如何分配这一部落的财产，一个船员腼腆地问，"什么使得这些成了我们的工作？"

或者假设人们是连续几代一个接一个出生的，以至于当一个新人到达谈判桌时，不存在放在桌上等待着公平分配的无主物。物品已经为他人所主张，并且至少部分上是终生工作的成果。我们立刻知道我们将会更困难地获知什么算作一个新到达者的应得之份。同阿克曼一道，我们仍会总结道，正义需要某种同等份额，但很明显我们现在处于一个需要不同方法的不同情境之中。

如果世界真像契约论者所想象的那样缺乏历史的话，正义会变得更简单。尽管如此，不管怎样，我们（以及我们的共同体）具有历史，并且历史很重要。这一点并非说无论出于什么原因过去必须被尊重，而是说存在尊重过去的方式，从而使人们具有彼此尊重、"彼此互益"的特质。

第 24 章 平等的限度

先占：平等份额的替代者

第 19 章讨论了阿克曼的观点，即"平等份额"是一个道德上的默认值：它是我们在不能为任何事提供正当理由时自动诉诸的规则。不用说，这并非我们实际上如何对待它的方式。对于实际生活中多种多样的资源而言，存在着一个默认的状态，并且这一状态并非平等份额。实际中的默认状态是让事物处于它们之所是，也就是要遵循那些先得到它们的人的主张。

卡罗尔·罗斯（Carol Rose）认为，先占规则（在第一个人清楚无误地占有一个物后，确认此人的所有者身份的法律规则）促进了发现。通过促进发现，这样的规则促进了生产活动。此外，这样的规则也有助于最小化争端。[1] 他们建立起预设的权利从而使得我们视情况而定来主张或否认优先权，这就避免了流血事件甚或是对尊严的伤害。[2]

在哲学讨论中，先占似乎通常总是与使用蛮力（raw power）相混淆。事实上，先占在动物王国中作为根据蛮力分配的两个**替代者**之一而发挥作用。另一个对于蛮力的替代是支配的等级。通过这一等级，更有权力的雄性建立起如下假定，即如果诉诸斗争，他们将会获得胜利。因此它们就在没有实际斗争的情形下获得了对于资源的控制权。先占与支配、蛮力的区别在于，它确保了那些没有支配权，并且甚至是那些缺乏蛮力来保卫它们权利主张的动物的所有权。[3]

不幸的是，（人类）作为一个物种，我们的缺点之一是：尽管对先占的遵守是普遍存在的，但它往往只属于群体内部的现象。个体的心理经常地遵循先占原则，不过群体心理却服从于蛮力。只有当那些

---

[1] Rose, 1985。

[2] 先占无须赋予永久的所有权。由首先注册**专利**而确立的所有权是受时效限制的。或者，**有用益权的**所有权只存续于所有物被以其习俗中的目的而使用的阶段。因此，通过坐在一个公园的长凳上，鲍勃获得了以其习俗中的目的而使用的权利，但当鲍勃起身后，这一长凳又回复到了它先前没有被主张物权的状态。

[3] 参见 Kummer, 1991。

群体能够在战斗中保卫他们的权利主张时，那些群体才倾向于尊重其他的群体。这并不意味着限制会一直被一致地遵守。相反，世界范围内的原住民都已被蛮横地征服。要是先占得到遵循，许多人类历史上的悲剧时代就不会出现。

我们知道这个道理，然而不知为何，在谈论中，我们似乎继续把正义看作是如何**分配**人们的贡献，而非如何**尊重**人们的贡献。

当我们并未身处平等世界

在第 19 章提到的契约论的思想实验中，描述了每个人同时抵达谈判桌的情景。我曾说过（真实）世界并非如此，而这一点非常重要。正义的主张必须要适合它们所要归属的那个世界。在我们的世界中，这意味着承认当任何谈判者到达此场景后，世界的许多部分都因为终生工作而为他人所拥有（而且工人并不因他们就是曾做过这些工作的人而感到是"任意的"）。理论易于忽略我们实际所处的情境，因为理论家想要避免与现状有紧密关联（privilege）。但为了使自己与现状相关，一个理论则需要以某些方式使现状于理论中具有独特地位。

纵观历史，为什么全世界范围内的所有权制度是根据先占规则而非平等份额而持续运行的呢？我猜想，理由是以这一事实为起点的：在我们的世界中，人们在不同的时间参与到社会活动当中。当人们在不同的时间到来时，平等份额不再具有它在人们同时到达情形下的直觉显著性。当简先到并将她所发现之物和平地投入使用时，之后试图分得一杯羹的行动，即使这仅仅是要求平等份额的行动，它也不是和平的行动了。

仇　外

先占被忽视的一个美德是：它使我们能够共同生活而无须将新来者视为威胁。如果我们认为新来者拥有对于我们的财产享有平等份额

第 24 章 平等的限度

的主张，那么新来者的到来自然就是一个威胁。设想一个有 100 人的城镇，镇里每个人都有一百英尺宽的土地。如果有新人露面，我们就要重新划定财产的界限。为了给新来的人留出平等份额，那么每块土地会缩水一英尺（并且当更多人到来时同样如此）。问题是：那个城镇会变得多么和睦呢？即便现在，在我们这个世界上，那些以零和博弈看待这个世界的人倾向于鄙视移民。他们把移民视为和他们抢占工作，而非制造产品的人；视为提高租金而非催生新的建筑的人，等等。关键不是说仇外具有道德上的重要性，而是说仇外是真实的，它是一个如果可以的话我们想要最小化的变量。先占规则会有益于此。而不会有益于此的是，告诉人们新来的移民们有权享有同等份额。

阿克曼相信，"一个理性人构成的共同体应得的唯一自由，是一种每个人准备好并愿意于对话中提供正当理由的自由"[①]。尽管如此，在任何可行的共同体中，日常生活的大部分结构的真正运行无须多言，不用论证，它能够让人们将"一块土地"视为理所当然。因此他们会将其精力投入生产中而非自我防御、言辞或其他什么上。

纵观人类历史，在任何有活力的文化中，先占所扮演的角色对于平等主义者来说是一个议题，但不仅是对平等主义者来说是这样。所有正义观念都需要容纳这一制度。精英主义同样必须遵从先占规则。一个有活力的文化是一个正和博弈之网，但只有当博弈者将其所拥有的视为他们的起点并从此处继续下去时，一个博弈才是正和的。一个有活力的正义观就将此（以及其他正和博弈的先决条件）视为**它的**起始点。

输掉比赛

当然，先占的问题就在于那些晚来者们不能得到平等份额。这公正吗？那要视情况而定。准确来说，他们少得到了多少？一些契约论思想实验是零和博弈的：先占没有给后来者留下任何东西。比如，在

[①] Ackerman, 1983, 第 63 页。

第四篇　平等尊重与平等份额

阿克曼的花园中，当你获得了两个苹果时（就此而言，也或者是一个），你就给阿克曼或任何稍后到达之人留下的更少了。因此，如希勒尔·斯坦纳（Hillel Steiner）所提到过的①，在平等份额制度下，首批到达者会将新来者视为一个威胁一样，在先占制度下后来者也会将首批到达者视为一个威胁。或至少，若在先占制度中，到得早比到得晚要好时这一情形确实属实，那么后来者将把首批到达者视为一个威胁。

但事实并非如此。与任何发达经济体相关的一个关键事实是：后来者要比第一代资源占用者更为富有。我们今天拥有空前的财富，恰恰是因为我们的祖先曾率先来到这里，并开启了将社会转变成一个彼此互利且共同合作的广泛网络的辛劳历程。先占者们付出了辛劳的代价从而将资源转化成生产原料，（他们的）后来者得到了这一利益。②我们需要意识到，在获得占有资源的比赛中，成为首位占有者的机会并不是奖品。奖品是经济繁荣，以及后来者赢得那些率先到达者后通过长期艰苦工作带来的巨大恩惠。

所以当有人问，"为什么最先占用者们能够保有其所占用之物的全部价值？"答案就是，他们没有那么做。在这个世界上，他们只是保留了一小部分资源，在此过程中增加而非减少了留给他人的资源库存。认为先占规则交付给后来者的少于同等份额，这是错误的。在一个像我们这样的社会中，后来者与那些率先到达的人相比，迄今为止，他们的境况如此良好，确实令人吃惊。③

---

① 在一次对话中提到的，时间为 2000 年 9 月 24 日。
② 参见 Sanders，2002。"为他人留有尽可能多与好的物品"，这一洛克主义的限制条款（Lockean Proviso）曾被认为包含一种阻止原初共同占用的逻辑。（其观点为：世界中存有限的许多事物，因此每个占有者必然为其他人留有的更少。）一系列论文（Schmidtz，1990b；Schmidtz，1994；Schmidtz 与 Willoff，2003）观察到对稀缺资源的占用，以及对其有权使用的规制，恰恰是人们如何避免公地悲剧，进而为将来保存资源的方式，因而原初共同占用符合上述洛克限制条款。当资源充裕时，该条款允许占用；当资源稀缺时，该条款**要求**占用。人们能够占用资源而无损于将来的世代。（因为）确实，当资源稀少时，将资源留置于"公地"状态，则会**毁**了将来的世代。
③ 在此，作者其实是进行反证：按照"平等份额"的观点，在我们这个社会中，后来者比起先到者，他们的境况本不会像现在这么好。由此也就强化了作者有关"先占规则"的论点。——译注

第 24 章 平等的限度

后来者并非**同等地境况**良好，但一个平等主义式抱怨的基础不能够停留于如下观点，即那些比其邻居拥有更少的人，因为第一代占用者们而变得更贫穷了。后来者大体上（或许特别是那些在任何情况下都处于最小受惠群体阶层的人）更富有了，而非更贫穷。

为先占规则奠基

第四篇考量了平等原则能够在一个正义理论中扮演的合适角色。毫无疑问，平等诸原则（像其他正义原则一样）势必要为先占原则留有余地，不过它们也做到了这一点。先占本身不会是一个正义原则，但不是每个问题都关乎何者为人们理所应得。有些时候，问题在于怎样解决有关什么算是人们理所应得的争议。有时我们通过确定谁有权做出决定（make the call）而解决争端。先占在某种程度上外在于正义领域，并且在某种程度上修正正义并使其处于合适的位置。这是因为有时候，谈及什么是人们所应得的，是有助于解决冲突的最后手段。在考虑正义问题时，我们需要明白在一些情况下，我们主要需要确立谁有优先权。

我们不能在缺乏保证我们财产，并进而使我们无法规划各自生活的规则下共同生活。当我们指望着对于先占的普遍遵从时，我们不需要在怀疑中度日，去揣度在一场关于谁将赢得什么的持久战争中，我们将会赢得或失去什么。先占规则是路标，是我们在社会世界中借以航行的路标。

此外，这些路标不仅仅是文化创造物，它要比其自身的意义深远得多。就像任何能够行动的动物在某个程度上理解的那样，先占规则是"待人宽容，和平共存"的规则。先占是所有动物，包括人在内，借此理解什么算作冒犯而什么算作他们自己的分内之事的规则。我们可以在理论上质疑先占（并且在理论上比起辩护来说，更容易批评这一规则），但我们不会也不能在我们日常实践中质疑它。没有先占原则，我们就会迷失方向。

第五篇

对需要的推敲

第25章　需要

"我干完了，老爸！"

"你已经把整个草坪都修剪完了吧，比利？太棒了！干得太好了！我该付你多少薪水？"

"五美元，老爸。"

尴尬的沉默之后，比利轻声地重复道："你说过五美元的。"

"我猜我是说过的，是吧？你知道的，我在想，我意识到我比你更需要钱。所以很抱歉……"

"老爸……"

"比利，不要这样看着我。我仅仅是按照正义的要求行事。"

比利的老爸应该给比利五美元吗？为什么？如果比利的老爸应该给他这些钱，那么这个故事告诉我们什么呢？是正义无关于需要吗？还是说正义并不**仅仅**关乎需要？我们应该说正义是关乎需要的，甚至是仅仅关乎需要的。但人们之所需是否因情境而有所不同？比如，在当下这一情形中，我们可能会说比利的父亲应该付钱，因为毕竟比利十分需要能够信任他的父亲（而不仅仅是钱）。

第26章审视了宏观图景，并考察了在最宽泛的意义上人们需要什么。第27章思考了何时按需分配的问题。第28章关切了当按需分配并非人们之所需时，他们需要什么。第29章反思了在一个功能性小区中，正义规范的地位。

在第30章中，为了避免提出错误的许诺，我需要强调，在此讨

第五篇 对需要的推敲

论需要并不是因为我能够比别人对该概念有更好的讲法，只不过是因为我认为有关需要的主张是正义不可化约的基本要素，并且我认为需要的概念在解释其他的基本要素时能够发挥作用。① 与我关于人们应得的理论相比，我并没有关于人们需要的理论，并且我也不打算假装我有此理论。我会说我不得不说的然后就此打住，希望我不得不说的东西总比什么都不说要好一些。

---

① 杰出的讨论（并不是详尽的列举！），参见 David Miller, 1999a, 第 10 章；Griffin, 1986；Braybrooke, 1987。当然还有 Maslow, 1970。

第 26 章　需要的层级

论题：当我们问什么使一个社会比另一个社会更好时，当之无愧发挥作用的是最广义的需要观念：人类整体繁荣程度。

需要抑或需要主张（need-claims）

假设米开朗琪罗正处于一个棘手的雕刻阶段。他转身向他的助手说："我需要小凿子。"他的助手回答："你**真的**需要小凿子吗？"

这位助手的意思是什么？（1）我们可以想象助手没有探明米开朗琪罗的目的，然而语境使这一切很清楚：米开朗琪罗需要凿子来继续他的工作。（2）我们可以设想助手明白了米开朗琪罗的目的，但怀疑这个小凿子是否适于此目的。如果是这样，那么，这个助手就不会强调"需要"这个词了。她本可以说像"你确定你需要小凿子"这样的话。（3）我们可以设想米开朗琪罗的助手当时所具备的哲学训练很糟糕，虽然能够玩文字游戏，并有能力在需要与欲求之间做出合适的区分，但还没有拥有做出关键区分的智慧。或者（4）我们可以，仅仅是勉强地，想象助手认为米开朗琪罗是根据一个按需分配原则而主张**有**使用一个小凿子的**权利**。

第四种情形是我们真的需要（也即，在我们目的的要求下）在需要（needs）与（仅仅是）欲求（wants）之间做出合适的区分。我们大体上知道，我们在说"需要"这个词时意指什么。（通常，在说我需要 X 时就是说我**现在**想要它。只有在很少的情况下我会说没有 X，

· 175 ·

我就会死。）不管怎样，除了在一个具体语境中出于使用而更为精确的阐释，这一意义大体上与这个词所具有的含义相当。在需要与欲求之间并没有自然的清晰界限。

这不是一个问题。我们不需要一个**自然的**清晰界限。只有当我们需要一个清晰的界限时，一个**人为的**清晰的界限就会产生。在以安全速度驾驶与开得过快之间也没有清晰的界限。我们可以人为地画一条界线，但这没有意义，除非我们想要。比如说，惩罚处于这条线错误一边的人。就如所发生的，我们不想这么做，所以我们**制造**了明确的（bright）法律界限，选择每小时30英里作为住宅区的限速。这一人造的明确的界限，意图刻画安全时速的固有的模糊边界。这对于需要来说同样也是如此。当限定需要主张的界限时，我们制造出了一个人为的明确界限。我们这么做，是因为我们需要米开朗琪罗的**主张**是被明确限定的，不是因为在需要一个凿子和仅仅欲求一个凿子之间存在任何自然明确的界限。

迫切性的层级

在亚伯拉罕·马斯洛（Abraham Maslow）的理论中，有一个需要的层级。由心理学需要形成这一金字塔的底部而由精神层面的超越构成顶端，由安全、归属感、尊重与自我实现构成了一些中间的等级。在这些等级中，任何一个都具有优先地位吗？不见得。它们都各有其作用。[①] 如果米开朗琪罗口干舌燥难以忍耐，那么当然喝水会比任何雕刻的需要更加迫切。在某种程度上，马斯洛的观点是情境决定了哪一种需要是最迫切的。但哪一种需要是最**重要的**？这就是另一个问题了，它与什么算作良好的生活这一问题关系更为密切，而与哪种需要

---

① 安全、爱与尊重的需要是在底部和顶端之间的层级。顺带说一下，马斯洛认为，"伦理学家从对于人的动机性生活的细致研究中借鉴了许多。如果我们最高贵的动机不被视为马身上的缰绳，而是被视为马本身，如果我们的动物性需要被视为与我们最高需要有同样的性质，那么在他们之间如何还能保存有一个清晰的二分法呢？"（Maslow，1970，第102页）

第26章　需要的层级

在任何给定时刻都是最迫切的问题，关系不那么紧密。当一个社会的公民能够满足他们基本的生存需要时，这个社会是更好的。当一个社会的公民能够眼光长远地探究什么是真正重要的时候，这个社会也是更好的。马斯洛的"需要金字塔"的底部之所以重要，部分原因是它的顶端很重要。

一些情景（比如，当我们为人们基于权利可以主张什么来构建理论的时候）需要我们创造一个狭义的、精确的需要观，而随着需要的出现，我们着手此工作。① 如果我们不是探究米开朗琪罗的需要主张，而是仅仅探寻基本结构能够使米开朗琪罗将需要满足得如何，我们就会获得更多信息，如果我们考虑了整个"需要金字塔"而非在任意高度对之进行砍削的话。当我们想知道一个社会使米开朗琪罗之所需满足得如何时，我们能自由地去问这一直白的问题：米开朗琪罗需要什么？我们会承认我们有不同的目的，而且不同的目的意味着不同的需要。只要米开朗琪罗没有主张我们满足他需要的权利，我们就可以承认，在一个真正的、重要的且明显的意义上，米开朗琪罗需要雕刻。

客观性

由米开朗琪罗、小凿子，以及米开朗琪罗将要使用这个凿子的目的所构成的三方关系，隐含于需要之中。在此关系内，米开朗琪罗需要一个小凿子是客观的。当米开朗琪罗说他需要在其雕刻的下一阶段中使用这个小凿子时，这一陈述是具有确定的真值的；这与米开朗琪罗说他需要橙汁以避免坏血病是一个道理。

这一客观性的测度是有代价的。如果我们说需要一个三方关系，即由一个人，一个被需要的物，以及一个此人需要此物的目的所构成的三方关系，那么这就暗含着我们认为需要本身缺乏独立的道德权

---

① 比如，就像高尔斯顿（Galston, 1980，第163页）对这个词的定义，"需要是满足迫切性目的的手段，即使该目的不是被普遍地（universally）意欲，那么它也是被广泛地（widely）意欲"。

第五篇　对需要的推敲

重。我们对于 X 的需要与我们需要 X 的目的 Y，具有同等的权重。[①] 或许这不是一个主要的代价；因为就我所知，且不论是否有任何事情**需要** X，我们不认为由于需要 X，所以 X 在道德意义上是重要的。

[①] 戴维·米勒（1999a，第 206 页）说我们不能总以"但你需要 Y 吗"来回答"为了 Y 我需要 X"。就如米勒所认识到的，这显示了有一种非工具性的需要感。如果一个人需要 X 来避免被伤害，那么 X 就是一个内在的需要。我们不需要探究"但是你需要避免被伤害吗"这一问题。

第 27 章　作为分配原则的需要

论题：只有在通过自检（self-inspection）测试后，才可适用按需分配

通过自检

按需分配并不保证满足所有的需要。据我所知，按需分配恰好有一个理由。这理由就是：按需分配能够解决问题。① 按需分配的意图并不在于证明我们心存善意，而是要满足需要。

当按需分配不再是人们的需要时，人们应得到他们之所需的观点就阻止了**按照**需求进行分配的行为。在这种情况下，以需要为基础的分配就必须通过自检。

如果父母应该满足他们孩子的诸需要，他们也合情合理地可以做到（并且如果孩子确实应得那么多），那么在此情形中，正义就关乎按需分配。但是正义并不总是要求基于需要的分配。"剪草机案例"（第 25 章）从表面上看就是基于需要的分配未能通过自检的情形。在"剪草机案例"中，比利**需要**从他父亲那里得到的是对于下述情境的认可，即该情境要求根据权利进行分配，而此权利像是更直接地植根于互惠性而非需要的原则之中。基于需要的分配未能通过自检，

---

① 这并不是说以需要为基础的分配必须要满足所有的需要。相反，它必须满足具有正当性的需要。同时，也不是说通过自检，对于正义的、以需要为基础的分配而言就够了，这仅仅是必需的。我感谢亚瑟·阿波鲍姆（Arthur Applbaum）的提醒。

因为替代性原则经常更有益于人们满足他们的需要。

培养满足需要的能力

假设根据规则，金牌应该给予跑得最快的选手。然后有人就建议说改变规则，把奖牌给最需要的跑步选手。这将会发生什么呢？如果你想要在百米短跑中冲刺，你的速度会得到回报。当我需要得到回报时候，我们正试图付出了什么呢？关键在于：很多情境下，按需分配并不使人们得到他们之所需。它引发人们做**显示**需要的而不是**满足**需要的事。

如果满足需要确实至关重要，那么原则 P 的检测就并不是该原则是否能够使诸需要得到某种程度的满足；而是说，制定原则 P（即认可 P，或依此行事）是否增进了满足需要的能力。简而言之，如果我们在意需要（如果我们**真的**在意），那么我们便想让社会结构允许并鼓励人们做满足需要的事情。纵观历史，能够有效满足需要的社会总是那些认可并回报能够使人们满足需要的生产能力的社会。

从长远来看，大规模的以需要为基础的分配，从不是普遍改善人们贫困的关键。即使改善贫困就意味着满足人们的需要，我们仍然不想让薪酬奖励，比如，从我们实际满足需要之物，亦即生产性工作中分离出去。我们仍然想让资源实质上根据生产力来分配。①

初级规则和承认规则

有另一种方式用来阐明需要的双重角色。我在书中别处依赖哈特在初级规则的和次级规则之间做出的区分。② 在哈特的法学理论中，初

---

① 我此处的意思并不是说，在满足需要中生产力的角色与生产者应得之份的薪酬之间仅有一步之遥；相反，重要的是这一元伦理学（或先验的）的观点，在整本书中被提出来。我们不是以功利主义路径证成一个结论；我们是在证成一个胜过功利主义的特定观念。

② 参见 Schmidtz, 1995, 第二部分。

第 27 章　作为分配原则的需要

级规则就是我们通常认为的法律。它们规定我们的法律权利和义务。次级规则，特别是承认规则，告诉我们什么是法律。所以在我家乡的初级规则中，一条要求限速在 30 公里每小时的规则即是法律。我们借以识别出限速的次级规则是：看指示牌。超速是违法的，但是没有更进一步的法律约束我们去看那些写着限速的指示牌。只要我在限速内，警察就无须担心我是否看了指示牌。在看指示牌时，我们遵循的是次级规则，而不是初级规则。

承认规则并不是至尊行为规则。它们并没有优先于行为规则。它们在冲突中并没有**取胜**。比如说，"看指示牌"可能是这样的规则，通过它，我们可以认清道路规则。但是如果我们发现自己在这样的处境中，在其中，遵循限速将会阻碍我们看交通标识（可能一辆卡车会挡住我们的视线除非我们加速超过去），这完全不会使限速规则无效。高速路巡查队通过公路规则来判断我们的行为，并且如果我们说自己是出于约束我们去看指示牌的高级法而违反道路规则的，他们丝毫不会被打动。

因此，道路规则、限速等诸如此类的规则，并不能最终还原到，甚至不能符合一个宣称"看指示牌"的最高规则。承认规则的目的仅仅在于给我们一个理由，认为道路规则要求这件事而不是另一件事——是该限速而不是另一个限速，等等。如果并没有标识帮助我们识别出道路规则（如果我们仅仅知道存在着道路规则，并且它们的最高目的在于鼓励我们安全驾驶），那么我们将会处于那种经常身处并关乎正义原则的情形中。很少有明显的标识来指示在哪一个环境下运用哪一个正义原则；但是我们确实知道，如果我们想要为我们的正义观念**辩护**，那么我们必须超越正义。正如上面指出的，我们需要一个论证，且该论证并没有预设我们将要讨论的观念。

作为承认规则的需要，它可以胜任这一角色。行为的规则（应得原则、互惠性原则、平等原则和需要原则）借此得以被识别；承认规则即是做出识别。需要作为承认规则将不会预设任何行为规则（包括以需要为基础的分配原则），后者构成了我们当下在评价的观念。特别是，我们用作承认规则的需要观念并没有预设如下观念，即

第五篇 对需要的推敲

我们在构成充当行为规则的需要原则中的需要观念。需要的主张，由于被构建到**行为**规则之中，将或多或少地以人为的方式被加以截取。换句话说，一个理论如何以及是否包含按需分配原则，将会取决于按需分配何时以及是否真的是人们之所需。也即，取决于某些需要主张在何时以及是否能够有助于人们在一起生活得更好。

需要在作为承认规则发挥作用时，它自身会带有一些多元主义的色彩，这在一定程度上会成为一个难题。如果我们不能够判定在一个人的需要层级中哪一层是最重要的（如果我们不能够确定，共同生活的关键是在于确保我们不会挨饿，还是给我们进行雕塑的机会。），那么它将会导致我们好像拥有多张地图，而其中没有一张能够确保没有错误。尤其当我们从短期来看，我们可能会发现在元理论层面的迫切需要之物陷入了冲突；我们可能发现我们自己必须要在有益于米开朗琪罗和帮助最小受惠者之间做出判断。而长期来看，尽管我们的孩子可能需要的（不仅仅是有保障的收入，不仅仅是维生素，不仅仅是接种疫苗，的确不仅仅是任何事情）是生活在一个促进杰出的文化之中。在这种文化中，高成就者持续地创造更好的方法去满足所需要的一切——维生素、疫苗，诸如此类他们的同胞可能需要的物品。

在对正义加以理论化的表述中，我提及需要观念可以在两处发挥重要作用。首先，一个合适的**狭义**的需要观念告诉我们，需要主张最好被视为正义的一个基本要素，它不可被还原为基于应得、互惠或平等而提出的主张。其次，一个合适的**广义**的需要观念可以作为承认规则。通过这个规则，我们可以挑选出值得被识别为真正的正义原则的规则。一种外部性的观念（为了能够共同地良好生活，我们需要将之内化）同样可以作为承认规则，成为我们选择支持这一种而非另一种正义观的理由。如果我们确实有独特的理由来支持下述做法，也很不错，也即对于一切问题都给出简洁而明确的回答；但我们并没有这种独特的理由，并且一种好理论并不佯装它有此理由。

第 27 章　作为分配原则的需要

讨　论

若一个学生需要"A"才能进入医学院,那么她应该得到她所需要或者应得的吗?为什么?出于论证之便,假设除了需要之外没有任何的事情相关。这会意味着包括我们有抱负的脑外科医生在内,都应该得到她之所需而不是她所应得的吗?(这里的普遍教训是什么呢?)

第28章　超越数字[1]

论题：人们需要知道对于彼此可以相互期待什么。

电车抑或医院

增益价值（你尽可能地做好）是唯一重要的事情，还是说**尊重**价值是一个独立的理念？在什么条件下它们会彼此冲突？[2] 如下是两则著名的哲学思想实验。

电车案例：一辆正在轨道上滑动的电车将要轧死五个人。如果你把电车转换到另一个只有一个人的轨道上，那么你就会救了五个人而杀死一个人。

大部分人会说你应当转变轨道杀死一个人而救五个人。再同下述案例作对比：

医院案例：五个患者将因缺少合适的器官捐献者而离世。一个 UPS（United Parcel Service，美国联合包裹运送服务公司）的快递员被送入医院。你知道他对于所有五位患者来说是合适的器

---

[1] 感谢吉多·品乔内与杰拉德·高斯就这一章有益的邮件。
[2] 这一问题是道德哲学中的核心难题，有为数众多的猜想。Andrew Jason Cohen (2004) 区分了不干涉自主性的义务与增进自主性的义务。

第 28 章　超越数字

官捐献者。如果你绑架了她并且摘取了她的器官，那么你就会救了五个人而杀死一个人。

人们的直觉在此会有所不同。在学生中（以及美国国会人员，还有我有时作报告的研讨会上），我非正式地做过民意测验，对于医院的例子几乎所有人会回答说，总之，你不能绑架并杀人。就是这样，即使是出于救人目的也不能这么做。在去哈萨克斯坦的旅途中，我向 21 位来自苏联九个加盟共和国的教授讲述了以上两个例子。他们的回答是相同的。这是为什么？难道这两个例子真的如此不同？在什么意义上他们如此不同？

电车案例告诉我们数字很重要。尽管医院案例似乎和电车案例共享着逻辑结构，可它把我们导向了一个不同的结论。这是为什么？研究文献讨论了一些差异，但其中有一个差异是我尚未听到有人提及的：医院的例子告诉我们，有时重要的是，能够相信别人把我们作为不同的个人而尊重。如果我们不能信任彼此去承认我们都拥有我们自己的生命，那么医院也不会存在，并且更广泛来说，我们不可能共同良好生活。医院案例显示出，有时我们得到的最好结果（亦即一个人们共同良好生活的共同体），与其说是我们有意为之的，倒不如说是源自我们值得信任而自然获得的。因为我们值得信任，所以人们能够规划以互利的方式彼此相待。

在对于电车案例所进行的简要的功利主义式思考中，一切重要的就是数字。但是在一个更加现实的制度性的情境中，譬如医院案例，我们直觉性地捕捉到了一个更基本的问题。也即，如果我们并不认真对待权利以及个人的个体性，那么我们就不会获得正义；事实上，**我们甚至连好的数字都得不到**。

行动还是实践

一种广义的结果主义理论需要以超越功利主义计算的方式来处理一些主题。即便从一个广义的结果主义视角来看，权利会优于（不仅仅是更重要于）功利主义的计算。为什么呢？因为从一个结果主

第五篇　对需要的推敲

义视角来看，结果是重要的；并且作为一个经验性问题，将一些参数视为是固定的，甚至不允许在个案中加以功利主义考量，会带来巨大的效用。

根据定义，无限制的最大化功利论者，会以最佳方式使用任何他们能够获取的资源，包括他们邻居的器官。然而，为了在真实世界中获得良好的结果，我们需要的不是被无限制的最大化论者包围；而是要有这样的人在我们身边，即尊重权利，并进而使我们能够有一个信任与期待体系，使我们能够共同将我们的世界转变为一个具有更大**潜力**的世界（一个运输公司愿意为医院服务的世界）。当我们不能够信赖他人会将我们视为具有个体生命的权利载体时，我们就生活在一个潜力较少的世界。

172　　约翰·斯图尔特·密尔（John Stuart Mill）令人瞩目地观察到，相比于成为一头满意的猪，成为一个不满意的苏格拉底要更好。① 当然，在其他条件相同的情况下，击中最佳目标要比其他情况会更好。另外，密尔的洞见恰在于其他条件并不相同。如果我们的选择是在如下两者之间做出——充分利用恶劣的环境与不那么充分地利用一个优越的环境，我们或许会倾向于选择后者，并成为一个不满意的苏格拉底。密尔想要让他的社会获得尽可能多的效用，因而他认为比起确保每个行动达到效用最大值来说，生活在一个效用上限更高的世界中是更为重要的。密尔是正确的。②

---

① Mill, 1979, 第 2 章。
② 根据杰弗里·赛尔—麦科德（Geoffrey Sayre-McCord, 1996）的看法，休谟（Hume）甚至更强烈地坚持特殊情境的结果不是像一个普遍规则那样起作用。根据赛尔—麦科德的"包豪斯"（Bauhaus）理论，我们在道德上并不支持基于他们实际拥有或被期待拥有的效用而具有的特点，我们支持如下特点，该特点基于他们在标准情形下**将会**拥有的效用。一个相关的情形是：我们的注意力会聚焦于那些通常会与具备该特点的人互动的人身上。"我们将我们的视野限定在那一狭窄的圈子，其中的任何人都可以为了形成对于他的道德品格的判断而移动。当他的激情的自然倾向，使得他在他的层面内是可利用的与有用的，我们就赞美他的品格……"（Hume 1978，第 602 页）最后，休谟的价值理论是多元性的，允许不可通约以及非集合性，这就允许了休谟主义者认同罗尔斯与诺奇克这一预设，即反对为了其他人而牺牲少数人。赛尔—麦科德支持如此解释的休谟的理论，成为我们所支持的一种论述同时也成为我们有理由支持的一种论述。我于 Schmidtz（1995）一文中开始提出我的道德理论。我所称的道德的制度构成同赛尔—麦科德包豪斯理论相似。多年来，杰夫与我对此主题已有多次谈话而我很难猜测我的观点中有多少是来源于他。

第28章 超越数字

一切最优化的事情都会涉及一系列的限制与机会。对我们的一些限制或许就是外在世界的原始事实,但绝大多数限制在某种程度上是自愿施加的;一些限制会反映出我们对于道德要求的信念。(我们在有限的时间内寻找一所公寓,以有限的金钱去吃一顿晚餐,以及还有一些事情是我们不会为钱去做的。)[①] 我们或许受到限制,不可以实施谋杀——这一限制既来自我们的选择,也来自外部事实,比如,乔有保镖在身边。如果人们能够信赖我们不会谋杀他们,就会打开新的可能性的大门——人们拥有了未曾有的机会。相反,如果人们**不能**指望我们不实施谋杀,那么我们的谋杀行动在此情形下就会十分可能,即谋杀行动会达到效用的上限。但这上限本身将要比谋杀被排除时更低。[②]

当禁止未征得患者同意而摘取健康患者器官的法令获得医生的支持时,医生放弃了最优化的选项——达到效用上限的机会,但**患者**获得了安全问诊的机会。他们获得了一个有更高效用上限的世界。这样的效用来自医生甚至拒绝去探寻杀一个患者是否会达到最佳化这一问题。

但如果你的医生真的能够通过杀一个人而救五个人怎么办?难道允许你的医生这么去做(仅此一次)的规则,不是能带来最好结果的规则吗?把这一问题与罗尔斯提出的问题相比:在棒球中比赛,击球手可三振出局。但如果有这样的一个情形,仅此一次,即如果击球手四振出局会更好,那会怎么样?[③] 罗尔斯的深刻见解在于,该问题假设了将"三振出局"作为经验规则(a rule of thumb),并在个案中得到具体评价。经验规则就意味着是"必然被打破的规则"。但在棒球比赛中,"三振出局"是一个实践规则(a rule of practice),而非

---

① 参见 Schmidtz, 1992 或 Schmidtz, 1995, 第 2 章。
② 认为一个真正的功利主义者将会把一切纳入考量,就是说一个真正的功利主义者将不会像考虑行动的结果那样去考虑实践的结果,那些实践允许某种行动而非其他行动,因此使公民们能够做出某些规划而非其他规划。这我是同意的看法。我的观点只是一个真正的功利主义者在此意义上并不是一个行动的功利主义者(act-utilitarian)。
③ 参见"两个规则概念"(Two Concepts of Rules),重印于 Rawls(1999b)。

经验规则。如果一个裁判在一次例外情形下允许四振出局，那么棒球比赛就无法像先前那样进行下去了。

秉持"经验规则"的功利主义者们会认为，并且甚至相信，他们也尊重禁止谋杀的规则，然而他们对待是否服从这一规则的问题则是具体问题具体分析的。相比之下，秉持"实践规则"的功利主义者甚至不愿去**过问**具体情况下具体行动的效用如何。面对违反一个规则将会获得更多效用的情形，实践规则功利主义者会说，"我们的理论通过探寻何种实践具有更大的效用来挑选出替代实践（诸如，三振出局与四振出局）。而对这些实践而言，即便是裁判也无权在具体情形中做出应该选择哪一个的判断。我们的理论**禁止**我们以一种更特例化的方式考量结果。我们不需要给出理由，但如果要我们说的话，我们会说我们被禁止以更特例化的方式考量结果本身会带来更好的结果。首先，它就给予其他人理性地相信我们的选择权。"①

类似医院案例的例子，我们会怎么认为呢？在这些例子中，我们确定没有人了解我们曾做了什么，因此也就确定我们的行动将不会破坏信任吗？或许这没多大关系，因为我谈及的是这样的世界，在其中我们确信医院案例将永远不会发生在 UPS 有限公司身上；而并不是想知道所有一直给我们寄送包裹的快递员身上正发生了什么。但不用多说，真实世界的道德在某种程度上有该案例的影子，因为真实世界充满了不确定性。

一些功利主义者觉得这是一个谜：为什么道德会包含超越于尽其所能地追求利益最大化这一要求的限制？② 不过从制度性视角分析，不存在什么未解之谜。道德制度限制了对于利益的追求，因为利益是个人追求之物。如果利益得以实现，那么各种制度——法律、政治、

---

① 规则功利主义拒绝将它的原则直接应用到行动的规定中去，这难道不奇怪吗？不会的。康德的绝对律令规定了准则（maxims）而不是行动。幸福主义（Eudaimonism）规定了美德，而非行动。就道德哲学史而言，是行动而非规则功利主义步调不一致，导致我们描绘出一幅令人难以置信地过分简单化的道德生活图景。

② 参见 Kagan, 1989, 第 121—127 页。Scheffler, 1982, 第 129 页表达了同样的怀疑，尽管在其他方面，他与功利主义并不相同。

第 28 章　超越数字

经济与文化制度——一定是受到了正确规制,以便使个人能够以有助于普遍利益产生的方式而追求个人利益。

在面对真实世界复杂性时,就理性行动者与道德制度如何运行而言,二者间存在相似性。比如,个体采用满足度策略来追求特定的目标。他们对局部目标施以限制以便使得他们的多个目标之间更能彼此和谐,并进而使生活尽可能整体得到维持。① 同样,道德制度获得最好的结果也并非仅仅针对最好的结果,而是通过对于个体追求加以限制从而使多个个体追求间能够彼此和谐。通过为个体间互利创造机会,并相信个体能够充分利用此机会,制度(比如,医院)充分独立地服务于公共的善。这就是(即使从功利主义角度而言)制度中如何存在道德命令并服务于公共的善;且该命令没有坍缩为让普通道德行动者最大化效用的命令。事实上,从两个方面而言,制度的效用是基于信任的。首先,人们必须能够相信他们的社会将他们视为权利载体。其次,社会必须反过来相信人们能够运用他们作为社会中权利载体所拥有的机会。

我心目中这种结果主义使我们不要去最大化效用,而是尊重既存的习俗与确实有效用的制度安排。一个反思性的结果主义道德不是关于以一比五的问题,它甚至也不是关于成本比收益的问题。它关乎我们如何对待我们的生活,从而使我们为彼此睦邻而居感到幸福;它关乎以此方式对待我们自己的生活,即帮助而非阻碍我们邻里的努力以使其继续他们自己的生活。

思想实验

比起医院案例来说,哲学思想实验更倾向于像是电车案例,但现实世界则更像是医院案例。这里存在一个问题,由电车案例的类似例子所激发的直觉,对于医院案例这样的例子而言是一种错误的指引,即使这两个例子中处于危险境况中的人数是一样的。电车案例抽离了

---

① 参见 Schmidtz(1992)。

第五篇　对需要的推敲

对于医院案例来说重要的东西。当我们想到医院案例时，我们明白，在这个世界上，人们不需要不确定性。他们并不需要被无限制地最大化者包围，他们也不需要完美的正义。但他们确实需要能够平静地继续他们的生活。**他们需要获悉可以从彼此中期待什么。**[①] 并且当他们试图去合作，并因此而彼此协调一致而非处于竞争时，他们也需要让**他人**了解可以从**自己身**上期待什么。他们需要具有可预计性。这是一个事实，它大体上同人们需要维生素 C 一样具有客观性。这并没有假设一个正义观。相反，这是发展出一个正义观的理由。[②]

将直觉依照不同情形加以分类是一回事。当我们对于我们**为什么**会有此直觉做出理论表述时，我们也冒着背离直觉的风险（也是此时我正经受的风险）。然而，大部分人对于电车案例与医院案例有着不同的直觉，并且这并非因为数字在两个案例中有所不同。数字是一样的。还存在一些其他因素。医院的案例告诉我们，有助于我们共同生活的大部分事物不是起始于最优化效用，而是仅仅起始于我们能够彼此信任。

一个"质朴的"回应

无论我去哪里，无论我的听众是否由当地学生、国会议员，或者独联体的教授组成，当我说出电车案例并问他们是否会转换轨道时，

---

① 当我说我需要获悉可以从彼此期待什么时，我不是在思考期待本身，而是在想能够帮助我们作为自由和负责任的个体共同生活的期待的内容。就如亚瑟·阿普鲍姆（Arthur Applbaum）（2004 年 5 月 8 日，布朗研讨会）所强调的，在适当的预警下，我们能够就累进税制、国家健康服务、租金管控、军队征兵、奴隶制以及强制器官捐献达成期待。阿普鲍姆的核心观点在于：**知道**你的税率是一个政治性难题这件事，不像是你知道你的税率是固定的而你无须担心。一些期待使我们的精力投入正和博弈中，而另一些使我们赢得零和博弈。当然，如果我们**处于**零和博弈中，那么知道我们处于其中会更好，但更好的是知道我们并不身处其中。

② 赛尔—麦科德的洞见之一（1996，第 280 页以下，参见中译本第 186 页注释②）就是，即便当我们意识到不处于标准情形时，我们依旧会产生（正义的）直觉。我们可预计地总是会摇摆不定这个现象本身通过了"包豪斯"检验。这是为什么？因为我们直觉的强度使得我们更容易理解，帮助我们获悉可以从彼此期待什么，因此有助于我们更好地一同生活。

第28章　超越数字

大部分的人会说，"还会有别的方法！"一个哲学教授对此的第一反应是，"请您继续停留在这个话题上吧，我正试图在此阐明一个道理！为了阐明这个道理，你需要决定，当这里没有其他方法时，你应当做什么"。然而，当我把这个例子说给来自独联体的教授班级时，在他们彼此简短地谈论后，其中有两人平静地说（同时其他人点头表示同意），"是的，我们理解。我们以前曾听过这个例子。在我们的一生中，我们都被告知少数必须为了多数的利益而牺牲。我们被告知没有其他的方法。但是我们所被告知的是一个谎言，总存在其他的方法的"。

我越细致地思考这一反应，就越深入地意识到这是多么正确。真实的世界并没有假设其他方法不存在。（你，或者任何你所了解的人，曾处于一个同电车案例一样悲剧的情境吗？为什么没有处于呢？是你非同寻常地幸运吗？）无论如何，我现在于质朴（untutored）的高妙见解中看到了更多的智慧，亦即在电车案例中，尚存在先前未提及的其他方法。[1] 就如罗尔斯与诺奇克（以不同方式）所说，正义关乎尊重个人的个体性。如果我们发现我们自己似乎被要求为了多数而牺牲少数，那么正义就关乎找寻到另一种方法。

---

[1] 大部分的讨论探求了作为与不作为之间的差异。一些讨论涉及到了双重影响学说：亦即作为获得某种结果之手段的谋杀（医院例子），与杀人作为某个基于其它理由而不可抗拒行为之可预见但并非所意欲结果之间的差异（电车的例子）。参见 Foot, 1967。有关作为与不作为的概述，参见 Spector, 1992。有关"医院类"例子的经典讨论，参见 Thomson, 1976。（双重影响学说，指的是讨论一个行为在引发重大伤害的同时，也会带来某种利好，那么该行为是否得到允许的学说。——译注）

第 29 章 我们需要什么？

论题：一个正义的观念即是成为一个好邻居所需要的观念。

发达的经济

我们需要什么才能使我们的孩子生活得更好？在最宽泛的范围中，我们最需要的就是发达的经济。仅当新的世代处在一个经济发达的年代，他们易于比先前世代更富裕。新的世代或许并没有意识到他们过得很好——每一代人都想象生活在过去的日子更加简单——但是他们事实上确实过得更好了。

在一个研讨会上，有人提出托马斯·阿奎那几乎不需要物质财富来使生活变得更好。而且我对生活在发达经济体的依恋忽略了该事实。① 这是一个有趣的例子：我们同意阿奎那的一生（1225—1274）短暂却美好。可是，阿奎那位列当时社会中**最**具优势人群之列，非身处最小受惠群体之中。在一个物质匮乏的社会中，主教生活得很好是一回事，但最小受惠群体生活得足够好是另一回事。

和平的文化

我们需要的第二个条件是在一个和平的文化中长大成人。该文化

---

① 2004 年 4 月，以"资本主义与道德"为主题的教堂山研讨会（Chapel Hill Workshop）。我要感谢 Chris Morris 随后的回复。

第 29 章 我们需要什么？

的关注点是眼下我们可以发展到什么地步，而非在过去谁不公正地对待了谁（或者更糟糕的是，去关注谁的祖先不公正地对待了谁的祖先）。我们必须承认的是，不能指望在两件错事中产生出正确的事。为什么呢？因为错行并不会在第二件中结束；如果我们做了第二次，那么就会导致第三次，以此类推下去。家族血仇中的各方都认为他们自己的复仇行为不过是使得"双方扯平比分"。但是我们的历史被那些无法解决的"比分"纠缠。除非我们承认当务之急是往前看而不是解决旧账，否则我们便无法前行。同时我们也算不清楚这些账。

178

个人责任的文化

我们需要的第三个条件是在一个具有个人责任的文化中充分成长。根据我的理论，我们评价一个社会，并不是十分看重人们是否得到他们应得之份，而是更多地看人们是否做了什么以应得他们之所得。后一个问题使我们把注意力较少地放在形而上学的考虑上，而更多地放在人们可以做什么的方面上。根据我的理论，孩子们有应当得到满足的需要。社会需要负起责任，或者让父母负起责任，通过努力来满足他们。社会同样需要培养这样的规范，从而把成年人当作一项值得尊重的成就加以对待，并在一个新的成年人的需要基本变成他或她自己的责任的时候加以鼓励。如果我们鼓励我们的孩子们自视为有权依靠别人承担的费用生活，那么我们会吃惊于鼓励这一期望所带来的弊端甚于益处。

基本的善行

如果有我们需要的第四个条件，那将会是以基本的善行直面人生的挑战，并因此不再把生活看作一场零和博弈。当一些人比另一些人做得更好时，即使**每一个人**的预期寿命都已翻了两倍，但一些人仍坚持把剩余的不平等当作一些人以他人为代价获利的证据。罗尔斯认为，"很清楚的是，社会不应该对那些初始时期已经更有优势的人提供最好服务"① 不过在此，一种宽和的解读是，罗尔斯仅仅考虑了如下情况，即社会以较少优势者为代价，为更有优势之人提供最好服务。若认为社会这样做**是常态**，就是以零和博弈的眼光看待问题。

成为一个好邻居并不等于是一种牺牲。

我们不需要完美

一个社会的正义观就像人的脊柱一样，它是对衍化中所遇问题的功能性回应。如果脊柱的设计是一个工程的问题，那么我们会说从功能性的视角来看，人类的脊柱是次优的（suboptimal）。因为从一开始，我们就会把它设计的不同。但我们并不是从一开始就进行设计的。

即使我们可以重新开始，通过我们重新设计而解决的问题将会成为我们今天面临的问题，而非我们明天将要面临的问题。如果一个设计此时此地是最佳的，那么它不久后将会**变成**次优的。如果我们有经过工程设计的脊柱，以应对我们祖先生活在树上时所遇到的问题，即使在那时是最优的，那我们的脊柱设计在今天就会变成了次优。有时候，我们最多能做的，就是让我们社会的不完美的规范随同其所要解决的问题逐步演进。当然，如果现在正纠缠我们的问题的解决方案并不能随着该问题发展而演进，那么它就并非一个真正的好的解决方案。

在生物学的领域，那种使一个种群能够更精妙地适应一个独特生态环境的特点，在局部生态环境衰亡的时候也易于随之消失。存留下来的特性是那些能够使种群更有适应性的特性——那些能够在旧的环境衰亡的时候使种群迁移进新的环境中的特性。我认为社会正义的规范亦复如是。关键并不在于此时此地有一个完美的能够解决问题的方案，而是让我们能够在当下应对问题且不会抱有某些期望，因为这些期望将会阻碍我们对新问题和新机遇的适应能力。（想象一条规定所

---

① Rawls, 1999a, 第 88 页。

第29章 我们需要什么？

有员工都有不被解雇的权利的法律，即使他或她的工作是制造不再使用的无线电天线。在充满了不停变动的可能性的世界中，员工必须与时俱进，以便保证自己真正有用。）①

正义的一部分内容（地形，并不是地图）将要得到修正。比如说，正义通常是关于什么是人们所应得的。并且因为正义通常关乎什么是人们所应得，所以它将永远不会是惩罚无辜。正义的某些部分或许无法分析性地被建构于概念之中，也不可能会永远不变，但排除这些部分的正义理论是很难令人们信服的。所以据我所知，正义总是和应得、互惠、平等以及需要相关。②

结 论

我刚刚探索完一个并不打算解释一切的理论的前景。该理论以不同的工具来解释相应的问题。可能有人某天构想出一个有关正义的大一统理论，用来回答所有可能的关于正义的问题。不过我并没有这样的理论，并且我怀疑正义作为集合概念的性质，是否会阻碍形成这样的大一统理论。

我论证道，正义不是一个单一的事物，并且构成正义的要素反过来也绝非单一的事物。我说过若想评估有关正义的建议，我们可以试图让特定的机构根据特定的正义观运作。此时我们可以探究有机会付诸实践的正义观产生了什么影响。我并没有假设我们会就我们所想要发生的，甚或当某个正义观有机会付诸实践**后**，**已然**发生的全然达成

---

① 第二、三、四篇中并没有集中讨论正义能够随着问题的发展而演进，某种程度上是因为我起先动笔写就了这些内容。（这本书的写作一直持续着，足以被视作不断演进的产物。那些写了很久才完成的书存在一个问题，他们的作者后来学会了自己年轻时候并未学会的看问题的方式。有读者翻开一页发现基本术语都被以完全不同的方式使用，因为这两页是若干年前写的。）

② 如果正义的规范在演进，并且如果和生物进化的类比确实意有所指的话，那么正义规范所扮演的不同的角色将会和身体器官扮演的角色一样丰富。在最一般的层面上，所有的器官都起到了相同的作用，即复制，但他们仍然发挥着不同的功用。我这个想法要感谢 Matt Bedke。

共识。然而我们可以赞同的是,增进繁荣而非贫穷是一种好处;是一种我们应该探寻我们的制度实际上如何运作,而不只是做出理论表述的足够重要的好处。

第六篇

分配的权利

第 30 章　思想溯源

　　包括本书在内，讨论正义的当代哲学著作的议题，都为约翰·罗尔斯与罗伯特·诺奇克于 20 世纪 70 年代所设定。诺奇克认为，"政治哲学家现在要么必须在罗尔斯理论框架内工作，要么解释为什么不这样做的理由"①。这种赞美有恰如其分之处，不过在解释为什么不在罗尔斯理论框架内工作时，无人可出诺奇克之右。

　　罗尔斯在（《正义论》出版后）接下来的 30 年里首先回应诺奇克的批评，接着是回应一系列的、来自各个方面的批评。这在某种程度上是因为，没有任何简短的讨论能够捕捉到罗尔斯演进中的理论的每个细微差异。乔恩·曼德尔（Jon Mandle）在近期一本讨论自由主义的著作中，以长达 133 页的篇幅为罗尔斯理论提供了的一个"概览"，这意味着试图以几个段落的篇幅总结罗尔斯理论，是一项多么吃力不讨好与不可能完成的工作。② 然而，就如本书先前部分所清晰展示的，我的理论表述，同当今大部分有关正义的理论表述一样，部分上是对于罗尔斯与诺奇克的一种回应，因此第六篇的目标是考察他们的理论如何有助于形塑本书亦蕴于其中的理论传统。当然，智慧仅仅从一代传递到下一代，之后被鹦鹉学舌般地重复，逐渐就不再是智慧了。因此，我就以其所是来对待罗尔斯与诺奇克：他们是具有重要洞见的思想家而不是神。③ 每一代人都必须再学习与再创造。

---

① Nozick, 1974, 第 183 页。
② Mandle, 2000。
③ 我感谢比尔·埃德蒙森（Bill Edmundson）这一想法。

第六篇　分配的权利

第 31 章重构了罗尔斯理论之直觉可感的核心。就如第 32 章解释的，诺奇克意识到哲学家已然心照不宣地假设正义诸原则一定是"被模式化的"。在诺奇克呈现的供选择的历史理论中，修正原则起到了突出的作用。第 33 章详尽解释了这一点。第 34 章探索了在任意性与不公正之间的分歧。第 35 章探寻的是，如果我们的目标将是阐明一个纯粹程序性的正义观，那么我们如何重新设计一个罗尔斯式的思想实验。

第31章　罗尔斯

论题：罗尔斯研究哲学的方式，亦即他对于什么才算是一种论证的看法，与我有所不同。然而罗尔斯推动了这一学科的发展，他已取得了进展。

功利主义的一个替代方案

根据罗尔斯所言，我们应该把社会看成一个为了相互利益而共同合作的冒险。合作使我们能够繁荣，但是我们每一个人都想分得合伙中的更大的份额，所以合作不可避免地陷入了纷争。一种解决纷争的方法就是为了最大化总体效用而分配成果。然而这种提议未能意识到的是，进入合作冒险的个体是独立的个人，他们为这些冒险贡献力量为的就是追求他们正当的希望和梦想。未能尊重他们独立的计划和贡献是不正义的。① 这可能是该理论**唯一**根本的不正义性。

标准的功利主义形式允许——当然也要求——为了多数而牺牲少数，（就此而言，或者恰恰相反）若这样做会增加总体效用的话。然而罗尔斯却说，当一个人的所得是从一个人的所失中而来之时，若仅仅因为依据胜利者之所得比失败者之所失更多，那么我们很难为此交易的正当性做出辩护。对罗尔斯而言，正义不大像功利计算的结果，

---

① 确切来说，人与人彼此之间有多么独立呢？罗尔斯像共产主义者与女性主义有时说的那样，假设人们都是自给自足的鲁滨孙·克鲁索吗？参见 Andrew Jason Cohen, 1999。

而更多像是一个讨价还价的过程。理性的订约者彼此照面，就约束彼此在未来互动的制度架构中相互沟通；同时他们清楚，没有谁有义务为了他人的成功而使自己受损。他们需要一个体系来保证所有人的利益——这种体系不会为了更大的利好而牺牲任何人。

无论我们怎么看待罗尔斯的全部理论，这是一个真正的贡献：罗尔斯成功地阐述了功利主义伦理学的一个（或许也是**唯一的**）根本问题，即如其所言：正义观念必须要回应互惠性的理念（**相互的**利益），而不是满足总体价值最大化的功利主义式律令。

作为公平的正义

罗尔斯试图将正义形塑为一种公平。多种多样的事情都可能是公平的。评判可能是公平的，也可能不是。**份额**可能是公平的，也可能不是。为了阐明罗尔斯理论背后的直觉，克里斯托弗·威尔曼（Christopher Wellman）假想你和我必须要分一个馅饼。没有人完全拥有这个馅饼，所以我们唯一的问题是，我们能否在什么算作公正份额的问题上达成一致。平等的份额是直觉上的公平，但是我们切分馅饼的程序是什么呢？一个答案是：我把馅饼切成两份，你挑选一份，我得到剩下的那份。正如威尔曼观察的那样，你可以挑选另一份，而我也可以把两份切得不同。这就是使得结果公平的原因所在：并不是因为我们所得的份额相等——也有可能不相等——但是我们二人都没有理由抱怨。① 分馅饼的过程是不偏不倚的，也就是说过程是公平的。

---

① Wellman, 2002, 第 66 页。罗尔斯将"我切，你选"阐释为"完美的"程序正义。"关键是存在一个独立的标准，用来决定结果是否是正义的，并且有一个保证获得该结果的程序。显而易见是，在具有重大实际利害关系的情形中，完美的程序正义如果不是不可能的，也是少见的。"（Rawls, 1971, 第 85 页）罗尔斯把"完美的"和"纯粹的"程序正义对立起来。"纯粹程序正义的一个鲜明特征是，决定正当结果的程序**必须要实际被施行**；因为在这些情形中并**没有独立的标准**，通过参照它可以知道一个确定的结果是否是正义的。"（1971, 第 86 页，着重为笔者后加）这些定义包含了罗尔斯的理论是一个**完美的**而非**纯粹的**程序正义，然而罗尔斯说，"原初状态是这样定义的，即它是一种其间所达到的任何契约都是公平的状态，……于是作为公平的正义能够从一开始就使用纯粹程序正义的观念。那么很显然，原初状态纯粹是一个假设的状态。它并不需要类似于它的状态曾经出现……"（Rawls, 1971, 第 120 页）

第 31 章 罗尔斯

注意：如果我是一个自私的自我利益最大化者，那么我的目标就是使最小的份额尽可能地扩大，因为最小的份额是你将要为我留下的。现在，正如我所总结的，把馅饼分成同等份额是实现我的利益最大化的方法；但令我惊讶的是你是做馅饼的人。你并没有很大的兴趣为了我而烘焙馅饼，但是因为我拿着馅饼刀，所以你同意将你额外烘焙的馅饼的任意份额划为己用。实际上你就同意了我的下述做法：只要你因为自己的贡献而得到一份体面的回报，那么我就将你的才能视作我们共同的财产。所以，我做出了提议。如果我仅有一个给定的馅饼，我把它切成同等的份额并且我们各自得到一半。然而，如果你开始烘焙馅饼，现在可分配的馅饼是刚才的两倍，而我将会满足于取得总量的三分之一。在该情形中，我会得到总量三分之二的馅饼，你将会得到一又三分之一；我们达到了双赢。如果你同意，我们握手并以合作伙伴关系开启我们的新社会。

总结一下，我们一开始假设我们有权获得同等的馅饼份额，但是了解到通过鼓励对方辛勤工作，我们可以使馅饼变得更大。我们通过回报付出而鼓励彼此将馅饼做大：给那些做更多工作的人更多馅饼。实际上，如果当我们允许不平等能够使得我们变得更富裕时，我们允许不平等的存在。我将此称为先导原则（precursor）。

先导原则：从所有相关人的利益出发，不平等应当在下述条件下存在：每个人在不平等的配置中所获得的，要多于其在一个更平等却缺乏生产力的机制中**原本**能够获得的平等份额。[①]

[①] 参见 Ralws, 1971, 第 60、62 页。除了在罗尔斯论证中作为差异原则的逻辑先导以外，我所说的先导原则，早在 1958 年就出现在罗尔斯作品中，当时它看上去似乎具有优先性。令人惊奇的是，在罗尔斯最初发表的有关两个原则的论述中，第二个原则并不是差异性的原则！它更接近我说的先导原则。如下是该表述：
我想要发展的正义观念，可能以如下两个原则的形式予以陈述：第一，参与实践，或者被它影响的每一个人，都享有同其他人所享有的相似的自由相兼容的最大程度的自由；第二，除却以下情形，不平等都是任意的：也即有合理的理由可期待不平等有利于所有人的利益；或者导致抑或加剧了不平等的社会地位和职业，对于所有社会公民开放。
参见罗尔斯的《作为公平的正义》（Justice as Fairness）（1999b, 第 48 页；初次发表于 1958 年）；《宪政自由与正义的概念》（Constitutional Liberty and the Concept of Justice）（1999b, 第 76 页，首次发表于 1963 年）。

第六篇　分配的权利

然而先导原则留给我们的是一个悬而未决的问题。回过头来看那个馅饼，为什么我提议切成三分之一和三分之二？我可以提供的更少，那样会有错吗？我所说的先导原则"最多是一个安排分配的不完整的原则"①，它告诉我们偏离平等份额是公正的，仅仅当这样做会使每个人的状况都变得更好时。然而，"以平等的最初分配作为基准，也存在数不清的分配方式能够使所有人都获益。那么我们如何在这些可能性中做出选择？"② 一个完整的理论会详细说明如何分配这些所得。

罗尔斯完善先导原则的方式是选定一个位置，然后使处于该位置中的人们的预期最大化。哪一个位置如此受青睐呢？一些人可能会挑选做馅饼的人。然而罗尔斯挑选的是最小受惠者这个位置——在生活中得到福利最少的一群人。粗略地讲，如果我们使最小的份额尽可能地大，那么我们达到了差异性原则。

差异性原则：不平等应当有利于最小受惠者的最大利益。

最小受惠的阶层

谁是最小受惠的人？首先，罗尔斯说这个词指代的并不是一个最小受惠的个体，而是最小受惠的经济阶层。第二，根据财富和收入而非凭借其他的人口学特征，得以识别出该阶层。③ 在罗尔斯的理论中，"最小受惠者"在实际上恰好指代的是典型的最低收入阶层的代表。④ 他们的劣势和需要没有与众不同，而是相反被设定为"在正常

---

① Rawls, "Distributive Justice"（1999b，第135页，初次发表于1967年）。
② Rawls, 1971，第65页。
③ 这就假定了对所有人来说，基本权利都是有保障的。比如说，没有任何阶层会因为受到奴役而遭受损失。Rawls, 2001，第59页。
④ Rawls（"分配性正义"，1999b，第139页；1971，第98页；2001，第59页）。

第 31 章　罗尔斯

范围内"。①

为什么罗尔斯用像"最小受惠者"这样的名称来指代实际上并不是最小受惠者的人们？因为罗尔斯试图选择一种折中的方法。他想要阐述一种正义观，从而不仅仅体现对于最不幸者的同情，更体现一种能够同功利主义做出区分的互惠性的理念。（也即，他不仅想说功利主义对最小受惠者赋予的权重太少，而且它赋予权重的原因是错误的。）"正义的首要问题关涉作为社会日常事务全面而积极的参与者的人与人之间的关系。"② 出于这个原因，罗尔斯设想一个环境，在其中并不存在一个其他阶层不需要的阶层。"依据直觉是因为每个人的幸福都依赖于一个合作的框架，没有它的话，没有人能够拥有一个满意的生活；优势的分配应该激发出每个人（包括那些处于较差状况中的人）都愿意参与的合作。"③ 最小受惠者，根据罗尔斯对他们的定义，是最少受益的**工作者**，并不是最少受益的**人们**。他们主张拥有社会产品的一部分，是因为他们对此做出贡献，而非因为他们需要社会产品。"如果一切顺利的话，最小受惠者并不是不幸的和倒霉的人，亦即他们不是我们慈善和同情的对象，更远非是我们怜悯的对象。他们是那些未得到互惠回报的人。"④

承诺的压力

最小受惠者是唯一重要的阶层吗？从表面来看，差异原则认为（借用罗尔斯的例子），如果我们可以用一便士的资金使最小受惠者变得更富裕，那么我们必须这样做，即使对别人而言代价是十亿美元。不夸张地说，这"看上去非比寻常"⑤。然而罗尔斯却说："差异

---

① Rawls, 1999a, 第 83 页。
② Rawls, 1999a, 第 84 页。
③ Rawls, 1971, 第 15 页。
④ Rawls, 2001, 第 139 页。也参见 Stark, 2004。
⑤ Rawls, 1971, 第 157 页。

第六篇 分配的权利

原则并不打算适用于这么抽象的可能性中。"[1] 可是，原则是否适用与可能性是否抽象并没有关系。就此而言，原则是否适用也与罗尔斯是否**打算**适用毫不相干。假设乔说："并不存在两位数的质数。"简问道："那么 11 算什么呢？"乔回应："这个原则并不打算适用于如此抽象的可能性。"显然，乔需要更好的理由。罗尔斯同样也需要，不过更好的理由就在手边。

首先，罗尔斯并没有打算施加过多的"承诺的压力"[2]。我们不应该要求的过多以至于使承诺完全不可能。罗尔斯心中所想的，主要并不是对最小受惠者要求过多，而是体系并没有对那些做出重要贡献的人要求过多，这才是至关重要的。如果对他们过于严苛，就会导致移民（因为我们从他们身上取走十亿，或者是因为最少受惠者仅仅能够获得一个便士的利益便使他们付出沉重代价）。而移民将会对包括最小受惠者在内的整体不利。

其次，尽管原则可能适用于许多"抽象的"可能性，但它并不适用于个案中的再分配。差异性原则仅仅适用于社会基本结构的选择。如罗尔斯的批评者经常说的，这个适用范围是特别设定的吗？并不！为什么不是呢？因为在每一个决定中，适用该原则就会有如下情形发生：乔伊似乎绝不应该赚得或者花掉一英镑，除非他能证明这么做是对最少受惠者的最大利益有好处的。然而这会有损于整个经济体，会伤害到每一个人，其中包括最少受惠者。差异性原则排除了将会损害最少受惠者的制度，包括过分热忱地**运用差异性原则**从而损害

---

[1] Rawls, 1971，第 157 页。罗尔斯提供了两个更进一步的答案。第一，差异原则禁止适用于正义的辞典式次序优先原则所支配的领域；第二，实践中并不易于出现该问题，因为"在一个拥有开放的阶层体系的竞争性经济体中（无论私人所有权存在与否），极度不平等并不会占据支配地位……巨大的差距也并不会一直存在下去"（Rawls, 1971, 86）。（所谓"正义的辞典式次序优先原则"是罗尔斯构建正义理论两个原则时，为解决"优先性"问题而提出的一套伦理学方法。它所反对的是，功利主义理论将一切价值通过效用函数加以计算、表达的方法。具体来说，遵循罗尔斯辞典序列优先原则的价值排列意味着，只有当某一个原则的先在原则得到充分满足抑或不可适用时，该原则才可以发挥作用。形象地说，就好像字典中只有字母 A 打头的单词排列完毕或者不排列后，才会有字母 B 打头的单词出现。具体内容请参见 Rawls, 1971，第 42 页前后——译注）

[2] Rawls, 2001，第 104 页。

第 31 章　罗尔斯

最少受惠者利益的制度。它是直接从差异性原则自身中推导而得的。

无知之幕

罗尔斯理论的核心原则如下：

1. 每个人都平等地拥有和其他人相适的最广泛的自由。
2. 在下述情况下可以存在社会和经济的不平等：（a）它们最大限度地施惠于最小受惠者，并且（b）依系于职位和社会地位，而该职位与社会地位在机遇公正平等的条件下对所有人都是开放的。①

罗尔斯认为第一原则优先，这里的优先性"意味着自由仅仅出于自由本身的原因而被限制"②。对第一原则的讨论相对较少，且几乎不存在争议。③ 争议主要是围绕第二原则展开，尤其是被人称为差异性原则的（a）部分。

可以想见的是，**有技术的**工人会反对差异性原则，他们说："你假设我们在谈判合作的条件，之后得出结论说，**公平**就是别人得到尽可能多的产品？我们从未让你把我们看作自给自足的鲁滨孙·克鲁索，我们只是要求你允诺，我们在'你的'社会中成长并没有影响到作为独立个体的我们的现状，并且在你的社会中生活这一事实，并没有使你有权主张我们应当将何种技术带入谈判。"

---

①　Rawls, 1971, 第 302 页。罗尔斯有时会对（a）部分添加一个限制，即差异原则必须要和正义储存原则相一致。

②　Rawls, 1971, 第 244 页。

③　在一篇不大为人所注意的文章中，罗尔斯改变了第一原则有"辞典"优先性的想法："一般来说，一种辞典式序列虽然不可能很准确，但它可以对某些特殊的但却有意义的条件提供一个大致说明。"（1971，第 45 页）罗尔斯同样撤回了第一原则的确需要"最为广泛"的自由体系的主张，以至于他这样表述，"如下这样的自由并不享有优先性，即某些被称作'自由'之物的实践具有独特超群的价值……"参见 Rawls, 1996, 第 291 页；Ralws, 2001, 第 42 页。有关对罗尔斯放弃原先最大化构想的批判，参见 Loren Lomasky, 2005。

第六篇　分配的权利

　　罗尔斯大体上会有两种回应。第一，他论证说，技术工人把自己仅仅看作较少受益群体达到目的的手段是错误的。如果工人们把自己的技术视为原本属于自己的，而非降临在他们身上的偶然，他们就会犯这个错误。当技术工人重新审视自身，把自己看作在遗传基因和社会博彩中缺乏应得资格的获胜者，那么他们将会把技术的分配视为一种公共财产。他们就不会将自己视为单独地将其他**任何**事物带到谈判桌上，而是将自己的利益带入谈判。

　　第二，罗尔斯认为，如果技术工人认为他们在公平的博弈条件下选择差异性原则，那么他们就不会抱怨。什么条件才会是公平的？假设简在**无知之幕**后评判替代性的分配方案，她并不知道自己将在分配中处于怎样的地位。如果简并不知道她会是一个手工业者还是一个中级经理，那么她就不会在有利于经理的安排中心存有偏私。她将会寻求一个有利于所有人的选项。①

"最小受惠者"并不是一个严格的范畴

　　我说过，倘若简并不知道她会是一个工人还是一个经理，那么她将不会对有利于经理的安排心存偏私。她将会寻求一个有利于所有人的选项。如果简不知道自己是一个工人，那么她为何会选择差异性原则，而这原则看起来将会有利于工人呢？这个问题使罗尔斯阵营的学者们产生了分歧。②

　　尽管如此，认为差异性原则并非如看上去那样偏私于某个特定群

---

　　①　在之后一篇文章中，罗尔斯采取了不同的路径，认为契约论的思想实验不过是一个不必要的启发性理论工具。它不过是用来设想（在康德主义的条件下）剥离偶然的现象性特征，作为纯粹的物自身做出选择，将会是什么样子。既然我们的物自身是一致的（就是理性本质的表征），所以商谈是多余的；并且无知之幕现在塑造的是，一个单独的物自身如何做出选择。这就避免了假定的讨价还价的问题，但放弃了契约论的如下承诺，即将对人的个体性的尊重明确地植入理论基础之中。参见 John Ralws, "Kantian constructivism in Moral Theory"（1999b，初次发表于 1980 年）。

　　②　许多读者会发现很难将差异性原则看作是公平的，或者说很难认为是一个理性的行动者会选择的。被一些人看作发明了无知之幕思想实验的 John Harsanyi（1955），认为从无知之幕后面做出的理性选择将会是功利主义式原则。

第 31 章　罗尔斯

体的一个原因在于，"最小受惠者"是一个流动的范畴。如果乔起步时身为最小受惠者，那么一个代表其利益的运作良好的体系，最终会使得他处于比简更好的地位。而在此时，该体系转而为简的利益运作，直到简足够富足后，再转向到其他人，以此类推。

问题在于：这种流动性是真的吗？是真实的，或者至少它在一个能够满足罗尔斯差异性原则的社会中是真实的。当卡尔·马克思在 19 世纪中叶着手写作的时候，欧洲人依据出身被划分入严格社会等级之中。当罗尔斯在 20 世纪 50 年代着手写作的时候，马克思主义仍然在知识分子群体里保持影响力，并且马克思主义者倾向于认为事情似乎一如昨日。**如果**我们生活在一个严格的种姓社会里，其中手工匠的儿子也注定要成为手工匠（并且他们的姐妹要注定要成为手工匠的妻子），那么他们最可寄予希望的就是尽可能高地设定最低工资，以至于雇用他们无法盈利。

现在假设一个工人有一个替代性的选择：移民去一个可能工资比现在还低的流动性强的社会。但是在那里，他的儿子女儿可以去上大学并可以向上流动。他是去是留？穷人们想从生活中得到的东西应该影响我们对什么是他们有益利益的判断吗？

如下是一个更富有流动性的世界的特征：更高收入阶层可以主要是由曾经的手工劳动者（或者他们的父母曾是）组成。相应地，更高收入阶层可以主要由受益的人群组成，**因为**他们成长在一个生来贫困的人（如同曾经那样），也有机会向上流动的世界中。

在一个垂直流动的社会中，在具备向上流动条件的非技术工人与无技术且无论如何并不具备该条件的工人之间，存在巨大的差异。但是请注意，这种巨大差异仅仅存在于垂直流动的社会中。在无知之幕背后，我们并没有选择创造一个垂直流动的社会；在罗尔斯式的框架中，这些子群体**直到我们决定时**都有着相似的期望。在无知之幕背后，我们**决定**有天赋的年轻人是否应受到性别或阶层这类意外的阻碍。

这并不是罗尔斯心目中的流动性。罗尔斯并不是在设想一个这样的世界，其中工薪阶层的乔可以获得能够让他在日后生活中变得富裕

第六篇 分配的权利

的技能。但是，如果那个流动性的世界对乔来说是最好的，那么罗尔斯是正确的：对乔合适的，对所有阶层的也都合适。因为在那个世界中，更高收入阶层会包括大量的这样的人们——他们（或者他们的父母）同乔的起点一样，并充分利用了机会。如果收入的流动性**是**使年轻且收入少的人受惠，那么出于同样的原因，这**也曾**有利于那些当时收入少而现今年长的人，并促进他们向上流动。（诺奇克的批评者想要把他刻画成一个捍卫富人利益的人，但是诺奇克自己的想法是，因为他自己出身贫穷，所以要捍卫穷人梦想过上更好生活的合法性。）

一切归根结底回到这个问题上：公平和稳定性是一回事儿吗？如果不是，那么差异性原则理应关切的是公平还是稳定性？假定答案是公平。那么在这种情况下，如果我们问哪一种基本结构对最小受惠者最有利，结果可能是能够保证最低工资收入最高的那个。或者并不需要保证什么，最好的体系可能提供给人们最好机会以提升他们技能，并因此比他们在一个较高的最低工资收入但是较少的上升流动性的体系里赚得更多。这个问题的答案更取决于经验而非理论表述。在罗尔斯眼中，理论表述所能解决的问题是，使较少受益者能够变得富有，这是评估社会时所诉诸的标准。

最后，代表罗尔斯的主张还有一些要说的，即我们谈论的是阶级而不是个体。有一个陈旧的说法是：水涨船高。这个陈旧说法如罗尔斯所知，并不是完全真实的，但是好的社会能使它大致是真实的。罗尔斯看到，即使在他偏好的体系里，人们也会陷入困境。涨潮永远不会惠泽到每一个人，但是好的制度确实并能使涨潮惠及所有收入**阶层**。（即便这是很难保证的。当他说即使在他偏好的体系中，我们仅能"希望社会底层并不存在；或者说如果存在一个小型的社会底层，那就是我们不知道如何变革的社会状况的结果"时，罗尔斯是很现实的。）① 甚至最小受惠群体享受了在涨潮中由合作团体创造的健康利益（预期寿命、安全的水源、防疫工作）和财富利益（电、鞋）。

---

① Rawls, 2001, 第140页。

第 31 章 罗尔斯

如果所有都运行良好，即如果罗尔斯的差异性原则（或者他的先导原则）是令人满意的，那么当人们将自己的天赋贡献给自由社会中的合作性冒险时，没有任何社会阶层将会被人们创造的涨潮甩在身后。

我并没有把差异性原则看作分配原则。读者通常会照那种方式进行理解，但是罗尔斯自己打算用最小受惠者实际生活得怎样来评判基本结构。在对罗尔斯最正统的解读中，如果最小受惠者（系统性地）在 X 体系下比在 Y 体系下表现得更好，那么从差异性角度而言，X 体系显得较为正义。即便 X 体系中的政府没有做出正式的许诺，而 Y 的政府却已正式地开出空头支票，但结果依旧是一样的。

我们可以想象的是，罗尔斯认为 Y 是正义的，当且仅当它的政府正式地致力于满足罗尔斯的原则。① 但这可以为罗尔斯否定严格平等主义的论据所否定，亦即：如果 X 对所有的人都更好，理性行动者将会选择 Y，而不管体系 X 是否较不平等，是否做出了更少的承诺，或者是否宣称了不同的目标。

最大平等自由的原则注定会占有优先权吗？

很多拒绝罗尔斯上述理论的人们所基于的理由是，（他们认为）罗尔斯的理论给自由的优先性留的空间太少了。那些拥护罗尔斯的人们同样也倾向于跨过他的第一原则。然而即便如此，下述尚有认真对待罗尔斯第一原则的一个理由：即第一原则确实是第一位的，并且即使为了最小受惠者的利益，也不必牺牲自由。假设我们发现《种族隔离法》（Jim Crow Laws）② 最有利于最小受惠者。这样的结果将会

---

① Rawls, 2001, 第 137、162 页。罗尔斯原意与此类似。也参见 Brennan, 2004。
② "Jim Crow"指的是在南部诸州大量旨在进行种族隔离的法律。所以，比如说，伯明翰的种族隔离法案的第 369 条声称："在这个城市中经营白人与有色人种共同用餐的餐厅或其他场所将是非法的，除非白人和有色人种从地面延伸往上七英尺或更高的隔离带全然分开，以及除非在街道上提供有每个隔离区的不同入口。"（来源：Courtesy of the Birmingham Civil Rights Institute。）

第六篇　分配的权利

使差异性原则变得难以令人信服，至少在我们的理论诉诸差异性原则来回答此类问题时会这样。但是如果我们的理论转而诉诸的是最大平等自由原则又会如何呢？根据该理论，也是罗尔斯的理论，第一原则自始就把《种族隔离法》排除了。根据罗尔斯的理论，此类法律是否满足了差异性原则**并不要紧**。这看起来像是正确的结果。

在罗尔斯实际理论中，自由是首要的。此外，使差异性原则变成首要原则将会伤害最小受惠者。最小受惠者的自由权掌握在政治受益者的手中——那些通过《种族隔离法》的立法者，并**不**符合最小受惠者的利益。最小受惠者必须能够期待，他们的自由不像政治足球一样被踢来踢去；不能为了立法者追求自己的家长式管理目标而牺牲（比如，处方药的利益），这些管理目标在实践中看起来远比自由的理念迫切而具体。①

在罗尔斯的理论中，差异性原则并没有指定我们应该拥有多少自由。恰恰相反：对最大平等自由的承诺，限定了立法者出于最小受惠者最大利益而安排社会基本结构的范围。在一个连最佳设定的计划都时常出错的政治世界中，差异性原则本应如罗尔斯所设定的这样，特别是从最弱者的视角来思考问题。同样，无论对罗尔斯的整体理论抱持何种批评，这都是一个真正的贡献，或者是一系列贡献的集合：这些高深的见解在于（a）彼此互利的合作冒险是社会的最好状态；（b）包括最少受益阶层在内，没有任何阶层在现代经济体的物质繁荣中被远远甩下；并且（c）自由是经济繁荣，特别是那种"潮涨万船升"的繁荣浪潮首要的先决条件。

澄清一项共识

在讨论诺奇克对罗尔斯的回应之前，我们应该重复一下罗尔斯最紧密的跟随者所持有的异议。该异议关乎罗尔斯应该如何最好地被解

---

① 罗尔斯认为："在一个正义的社会中，平等公民的自由权已经获得解决；借助正义而得以保障的权利不会再屈从于政治力量的交易。"（1971，第4页）

第31章 罗尔斯

释和辩护，有时候还很激烈。存在数百种关于如何把罗尔斯的论证整合在一起的理论，也存在数百种理论讨论该舍弃其理论的哪些部分以便使剩余的部分得以组成一个前后一致的整体。在后期，罗尔斯逐渐把他自己的工作视作为澄清一些隐含于当代西方民主政体中的信念，而非对于自己两个原则正确性的证明。[①]

许多罗尔斯的追随者因这一巨大的后退而困扰。然而，罗尔斯后期的解释恰好是正确的。罗尔斯给我们提供了一个视野，一个恢宏的视野，即使它并不能够承受如人之所愿，经受住演绎证明的审查。罗尔斯认为，尽管在我们整全的道德观念中存在着差异，但关于我们如何在西方民主政体中共同生活，依然存在着隐含的重叠共识（overlapping consensus）。

相应地，我们的任务并不是详述细节，而是思索我们所分享的这个恢宏视野的范围：（a）自由优先，并且（在通常情形下）不可以为任何事牺牲；（b）我们依据下述标准评判一个社会，即探究该社会是否对我们所有人都有利，是否真正是一个充满机遇的国度，以及考量没有特权的平民可达到怎样的生活品质；最终（c）如果我们公正地进行选择，我们确信上述社会就是我们将要选择的。罗尔斯最核心的、富于启发且不可否定的一个观点是：自由社会并非零和博弈，而是彼此互利的合作冒险。这就是为什么在要做出选择时，人们几乎总会选择共同生活的原因：共同生活会使他们变得更富足。诺奇克、我本人，以及大部分学者都对罗尔斯保持批评态度。但到头来，难道在罗尔斯的宏大视野下没有任何根本上是正确（甚至很精美）的观点吗？

难　题

1. 我仅仅把罗尔斯"富于启发且不可否认"的观点描述为：社会并不是零和博弈。那么为什么很多的人把生活看作零和博弈呢？你

[①] 这个看法在《作为公平的正义：政治的而非形而上学的》（Justice as Fairness: Political, Not Metaphysical）一文中得到发展（Rawls, 1999b；首次发表于1985年）。

· 213 ·

第六篇 分配的权利

又该如何解释零和博弈的思维方式?[1]

2. 如果你的大学面临财政困难，那么你该如何分配稀少的资源？你应该保护既有的杰出的研究中心而削减弱势院系的预算？还是说，你的预算要为最弱院系的最大利益而考虑（无论在实践中意味着什么）？为什么？难道一个大学的基本结构与一个社会的基本结构并不全然相似吗？

3. 想象一下在原初状态下的交易者处于僵局之中，并同意通过掷硬币来解决问题。假设我们想要通过设计一个思想实验而获得一个可欲的结论，即交易者会选择原则 X，并且我们假设硬币掷出后如果翻转则支持 X。这个思想实验证成了原则 X 了吗？当然并没有，但是为什么没有呢？结果的得出并不是不公平的，那么问题在哪里呢?[2] 什么是我们必须在这个故事中添加的内容，并因此成为我们相信 X 是正义原则的理由？

4. 动物在原初状态下应该被代表吗？如果交易者并不知道他们的结果代表着哪种动物，他们会为了最少受益的动物的最大利益而允许不平等吗？如果我们想这样做的话，我们可以设计原初状态以便使我们自己确信理性的交易者会做如此决定。这会是我们将该原则视为正义原则的理由吗？如果不是，又是为什么呢？

---

[1] 如下是一种答案：人们认为收入**份额**很重要。总收入份额是 100%。除非有人份额下降，否则没有人份额会上升。并且并不存在诸如普遍进步这样的事情。收入份额的总量永远不会超过 100%，所以必定会出现停滞。

[2] 我解释了在我们试图让人们就确定的结论达成共识时，为什么假定同意论证的困难进一步加剧了，参见 Schmidtz, 1990a。

第 32 章　诺奇克

论题：诺奇克所说的即时原则存在一个主要的问题；然而，不是所有**模式化的**原则①都是即时原则。

历史与模式

诺奇克区分了正义的历史原则与模式化原则。这一区分表面上简单，但当我们抵达诺奇克讨论的终点时，这两个类型就已变成了至少三个，或许是四个，并且彼此间不那么容易区分清楚。诺奇克的一些论述很难解释，但如下则是大体上诺奇克所想要表达的内容。②

即时原则（Current Time-Slice principles）评判某一特定时刻的分配。我们察看一系列结果，这些结果隶属于谁并不要紧。比如，就一个平等主义即时原则而言，如果我们需要知道存在不公正，那么只要了解结果是不平等的，这就足够了。我们不需要知道谁得到了哪个结果或者是如何得到的。历史在其中根本没有发挥作用。

目的—结果原则（End-State principles）说的是一些相似的事

---

① 原文为 principled，疑为 principles 之误。——译注
② 我感谢理查德·阿尼森（Richard Arneson）对于如何做出区分的建议。我在一定程度上采纳了他的建议，但该区分所造成的结果皆由本人承担。（本部分相关专有名词中译，参考罗伯特·诺奇克《无政府、国家与乌托邦》，何怀宏等译，中国社会科学出版社1991年版。——译注）

情，但没有假设结果是即时的。因此，比如一个平等主义的目的原则可以说我们考察终生收入：如果终生收入是不平等，那就是我们所要了解的全部。即时原则与目的原则之间的差异如下：再次假设（根据第 22 章）史密斯一家与邻居在同一个工厂有相同的工作，但是邻居要比史密斯一家大三岁，又早工作三年，而且持续获得史密斯一家将连续三年无法获得的由于资历而带来的加薪。没有任何时刻薪金是相同的，然而终生收入却是均衡的。从平等主义即时原则来看，我们知道存在不公正，但一个目的原则能够超越即时原则，前者看得更远并认为，二者间终会获得为正义所要求的平等。

模式化原则（patterned principles）将以上两者囊括为子集或是例子，不过在更广泛的种类中，它指的是既非即时原则也非目的原则的一些模式。"同工同酬"是一个平等主义原则的例子，它是模式化的但既非即时原则也非目的原则；它规定了在"同工同酬"情形中，劳动投入的质量/数量，应该**追求**怎样的结果，但并没有描述这些结果应当是平等的。

历史原则（historical principles）看重结果产生的过程。历史原则是复杂的。因为，即使诺奇克有意加以对比，模式化原则会包含历史性因素，并且反过来也一样。"同工同酬"既是模式化的也是历史性的；也即，它根据人们曾做过什么的某种模式来规定人们得到什么样的结果。

诸模式的一个问题

诺奇克将罗尔斯的差异原则归类为模式化原则而非历史原则（它规定了一种分配而未加考虑被分配的物品是由谁生产的）。相比之下，诺奇克所说的**应享权利理论**（entitlement theory）（将会在下一节讨论）是历史的而非模式化的。

用诺奇克自己的话来说，模式化原则的问题是，自由打破了模式。"只要人们能自愿选择以各种方式行动，任何目的原则或模式化

第32章 诺奇克

的分配正义原则就都不能持久的实现。"① 为了阐明这一点,诺奇克让你想象社会由于你所青睐的那种原则而达到了一种完美正义的模式。之后,有人为了获得观看威尔特的篮球赛的权利而给威尔特·张伯伦(Wilt Chamberlain)一美元。② 在我们得知该情况以前,有上千人每人都给威尔特一美元,每次威尔特都上演篮球表演,于是威尔特变的富有了。而分配却不再平等了,但也没有人发出抱怨。此外,我们都有点儿像威尔特。每次我们挣了一美元,或者花了一美元时,我们都改变了分配模式。诺奇克的问题是:如果正义是一个模式,在一个给定的时刻是可以达到的,那么如果你获得了完美的正义将会怎样?你一定要禁止一切以便不会打破这一完美的模式?也即,没有进一步的消费、创造、交易,甚或是**给予**?注意:诺奇克既没有论证也没有假设,人们可凭借他们的财产为所欲为。诺奇克的观点是,如果存在**任何**人们可以做的**事情**的话——即使他们唯一可以自由去做的是收集硬币放入储蓄罐中——那么随着时间流逝,甚至连这最小的自由也将会打破所谓的完美的正义模式。③ 诺奇克总结道,下述观点是错误的,即认为目的原则与应得权益原则给予人们的一样多,只不过目的原则做出了更好的分配。应得权益原则能够识别出目的原则所不能识别的选择域。处于目的原则支配下的资源没有一个曾是任由个人(或一个国家)处置的。④

尽管诺奇克在洞察即时原则的重大问题方面是正确的,但不是所

---

① Nozick,1974,第163页。
② Nozick,1974,第161—164页。威尔特·张伯伦曾是独领风骚的篮球运动员,曾经(在1962年)在单场比赛中投篮获得100分。
③ Nozick,1974,第161—164页。也参见 Feser,2004,第71页。
④ Nozick,1974,第167页。罗尔斯的回应为:"反对观点认为,差异原则对于特定分配施加的持续的修正,以及对于私人领域的反复无常的干预,是基于一种误解。"在下一页,罗尔斯澄清道,"即使每个人的行动如规则限定地那样公正,而该规则适用于个体既是合理的又是可行的,那么许多彼此无关的事项的结果也会破坏背景性正义。只要(当我们必须如此时)我们把社会视为多个世代间的合作,这就是显然的。因此,即便身处良序社会,对于基本结构的调整也总是必要的"(1996,第283—284页)。这一澄清使得我们很难明白诺奇克误解了什么(我就此感谢 Tom Palmer)。无论如何,构建宪政民主制中的一个挑战在于限制"必要的调整",后者对公民来说意味着他们的收入是一个政治上有争论的事项,并且就此意义来说,他们处于人治而非法治之中。

有模式化原则都能成为即时原则的药方。有一些段落中诺奇克似乎假设在论证反驳目的原则或即时原则时，他在更一般地反驳模式化原则。并非如此，并不是所有的模式都是一样的，而且也不是所有的都需要较多的干预。当某个时刻财产的所有权模式并不重要，而人们某段时间内以何种模式彼此相待很重要时，如果我们聚焦于即时性，集中于孤立的时刻，并且过于认真地看待这些时刻，那么诺奇克的观点就是正确的。即便细微的自由都注定打破某个静止时刻的模式，但是自由没有理由偏偏去打破公正对待中正延续的模式。

一条禁止种族歧视的道德原则，比如，规定了没有特殊的目的—结果。这样的原则就是诺奇克所说的弱模式化（weakly patterned）原则，它既敏感于模式也敏感于历史，并且规定了一种人们如何应该被对待的理念（但并没有规定目的—结果的分配）。① 它**影响**了模式（甚至如一个纯粹历史原则那样）而没有**规定**一个模式（或者更准确地说，没有规定一个目的—结果）。并且如果一个禁止种族歧视的原则通过文化进步而非法律干预而对一个社会生效，那么它就无须各种形式的干预。

如果我们达至一个已实现马丁·路德·金梦想的社会，并且他的孩子们不是因肤色而是因品性而得到评判，那我们所达至的就是一个依据美德而非肤色的流动的、演进的社会。在这一过程中，这个社会比起它所演化而来的那个充满残酷压迫、充满区隔的社会，需要**更少的**干预。所以，尽管诺奇克有时说好像他的批评适用于所有的模式，但我们应当认真对待他的让步，即"弱"模式可与自由相容。一些模式也会增进自由，这都取决于他们如何被引介和保持。总之，问题并非在于模式化原则，而是更具体地在于目的原则，特别是即时原则。

那么，如下就是诺奇克对于罗尔斯的批评中的一个弱点。诺奇克是正确的——即时原则允许了对于日常生活大量的、持续的、不可容忍的干预，不过罗尔斯真的持有此观点吗？在他的第一篇论文中，罗尔斯说，"我们不能通过检查这一情境在单个时刻的正义性而决定这

---

① Nozick, 1974, 第164页。

第32章 诺奇克

一情境的正义性"①。多年后,罗尔斯补充道,"专门注意个体不断变化的相对地位是错误的;并且那种要求每一次变化本身(从孤立的观点出发,每一次该变化都被视为是单个交易)也是正义的观点,也是错误的。我们将要评判的是基本结构的设置,并需要以一种整体的观点做出评判。"② 因此,对于罗尔斯来说,基本结构的任务不是去使每个部分都服务于工薪阶层的利益,更不是服务于这一阶层每个成员的利益。与此相反,罗尔斯要比这更为现实,他认为基本结构的任务是在一个时间段内整体基本结构的趋势被认为是有利于作为一个**阶层**的工薪阶层的。无可否认,罗尔斯是某类平等主义者,但不是那类即时原则甚或目的—结果平等主义者。罗尔斯试图容纳入社会的模式是一种平等状态模式,无法同样适用于分配以及连续关系之中。③

尽管如此,推断诺奇克的批评没有道理或许是个错误。诺奇克展示了一个替代性的理论会是什么样子。通过比罗尔斯能够认同的更为强硬的立场(即个人不受限于对于社会模糊不清的债务负担),威尔特·张伯伦被刻画为个体化的个人。对于诺奇克而言,威尔特的利益不是威尔特在谈判桌上**发现**了什么;他的利益在于他把什么**带到**了谈判桌上。并且尊重威尔特所带到谈判桌上的正是尊重他作为个体化个人的本质。④

某种程度上是因为诺奇克,当今的平等主义者们才意识到,任何值得赞美的平等将较少地集中于即时分配的财富正义,而更多关注人

---

① John Rawls, "Outline of a Decision Procedure for Ethics" (1999b, 第14页;首次发表于1951年)。
② Rawls, 1971, 第87—88页。
③ 我感谢阿利萨·伯恩斯坦(Alyssa Bernstein)对此同我展开的讨论。
④ 当然,罗尔斯想让最少受益群体有机会主动做事情,而不仅仅是被动经历事情。然而,罗尔斯的原初状态包含有这样一种认同,即将谈判者在到达谈判桌前所做的,被视为道德观点上任意之物。回想在第10章中,如何把罗尔斯的原初状态比作诺奇克的体验机。如果我们同意正义的原则一定要尊重最小受惠者**做了**什么,那么我们将会同意不仅要**从现在起**尊重最小受惠者做了什么,因为尊重符合他们利益;我们也会选择尊重他们一直以来所做的。给予符合他们利益的尊重,我们必须承认他们应得什么,并且一直是应得的。否则,我们对于他们的态度就是一种自命为恩人的对于家长式尊重的模仿,而非真正的尊重。事实上,罗尔斯尊重我们作为消费者的个体性;而诺奇克尊重我们作为生产者的个体性。

们如何被对待，即人们如何因他们的贡献而得到回报并且随着时间而**有能力**做出值得回报的贡献。这就是进步。

唯意志论

诺奇克认为应享权利理论的原则分为三类。首先，**原始取得**（initial acquisition）原则揭示了一个人或一个群体如何能够合法地获得先前没有所有者的物品。① 先前未被主张所有权的土地是历史上的主要例子，就像当下的发明以及其他知识产权那样。其次，**转让**原则解释了所有权如何合法地被从一个人（或一个群体）转让到另一个人（或群体）手中。最后，**修正**原则具体化了在非法获得或转让的情形下应当做什么。

诺奇克支持这样一种应享权利理论，它奠基于一种唯意志论的理念。诺奇克认为，如果一个分配通过来自一个公正的初始位置的公正步骤提出，那么这个分配就是公正的。在这一公正的初始位置中，公正步骤的范式就是资源交换。作为与其应享权利理论相一致的那种社会的样例，诺奇克提供了一个公民自由主义、自由市场、被最小政府统治的（大体上，就是限制其自身的职能于保证和平，保卫领土的政府）社会。在这样的一个社会中，当人们因公意并且基于彼此认可的条件交往时，就会产生"各种"模式；人们按照使其客户更富有的价格提供商品，并根据该能力积累财富。当雇员的天赋与努力值得晋升时，他们就能够获得晋升，等等。不过，尽管在此意义上社会是精英统治的，但上述模式也不过是诸多模式中的一种。社会中也将会有继承与慈善，这两者将物品给予那些可能没有做任何事以应得这些馈赠的接受者。② 这会是一个问题吗？对于诺奇克而言这不是一个问题。诺奇克同意罗尔斯之处在于，二者并不认为美德是分配（以及转让）必须符合的原则。诺奇克认为，问题仅仅在于人们是否以一种和平的、经双方一致同意的方式对待彼此。

罗尔斯说，"纯粹程序性正义的一个独有特点就是决定公平结果的程

---

① 诺奇克对于原始取得的正当性证明在许多人看来是其理论的薄弱环节，参见 Schmidtz, 1994。

② Nozick, 1974, 第 158 页。

第32章 诺奇克

序必须得到实际执行;因为在这些情形下,没有独立的标准可供参考,以便确定一个特定的结果是公正的"[1]。根据该定义,罗尔斯理论并非关于纯粹程序正义的理论,但诺奇克的却是如此。对于诺奇克而言,问题的关键在于恰当的程序是否得到了遵循。只要正义得到了实现,那就足够了,也就不存在其他的问题了。

诺奇克的理论,一言以蔽之,就是我们无须预定一个结果。我们不需要了解从自愿的交换中会有什么模式产生。通过公正的步骤,从一个公正的分配中产生的结果就是公正的。如果人们为了享受威尔特·张伯伦打篮球的惊险刺激而想要付钱给他,并且这导致了威尔特要比他周围的人更有钱,那就如此好了。

我们会认为,支持威尔特有权像他这样生活,以及我们有权因为威尔特这么做而付钱给他的理由是,威尔特像我们一样,是他自己的所有者。毕竟,我们不是平白无故地说人们的天赋就是**他们的**天赋。[2] 无论怎样,有人就如何利用威尔特的体育技能而做出主张。如果他并非威尔特,是否有权利做出此种主张呢?

根据 G. A. 科恩(G. A. Cohen)的定义,自由主义的本质是人们都是自我的所有者。他们的生活就是他们自己的生活;只要他们生活得安宁,他们能用任何他们喜欢的方式来生活。就如科恩对这个词的定义一样,右翼自由主义者如诺奇克认为,人们对于外在事物可获得相似的权利。而左翼的自由主义者们并不这样认为。我们如何归类罗尔斯呢?科恩说:

> 罗尔斯与德沃金(Dworkin)[3] 都普遍被视为自由主义者,但在此处他们必须被算作其他派别,比如社会民主主义者。因为

---

[1] Rawls, 1971,第86页。
[2] 费舍尔(Feser, 2004,第43页)自我所有权是诺奇克的基本论点。
[3] 德沃金(Ronald Dworkin, 1931—2013),当代知名美国法哲学家、政治哲学家。曾接替哈特职位,就任英国牛津大学法理学首席教授,并兼任纽约大学法学教授。主要著作有《认真对待权利》《原则问题》以及《法律帝国》。其诸多法律理论被认为是罗尔斯正义理论于法学领域的拓展与修正——译注。

第六篇 分配的权利

他们并非是方才定义过的传统意义上的自由主义者,他们以一种重要的方式否认自我所有权。他们如此认为是因为人们拥有天赋是一个纯粹运气(brute luck)的问题。他们的天赋,在道德意义上讲,并不属于他们。如果恰当的考虑这个问题,他们的天赋属于作为一个整体的社会能够合法地处置的资源。①

罗尔斯与诺奇克分别承认了在(1)说简拥有她的天赋和(2)当简将天赋投入使用时,说简拥有她所生产的物品的现金价值,这两者之间存在差异。然而,诺奇克认为,认真地将简视为一个个体的人,就是假设她拥有制订并执行其自己计划的权利,这些计划也包括有关于外部世界的计划。说简可以做她想做的,但**只要**当她想要改变外在世界时就需要我们的允许——这将会是对于自我所有权开玩笑。所以,在罗尔斯接受(1)与(2)之间的差异时,诺奇克则奋力去**弥补**这一差异。他在理论中表达说,我们借助工作劳动而获得了未曾得有的对于外在世界的部分所有权。② 我这里说"表达",是因为诺奇克这一理论在边缘情形中的效果不同。劳动一定增加价值吗?劳动一定是费力的吗?如果我把番茄汁倒入大海,为什么我没有能够获得海洋的所有权?③

以同样的坦率,诺奇克承认他不知道对于下述情形该说什么是好。在该情形中,不是由于任何人的错误,我们的城镇只剩一处水

---

① G. A. Cohen, 2000a, 第 252 页。这会是牵强的吗?罗尔斯拒绝对于差异原则进行"自由平等"的解释,而支持一种"民主平等"解释(1971,第 73 页以下)。罗尔斯(2001,第 75—76 页)也说,"是人们自己拥有他们自己的天赋,"这听起来似乎是自由主义的,但接下来他的下一个评论是,"那么,被视为是公共财产的,就是天赋的分配,也即在人与人之间的差异性。这些差异不仅构成了同一种天赋的不同差异(在力量与想象力上的差异,等等),而且也构成了不同种天赋的不同差异。"科恩的坚持或许是有道理的,**自由主义的**自我所有权,包含了使我们彼此不同的多个方面的自我。
② 诺奇克借用了 John Locke, 1960 的理论(政府论,第 5 章)。
③ 科恩认为,"人们对于自己劳动成果做出的主张是分配不平等的最强烈的基础,并且只要自我所有权未被否认,这一主张就很难拒绝"(2001,第 253 页)。事实上,科恩认为,左翼自由主义是不可行的。我们要么否认自我所有权,放弃左翼自由主义支持社会主义;要么支持源自于人们自由地享有不平等天赋带来的不平等,进而放弃左翼自由主义支持右翼自由主义。也参见 G. A. Cohen 2000 b,第 273—274 页。

第32章 诺奇克

源，而乔是其唯一所有者。我们假设，这一结果的产生没有违背任何一个人的权利，但是这一结果真的合适吗？起先，乔能够以他的消费者愿意支付的任何价格来售水。尽管如此，在乔偶然地成为垄断者之后，诺奇克不能肯定（水是否算作乔的财产）。我们在此处不能认为任何财权的概念是理所当然的。我们必须探寻一个共同体的目的是什么，财产权（以及确立法律权利的独特方法，包括劳动混合这样多少有些仪式化的形式）如何使得一个共同体能够服务于其目的，以及服务于此目的的财产权的作用如何在例外条件下被替代。这里有多种模式发挥作用，比起诺奇克简单的故事来说要重要得多。

权 利

在诺奇克的理论中，权利是王牌或者是**边界约束**（side-constraints），而非仅仅作为平衡其他考量的砝码而发挥作用。那么，什么为边界约束提供了正当理由？诺奇克有时被指责缺乏立论基础，仅仅是假设了他所需要证明的结论。然而无论怎样，诺奇克借用了罗尔斯的立论基础，接受了罗尔斯有关个人的个体性和不可侵犯性的假设，他认为，"根本观点，也即存在不同的个体具有各自的生命，并且因此而没有人会为他人牺牲，构成了道德边际约束的存在基础。"[①]如果这不是一种基础，那么罗尔斯也没有其他立论基础。诺奇克与之不同的在于，他追问："当我们说人们有权享有一种最广泛的自由，而此自由又相协调于所有人享有的相似的自由，同时这一自由权利要优先于其他关切时，我们意味着什么？"

对于何者正当化了边界约束的问题（另一种回答）是，一些权利是社会为了彼此利益而成为一种共同合作冒险的先决条件，某种程度上这是因为一些权利使人们能够了解从彼此中期待什么，并相应地规划他们的生活。依此观点，能够给权利提供**基础**的理论也限制了权利的范围。我们为什么会拥有权利？答案就是：如果我们不以拥有权

[①] Nozick, 1974, 第33页。也参见 Lacey, 2001, 第25页以下。

第六篇　分配的权利

利的方式对待彼此，我们就不能共同地良好生活。为什么我们会拥有**有限的**权利？答案就是：如果我们不以权利受到限制的方式对待彼此，我们就不能共同地良好生活。这就是我们怎样了解到，虽然威尔特静享他的财产权，但此权利并不包括威尔特可以在一个原本普通的社区车库里制造生物武器的权利。

这同样也使我们了解到，威尔特购买一辆运动跑车的权利，并不包括以他所愿望的任何速度驾驶跑车开过校区。① 某个共同体接受如下原则引导，即只要司机没有对行人施加不适当的风险，他们就应当被允许到达他们需要去的目的地。在某一时刻，该共同体决定任何时速在每小时10—20英里的车辆都是合理的，之后选定一些在此范围内的车辆。在此共同体张贴出限速标识后，比如限速每小时15英里，司机就不再有权去为他们自己判断20英里每小时是否合理了。就这一点而言，行人有**权利**要求司机应当关注张贴出的限速标识。

这样的一个权利就是一个真实的边界约束。普通司机在通常情况下没有权利为他们自己判断这一约束是否更为重要。当这一约束生效时，它是明确生效的。但话虽如此，也会存在例外情况。比如，该共同体会决定该法律并不适用于救护车。如果一个普通的司机有紧急情况，比如送他的妻子到医院，并且意图违背法规以便将她更早送达，这时伴随违背法规而来的就是他肯定会受到处罚，尽管法官或许会仁慈地放弃处罚。与此相反，如果这位司机驾驶着救护车，他就不需要法官的仁慈了。因为如果法律并不适用于救护车，那么这位司机就是在他的权利范围内行事。

假设你轻视自然权利，就像杰里米·边沁（Jeremy Bentham）那样，你认为它们毫无意义。你还想生活在一个尊重权利的社会中吗？假设你通过调查而断定，尊重自由的社会（即将罗尔斯的第一原则放于首位的社会）是更加自由、更加富裕、较少嫉妒的，它对于多元文化的丰富性更为开放，更加尊重人们生产的产品，等等。你断定你想要生活在一个尊重自由的社会。上述情况是如下观点的论据吗？

---

① Nozick，1974，第171页。

第32章　诺奇克

也即，我们为了生活在一个尊重自由的社会中，应该如同人们拥有权利，或人们确实拥有这些权利一样来行动吗？二者差异在什么地方？

难　题

1. 诺奇克不安地暗示，权利并没有组织我们去做避免具有灾难性道德恐慌的事情。那么，在凌驾于权利以避免灾难与忽略权利以增进效率之间的界限在何处呢？

2. 诺奇克将亲密关系的形成以及促使世界更加美好的努力，视为我们一直以来使生活富有意义的工作的一部分。诺奇克也认为我们不需要强迫人们拥有高尚的品格；处于和平中的人们有着自由地为其共同体做出贡献的历史。诺奇克是对的吗？在什么条件下他是对的？如果我们也不确定该怎么办？诺奇克或许是正确的：因为我们的邻居或许如诺奇克所期望的那样有高尚的品格。虽然如此，却并不存在任何保证。事实上，我们也不确定。如果有可能的话，我们的不确定使得我们对于彼此能够做些什么？

3. 像已提到过的，我们的邻居不能够在他们的车库中建造生物武器，也不可以酒后驾驶。为什么不可以呢？不是因为他们伤害了我们，确切地说，而是因为他们正使我们处于风险中。他们正在做**那类易**于伤害他人的事情。

当然，在限速内驾驶依旧施加了风险。但两者的差异在于超速的驾驶员与酒驾司机所施加的风险太大，或者太无意义。在极端情况下，我们设想说，只要你不会伤害他们，那么你开枪射击人们是无所谓的（如他们所说，没有伤害，就没有违规）。在另一个极端情形下，我们设想，我们不能够冒险卖热咖啡给那些会将咖啡洒在他们自己身上的人。没几个人相信这两个极端情形中的任何一个，但是我们在哪里画线呢？我们能否期待以正义原则画线呢？对于画线而言，原则（与习俗、普通法或演进中的共同体规范相比）总是恰当的工具吗？

第33章 修正

论题：当目前所拥有的财产从何处来成为一个问题时，正义则在此意义上就是历史性的，在此情境中的问题就是如何修正过往的不公正。当惩罚过错者或补偿受害者已经太迟时，修正就不只是不做错事了。

诺奇克是否提出了公平分配的理论？他应该提出此理论吗？

如前所述，诺奇克所声称的应享权利理论包含着原始取得、转让以及修正诸原则。诺奇克版本的应享权利理论支持这样一种意志论理念：如果一个分配是从公正的初始位置经由公正的步骤（以自愿交易为典范）被提出的，那么它是公正的。

我不确定诺奇克曾这么说过。该理论将门槛设置得过高：在一个几乎没有什么名利是历史清白的世界中，一个历史性的理论能够解释什么呢，抑或该理论仅仅是描述名利是如何被获得的？喜欢也好，不喜欢也罢，在此没有一条通往公正分配之世界的道路。既然诺奇克的理论想要以不同的进路展开，那么上述任何一个意义上，诺奇克认为自己在强调分配正义的问题时，他可能已然犯了错误。也即，他的正义理论关乎于我们如何彼此相待，而非如何清洗这个世界中分配的原罪。

换句话说，诺奇克理论的核心并非如前所述。诺奇克的真正主张

第33章 修正

不应为如下观点,即一个分配是从公正的原初位置经由公正步骤被提出,则它就是公正的。当诺奇克这么说时,他便掩盖了自己真正的理论贡献。事实上,诺奇克提出过有关公正**转让**的理论,而不是一个公正**分配**的理论,这就是:大体而言,从一人手中到另一人的转让如果基本上是自愿的,那么它是公正的。这一理论最终不会如此简单,但这确实是其本旨。

自愿转让并不能洗白一份因原罪而有污点的财产,任何结果上的不公正不是因转让而被**创设**,而是已然是先在的。我们注定生活在一个以不公正为背景的世界中,我们既是受害者同时又是加害者的子孙。因此诺奇克理论的优点在于,它并没有假设只要我们能够"复仇"(evening the score),我们便会实现完美正义。不过这依然是可能的,即对于道德行动者而言,过着普通的生活,并且尽可能地(诚然是不完美的)信守公正转让原则而清正廉洁。

诺奇克指出,同模式化原则相反,问题在于某个分配的结果是否源自于友善的合作。更确切地说,为了避免激励回顾不公正历史这一自我毁灭的倾向,诺奇克可能认为问题的关键在于分配中正在发生的变化是否来自友善的合作。

总而言之,诺奇克旨在为公正转让理论提供一个意志论的基础。他表达了有关如何使无主物进入可被自愿转让领域的观点。他也提出了这一观点,即正义的某些部分关涉消除不合法的转让。然而,在诺奇克看来,消除不合法的转让之本旨,仅仅是消除不合法的转让本身,而不涉及使目前财产符合一种受青睐的模式。

比如,有时正义有关于将被偷的钱包返还给失主。为什么要把钱包返还给他呢?不是因为要修复一个(被破坏的)先前的公正模式,而是将钱包归还给那个钱包被偷走的人。有时,正义有关于**返还**钱包,而非**分配**它。这一钱包的历史胜过任何有关它应当如何被最好分配的任何理论。

第六篇 分配的权利

作为零和博弈的自由

像诺奇克这样,因财产权象征着对于友善合作的认同而坚信财产权的人中,G. A. 柯恩发现了一个问题。本部分就着手解释这一问题;下一部分将会阐明,针对修正历史性不公正这一权利的局限,柯恩的洞见会告诉我们什么。

柯恩认为强制执行财产权就如同是抢劫一样是强迫性的。财产权要求我们不应动用强力。政府以强力威胁支持这一要求,但这一威胁本身就是强力的动用。

> 比方说,我想在你宽敞的后花园中搭一顶帐篷,这或许仅仅是为了激怒你,又或者是基于更为实质性的理由,即我无家可归也无立锥之地,但我拥有这顶帐篷,无论是合法地还是怎样。如果我现在做这件我想做的事情,那么很可能是国家会代替你出面干预。如果确实如此,那我的自由将会受到限制。[1]

对柯恩而言,"明显的事实就是,如果国家阻止我做我想做的事情,那么它就对我的自由施加了限制。"[2] 他的基本观点是"对于私有财产的侵犯,也即将所有者的财产权转让给非所有者,**减少了**所有者的自由却**增加了**非所有者的自由。在进一步论证之前,对资源转让自由的净效应(net effect)[3] 是不确定的"[4]。

在此并没有否定柯恩的基本观点,即甚至当国家试图保护我们的自由时,其方法也具有强制性。不过我们以此推断自由的净额(net

---

[1] Cohen, 1995, 第 56 页。
[2] Cohen, 1995, 第 55 页。
[3] 一个经济行为可能会有正效应,也会有负效应;两种效应的代数和即为净效应(net effect)。此处意指财产转让使得转让人的自由减少,而受转让人的自由增加;而在详细论证之前,无法断定自由的总量是增加了还是减少了。——译注
[4] Cohen, 1995, 第 57 页。

第33章 修正

amount）没有变，或我们难以察觉这一改变，则是错误的。柯恩的例子关乎你的花园。万一他那时所主张的不是对你的花园而是对你身体的控制，即我对你的奴役，又该怎么办呢？我对你的奴役会以不确定的净效应而使我更加自由，使你更不自由吗？① 柯恩或许会认为答案是否定的，但还是会提醒我们他所讨论的是你的花园而非身体。进一步地，他从未说过不存在净效应，只是我们需要进一步的论证去发觉它。因而，如果我们假设柯恩的目的只是涉及外在的利益，就像你对于花园的所有权，那么会使得对于自由的净效应更易发觉的进一步论证是什么呢？

在此有这样的一条线索。如果我们将柯恩的主张视为可检验的经验假设而非概念分析，进而对比财产权稳定和不稳定的国家，又会得出什么结论呢？

在津巴布韦，罗伯特·穆加贝（Robert Mugabe）及其武装部队只要他们喜欢，就可以在任何地方搭帐篷。并且任何人，只要不幸发现穆加贝先生身居在自己后花园，那么他只好搬到其他地方去。了解眼前呈现出的灾难就是津巴布韦现状的人，没有一个会相信，由于津巴布韦的财产权已然瓦解，在该国仅仅用一个自由交换另一个自由，且这对自由的净效应是不确定的。

能近取譬一些，我"绿灯行"的自由是以你"红灯停"为代价的。这对于自由的净效应会带来任何不确定的吗？根本没有。并且财产权调节我们在财产方面的冲突，就仿佛是交通灯调节道路上的交通。这两个系统都能够帮助我们形成对于他人行为的期待，并且相应地做出计划。一个好的交通规制系统可以使每个人更自由地到达他们所愿去的目的地，就连那些正等红灯的人也不例外。当然，他们所等

---

① 柯恩有时似乎以"自由"这个词指代（1）不存在外部障碍。这没有问题，不过自由也有其他种类：自由可以作为（2）不存在他人**引起的**障碍；（3）不存在他人**故意引起的**障碍；（4）**可移除**之障碍的不存在：也即，障碍并非由他人引起，他人却有能力将之移除；（5）不存在自我施加的精神包袱（比如，某人没有做出承诺，也就相应地自由选择如何度过他的一生）。哲学家们争论着以上哪一种是"真正的"自由，但事实是不同的感觉适合不同的目的。

的红灯应当不时地变绿。进一步地，那些等待的人也要足够机敏而觉察到红灯变绿了。如果人们被要求永久地等下去，或者人们认为他们是被要求永久等下去的，那么这个系统就会崩溃。

交通规则有助于我们不干预彼此的事务。而所有权法规使我们做得更多；它们还有助于我们参与交易，结果是交通（我们的运输和交换）使我们彼此之间不仅没有妨碍，同时还从中获益。健康经济的交通是一种福利，而不是我们需要忍受之物。

柯恩认为资金匮乏是一种自由的匮乏。[1] 柯恩还指出，拥有资金如同一个人拥有可以交换各种食物的入场券。并且，他补充到，拥有这样的入场券即拥有自由。不过，让我们澄清一下，就柯恩的分析而言，自由是对**实物**（real）财物的获取，而非仅仅获得被视为具有储存价值象征的几张纸。一个政府不能通过仅仅增印更多的入场券而在体育场中增加更多的座位。工作创造财富，只要在财产权稳定的国家，这就不仅是一种理论上的可能性，还是我们实际的历史。如果柯恩将财富与自由等同起来是正确的（并且如果柯恩对此并非完全正确，那么他也并非完全错误），那么一个具有稳定财产权的世界便并非是零和博弈的。在财产权得到尊重之处，我们发现几乎所有的人相比起祖父母来都更加富有——这也就是说，他们在柯恩意义上享有更多自由。[2]

修正的局限

在矫正正义的语境下，柯恩的主张（即财产权保护是强制性的）才有真正的相关性。当受害者与加害者均与世长辞，除了将财产从一位无辜的后代转让给另一位之外别无他法之时，便是时候通过修正一

---

[1] Cohen, 1995, 第58页。
[2] 或许我有些过于表面化地阅读柯恩著作了。也许他并非真正地讨论政策的不确定性影响，该政策没有阻止你出于自己的目的抢占我的后花园。或许他只是在讨论设计一个财产权的替代体系来合法化甚至帮助这些抢占者。他会认为他所偏爱的、受到强力威胁支持的体系，会如抢劫一样是强迫性的吗？我不知道。

第 33 章 修正

段不公正的财产转让史，进而使权利的施行看上去如同动用强力一样了。

柯恩并不打算使他的观点特别适用于权利的施行这一方面，但这无疑是其最为鲜活与合理的应用。我们是否应当以那些本身并未动用强力之人为代价，而执行已然长眠的受害者的财产权，而且如果我们追溯得足够遥远，前者最终也是受害者的后裔？①

理查德·爱泼斯坦（Richard Epstein）认为，"任何财产体系回溯性地确定导致当下财产拥有状况的'财产链'。不过这并非因为对于过往的迷恋而是主要源自于这一深刻的观念，即交易中的稳定性对于灵敏而前瞻的计划是必要的。"② 基于同样的理由，过分驻足于过往与完全忽视过往都是错误的：任一方向上的**过度**都削弱了交易中的稳定性，因而使交易更难以平稳地进行。在买房子时惯常的财产调查（以便证明卖方转让契约的物权在事实上是无争议的）是一回事；回溯几个世纪直到土地被占有时则是另一回事。

因此，如果我们必须归还一个从先前物主处夺来的钱包，那么我们也必须相应地确认该物主先前没有从别处抢占这个钱包吗？诺奇克想象了一个公民自由主义的社会，在那里我们可以友善地从我们之所是开始生活。然而除非对于我们抵消过往的责任有所限制，不然我们无法友善地开始生活。因而，哪一类限制会在哲学上令人满意？

---

① 钱德兰·库克瑟斯（Chandran Kukathas）认为人们不能对其出生以前的不公正负责；他们并没有错。社会也并不对此负责。社会并不做出选择或行动，因而也不是可以归罪的那类实体。不过，拒绝有关过往的所有论述近乎拒绝正义本身。因而，库克瑟斯论证道，我们需要第三个选项，并且我们也有这样的一个选项。即使现在活着的人们是无可指责的，但他们所归属的团体或许是有责任的，因为他们**曾做过这些行为**。"无须深入于定居以来的原住民的历史细节，就足以注意到有充分的证据确认许多不公正之事是由澳大利亚许多州政府所为。在较小程度上，教堂的罪行也在记录之中。在这些情形下，对于以往不正义行为的归责并不成问题：可以直接归责于那些曾做不义之事且依旧存在的团体。"（2003，第 183 页）

② Epstein, 2003, 第 130 页。

第六篇　分配的权利

那些不能忘记过往之人注定会重复历史[①]

世界上有这样的一些地方，在那里人们几个世纪以来都在"复仇"，并且这一相互毁灭的循环直到人们**打算**将往日恩仇抛之脑后时才会停止。琳达·拉德齐克（Linda Radzik）认为，真正的矫正事关到修复受害者与加害者（或他们后代）之间的关系，并为和平的未来奠定基础。[②]

这一观点的本质在于做出补偿，不过为了能做出成功的补偿，我们需要理解：受害者及其后代，为了他们自己考虑，支持结束该循环的目标。受害者的后代，出于为他们自己考虑，必须接受这一观点，即罪愆不是用来对付加害者后代的永久武器。

复仇是没有未来的。我们有着不可修正的不公正，因而债永远不会被清偿。当复仇的行动被施于无辜的后代，每一个对于他人无辜后代的报复行为都会成为需要被追偿的债。[③]

不过在另一方面，复仇确实是行得通的，也即在拉德齐克意义上，我们不将复仇视为对于不合法转让的消除，也不将之看作采取报复行动，而是将之视为做出补偿。施加给无辜后代的复仇循环不会停止，直到人们的目标不再是复仇本身。一旦人们打算做出补偿，那么他们的目标就不再是复仇本身，而是为更加和平的未来奠定基础的可能性。

这就如曼德拉（Mandela）先生所说，"我们可以拥有繁荣，也可以进行复仇。但二者我们不可兼得。我们需要从中抉择。"[④] 这就建议我们在某个时刻对责任加以限制，对过往加以开释。当我们问及我们应当回溯多远时，严谨而有指导意义的回答是：修复我们破裂的关系需要回溯多远我们就走多远。这一回答的目标旨在，于希望停止

---

① 此标题借用了布莱恩·巴里（Brian Barry，2005，第254页）的名言。
② Radzik，2004。
③ 谢尔（1997）论证说，过往的不公正会随着时间而消逝。
④ 当我1999年造访南非时很多人在同我交谈中引用这句话。

第33章 修正

复仇循环的人们中终止该循环。(当然并非所有人都希望停止复仇循环,因而我们也需要确信我们没有让人们沉溺于打内疚牌。成功的修正并不是一种精神寄托。)就如查理斯·格里斯沃尔德(Charles Griswold)所说,我们的目标是在这样的一个世界中建设性地生活,且这个世界已然被我们承认遭受到了严重地毁损;**和解**在某种程度上意味着我们要在一个不完美的世界中忍受生活。①

以拉德齐克的观点来看,消除不合法转让的目的不在于复仇,而是终结不合法转让的历史。因此,南非真相与复合委员会(South Africa's Truth and Reconciliation Commission)从1995年开始为1960—1994年的人权侵犯问题提供证明。其职责的一部分,就是对那些在证明侵犯人权相关事实方面予以配合的人加以赦免。现在,这些罪行并不陈旧。这并非无辜的人要为其祖先的罪愆付出代价的情形。种族隔离制度的加害者中还有许多人依旧活着,并且也不可能逍遥法外。然而,即便如此,曼德拉的目标(如同德斯蒙德·图图[Desmond Tutu]一样)是和解而非复仇。他希望种族隔离制度的阴影不再继续笼罩在未来几代人之上。

通过探索发生过什么,通过承认、悲悼,进而发誓竭尽我们之所能使得历史不会重演而为我们前行奠定了基础。即便往事并不如烟,未来依然重要。在希望继续前行的意愿中不存在不公正。② 或者甚至当有些事情并不那么利于继续前行时,相比于无休止的复仇循环,也远没有后者糟。

另一个例子:无辜的日裔美国人在第二次世界大战期间被监禁。有人需要为此做出补偿。相应地,作为受害者的日裔美国人(及其后代)需要决定接受何种方式的补偿。在做出决定时,他们需要足够敏锐地知道,做出补偿的人并没有罪,他们仅仅代表有罪行的人,或者仅仅因为与有罪行的人是同一种族。在里根总统1988年签署民权法案后,将近12.5亿美元(包含布什总统追加部分)被用来补偿

---

① 来自2003年个人通信。
② 感谢克里斯·格里芬(Chris Griffin)与辛迪·霍尔德(Cindy Holder)同我有关这一议题的讨论。

· 233 ·

被拘留者及其后代。之后在 1999 年，当克林顿总统代表国家做出正式道歉并且第二次世界大战纪念碑破土动工之时，这一切不仅太迟了，而且罪行之深重使任何方法都难以对受害者做出补偿，① 但受害者或他们的后代依旧不得不决定是否要接受这一补偿。受害者与加害者双方都需要把注意力从对于过往的补偿转移到修补当下的关系上来，从而为前行中的彼此尊重奠定基础，进而彼此友善相待。

---

① 如杰里米·沃尔德伦所观察到的，金钱补偿的目的"在于标示着对这一不公正确实发生的事实做出明确公开的承认，并且承认是美国人民及其政府所施加的不公正，而这些人（受补偿者）属于受害者。这一方式在美国是重要的"（1992，第 7 页）。

第34章 两种任意

论题：历史性的不公正需要修正，但在自然分配中的任意性不仅不是不公正，而且不需要修正。

我们何时有权分配？

诺奇克认为，**分配**正义之中恰恰隐藏着一种反对尊重独立个体的偏见。这一观点导致人们认为益品是由一个机制分配而来的，且我们对此机制负责。诺奇克认为大体上并不存在这样的一个机制，而且没有这样的责任。"对于财产或份额的分配，如同是在人们选择他们的配偶的社会中对配偶的分配。"[①]

教训是：如果我们有权分配 X，那么我们应当公正地分配 X，并且罗尔斯为我们提供了一种如何去做的理论。然而，我们缺乏分配配偶的权利。因此，我们没有权利不公正地分配配偶，并且我们也没有权利公正地分配配偶。他们并非我们所能分配的。

至于不平等又如何呢？相同的观点同样也适用。如果一个特定的

[①] 诺奇克1974，第150页。我感谢杰里·高斯提醒我下述由戴维·高蒂尔（David Gauthier）做出的评论："如果自然天赋有一个分配者，或者如果天赋要素的分配源自于一种社会选择，那么我们会有理由地假设只要是可能的，份额就应当是平等的，并且超过平等份额的分配只有当它是对于每个人利益而言是必要手段时才获得正当化的……与罗尔斯相同，社会是一个彼此利益的共同合作事业，我们一定不同意他的观点即自然天赋被认为是共同财产。这两个观点提供了对于个人与社会的观念的反题。"（1986，第220—221页）

第六篇　分配的权利

不平等不是我们有意安排的，那么有关什么是公正的理论就是有争论余地的。更普遍来说，要显示我有权根据一个给定的计划分配 X，我们或许在某个阶段需要显示我们的计划是**公正的**，但在此之前，我们需要显示 X 的分配处于我们的管辖范围之中。因此，事实上，罗尔斯的原则并没有在起点开始。罗尔斯的原则告诉我们，在给定对于 X 的分配是我们的分内之事后，如何分配 X。但是分配 X 并非给定的分内之事。

"任意的"这个词有两种含义

罗尔斯提及了减小自然彩票中运气的任意性影响。[①] 简由于抽签运而赢得彩票，与操纵彩票而确定使简赢之间，有什么不同吗？证明是乔不如简技术熟练，与乔故意克制而**确保**简显得更为技术娴熟之间，有什么不同吗？作为一种推动他的两个正义原则的方法，罗尔斯说："一旦我们决定寻找一种正义观来**清零**自然天赋的偶然性与社会环境的偶发性……我们就被引至这些原则。它们意味着对于社会世界中看似具有任意性因素的排除。"[②]

任意的？这个词有两个含义。自然分配可以是任意的，意味着**随机**（random）；或者选择可以是任意的，意味着**变化无常**（capricious）。在第一个情形下，没有选择被做出。在第二个情形中，一个无原则的选择被做出。[③] 这是有差异的。在公平的彩票中，赢家是被随机选择的。一个**被操纵的**彩票是不公平的。为什么？因为它**未能**在一个良性意义上是任意的。正是由于他**未能**在良性意义上是任意的，它就被**算作**在负面意义上是任意的。那么，自然彩票有什么性质呢？自然彩票是良性任意的，但这又是如何因为变化无常的选择是不公平的，而与不公平相关的呢？

---

① Rawls, 1971, 第 74—75 页。
② Rawls, 1971, 第 15 页，着重为笔者后加。
③ 当我们说一个选择是任意的时候，不仅意味着这个选择是不公正的，也意味着它是错的，但它也表现出某种自负：比如，一个人的态度或许是"我能做我想做的"。

第34章 两种任意

它们之间没有联系。罗尔斯认为,"从直觉来说,天赋自由体系最明显的不公正就是它允许分配的份额被这些从道德视角来看是任意的因素不成比例的影响。"① 然而,当"任意的"意味着"随机的"时候,就如本书所言,在任意性与不恰当之间不存在任何联系。变化无常的选择在表面上显露出不恰当;而自然彩票并没有如此。要是乔的母亲赋予简一切天赋而故意没有给乔留下任何天赋,我们或许至少会想知道这是为什么。尽管如此,事实上,乔的母亲没有赋予他更少的天赋。可是(乔拥有更少天赋的事实)就是发生了。这是可能性,而非变化无常。

这么说吧:生活就像你来打手里的这副牌。被分了一手坏牌与面对弄虚作假并非一回事儿。弄虚作假只有在一个牌家不愿意将输赢留给运气,而故意这么做的时候才发生。

自然彩票

罗尔斯说,"我们在如下情形中被引导至差异原则:如果我们希望安排基本社会结构以便没有人从他的天赋和能力的自然彩票运气中,或者是从他未给予(或获得)相应的补偿性优势的原初社会地位中,获得(或失去)什么。"② 有意思的是,罗尔斯不怕费事地将"或失去"放入了括号中,这表示着在他心中获得本身就是一个问题。但是如果在人口中出现了一个生命延长的转变,我们应当安排基本结构以至于没有人能够从这一转变中获益吗?不。获得是好的。问题只是在于当简以乔为代价而获益。不过这一问题依旧是有关失去的,不是获得的。

对于罗尔斯,"这是不公正的,即一些人应当拥有的更少是**为了其他人能够成功**。"③ 我同意这种说法。然而,就如已提到过的,一

---

① Rawls, 1971, 第72页。
② Rawls, 1999a, 第140页。严格地说,这一考量仅仅导向先导原则。只有在决定"完成"理论,并拒绝其他完成方法后,我们才获得差异原则。
③ Rawls, 1971, 第15页。着重为笔者后加。

个自然彩票并非弄虚作假；此外，如果某人**已经**弄虚作假了，故意给乔赋予懒散的品性并且没有天赋，这其中的理由就不会是因此"其他人将会成功"。乔没有天赋并不会有助于他人。相反，赋予乔天赋将会帮助他人成功，我们会需要赋予乔**更多的**天赋，而非更少。使得乔成为一个高质量服务的提供者会帮助他人成功，因此这也就提供了一个真正的理由来补偿他。

一种方法（我所知道的唯一方法）来使这一观点合理，即**简的**更有天赋使得**乔**有权获补偿。这就是假设了生活是一个零和纸牌游戏，在其中简越有天赋，乔赢的机会就越少。如果简更有天赋，那么简获得更多蛋糕，并且简的获得是以乔为代价的。然而，这是罗尔斯的观点，而社会毕竟不是零和纸牌游戏，一个合作性共同冒险中蛋糕的大小是可变化的。几乎所有人都可以拥有一个比他们只依靠自己所获得的更好的生活，并且道理很简单：其他人的天赋使我们都变得更富裕。有天赋的面包师不会**获取**蛋糕，因为他们**制造**蛋糕。① 当有天赋的人利用他们天赋的时候，我们中的其他人就会有更多蛋糕，而非更少。

自然彩票并非零和博弈。当一个婴儿天生带有兔唇时，这并非"为了他人的成功"。当下一个婴儿健康出生，不需要特殊看护时，这一婴儿的健康并非以上一个婴儿的健康为代价得来的。② 罗尔斯认为一些人应拥有的更少以便其他人能够成功是不公正的，但是第一个婴儿并没有患兔唇以便第二个婴儿可以成功。

罗尔斯说："自然分配既非公正也非不公正；而且人们出生于社会而具有一些独特的地位也不是不公正。这些仅仅是自然事实。公正和不公正的是制度处理这些事实的方法。"③ 如果罗尔斯是正确的，那么当制度"处理自然事实"时，它们不是没有做错。

---

① 不用多说，甚至是最自立的面包师也会得到帮助。参见第 16 章。
② 如果其他人确实会抱怨，那么就如科恩谈及在一个有很多水的世界中盗用水资源一样，"你强有力的回答是说，没有人有任何理由抱怨你对于水的盗用，因为没有人因此而受到不利影响"（1995，第 75 页）。也参见 Wellman 2002，第 66 页。
③ Rawls, 1971, 第 102 页。

第 34 章　两种任意

真正的问题

天赋分配本身并非一个可被解决的或不可被解决的问题。但即使如罗尔斯所说,在自然分配中不存在不正义,也还会有一个问题。生来患有兔唇就是一个问题。这个问题不是兔唇是不公正的,而是兔唇是不好的。它的不好使我们有某些理由干涉而修正这一问题。

但注意这真正的问题:我们并非试图去矫正一个有关兔唇的**不恰当的分配**。我们在试图矫正兔唇这种病。

第35章 程序正义，抑或分配正义

论题： 当我们确实认为对正确结果缺乏独立的判断标准之时，我们可以重新思考罗尔斯的原初状态，来思考我们应该如何设计它。

达至差异原则

当我们设想交易者身处无知之幕中，不了解自己将占据的社会地位，这一预设使得情境是公平的。但是（如罗尔斯所知）使情境变得公平的条件，并不足以使得交易者选择差异原则。根据罗尔斯对纯粹程序正义的定义，该程序性正义应是无形的，因为"纯粹的程序正义的获得，是在不存在有关正确结果的独立标准时达至的，而非既存一个正确或公平的程序。倘若其得到遵循，那么就可以获得正确或公平的结果，或者任何事物"[①]。

然而，就像罗尔斯所承认的那样，他确实想得到一个详细的结论，所以他做了进一步的假设，以使一种纯粹的程序辐辏于他所认为正确的结果上。例如，交易者不仅仅不知道他们所占据的位置，他们也不知道他们所拥有的技能，或者不知道他们所处社会所褒奖的技能。他们不知道他们个人所相信的正义，所以除却计算他们的利益所在，别无他选。他们不知道自己身处最低阶层的概率有多大，所以没

---

① Rawls, 1971, 第86页。

第35章 程序正义,抑或分配正义

有理由去低估未必可能的风险。交易者们倒**的确**知道他们在选择(形成)一个封闭社会(a closed society)。在该社会中,人们只能生而入其中,死而出其外。①

罗尔斯认为交易者们会为最大最小原则(maximin rule)所"指引"。(根据这一原则,人们所选之物的最坏结果,要比其他替代选项的最坏结果稍好一些。)他们为什么会被这一原则"指引"呢?罗尔斯的答案是:因为他们并不关心他们在最小值之上能够获得什么,只要他们知道:

1. 在遵循最大最小原则条件下被提供的最小值将会是令人"完全满意的",并且

2. 在遵循最大最小原则替代选项条件下,社会最小值显著低于上述遵循最大最小原则下的最小值,进而使遵循最大最小原则替代选项的结果可能是令人完全不可接受的。②

然而,我们越增加假设,在我们揭开帷幕重返世界的时候,承诺的压力就会变得越加难以忍受。③ 比如说,如果社会若因差异原则是一个理性选择,而不得不变为封闭社会的话,并且若事实上,我们生活在开放社会当中,在其中有天赋的人们若在别的地方会活得更好就

---

① Rawls,1996,第12页。罗尔斯认为封闭社会的假定使我们聚焦特定问题,从令人分心的薄物细故中脱身出来。并且补充到,他之后会讨论"万民"之间的正义问题,虽然在"万民"之间的正义并不是真是令人分心的薄物细故。真正**令人分心的**薄物细故,是于开放社会中,有天赋的人在其境况变得不利时就会**移民**。

② Rawls,2001,第98页。

③ 罗尔斯警告我们,原初状态"并不是一群现实中的或者可能的人的集合。在这些方式之中设想原初状态,未免有点过于异想天开了;这个观念将不再是导向直觉的天然指引。"(1971,第139页)为什么这么说呢?以这种方式"扩展"(stretching)幻想不会使得它比其实际所是更不真实,那么问题在哪里?它怎么就不再是导向直觉的天然指引了?哪一种直觉?真正的问题在于:在"所有现实中的或者可能的人们"中间有四肢瘫痪的人群,而罗尔斯的直觉是,正义关乎于以不平等为贫穷工人谋最大福利,而非以不平等为四肢瘫痪的(残疾人士)谋最大福利。

可以离开这一社会的话,那么现实中差异原则哪还有用武之地?① 正如罗尔斯所言,交易者"不应该从错误的前提进行推理。无知之幕并没有违背这一想法,因为信息缺失并不是信息错误。"② 有两点需要注意:第一,无知之幕并没有剥夺人们在现实世界中的知识;它赋予交易者于现实中并不具备的知识(例如,诸如以上的 1 和 2 的条件)。第二,一些信息(比如,社会是封闭的)的确是错误的。③

为什么是封闭社会?

或许很难理解为什么罗尔斯会在封闭社会中形成有关正义的理论。因为历史事实记录表明,最小受惠者在开放社会中总是更加富裕,在这样的社会中人们可以自由地流动以寻找更好的机会。如果我们对哪种社会最有利于最小受惠者进行理论思考——如果那是预期的结论——那么有什么是比迁徙自由更为基础的吗?的确,为什么不把迁徙自由看作**第一**原则:每个人都有权生存于一个最大程度开放的社会中,他们若愿另觅他处,就没有义务逗留在该社会中。

获得渴望的解决方案

正如其他解读罗尔斯理论的争论一样,当罗尔斯反复说"我们想要通过对原初状态的定义而获致渴望的解决方案"时④,我们对于他心中所想并不存在共识。他是否意味着我们可以通过定义原初状态

---

① 约翰 E. 罗默(John E. Roemer)说:"构建无知之幕的好处就在于,它促使客观性,或者公正性的形成。但是代价在于,我们必须带有很大的障碍来做决定——我们抛弃了大量的、在现实世界中有用的重要信息。"(2002,第 183 页)
② Rawls, 1971, 第 153 页。
③ 同样,交易者们通常并不关心他们在最小值之上能获得什么这一观点,这也属于大量重要错误信息之一。
④ Ralws, 1971, 第 141 页。

第35章 程序正义，抑或分配正义

来获致他的两个正义原则？[①] 不管怎样，问题的关键在此并非这一计划不合逻辑。罗尔斯的原初状态或许仍然是对于彼此竞合的观念的一个公平（如果不是唯一公平的话）检测，并且罗尔斯的两个正义原则或许也能够（如果不是唯一能够的话）通过该检测。

我们如何判断原初状态是否是一个公平的检测呢？（一个不同的问题：我们如何判断原初状态是对于公平的检测呢？）思考一下原初状态，如果它是可行的，那么就会把交易者置于不能以其自身偏好而做出有偏见协商的位置上。对于自身所处地位的不知情迫使现实中交易者们中立无偏地协商。但如果**这一**特征，如我所认为的，就是使得原初状态成为公平检测的因素，那么其他特征（比如，封闭社会的假设）就都是没必要的了。至少，如果我们的目标除了"设立一个公正的程序以便任何与之一致的原则都是公正的"[②] 之外再无其他，那么这些因素就都会是没必要的了。

假设我们并不知道自己渴望何种结果

因而，假设不存在"渴望的解决方案"，并且我们仅仅在设法阐明有关纯粹程序正义的理念，而无须试图使这一程序符合任何独立的标准。假设我们仅仅想要保留原初状态的中立性（也即公正性）。那么我们应当建立什么程序？

如下是一则建议。假设我们理论家们将我们**自己**置于无知之幕中，想象我们在缺乏对于我们自身正义观的了解下构建一套公平的博弈游戏。假设我们并不**知道**我们所预期的结果，并进而不像罗尔斯那样，不能够"通过定义原初状态而获致渴望的结果"。那么我们应当做些什么？我们是否会预设交易者并不介意谁将什么带到了谈判桌上；并且预设他们仅仅介意他们所能得到之物，所以对于在最小值之

[①] 特别感谢戴维·艾斯特伦德（David Estlund）与亚历克斯·考夫曼（Alex Kaufmann）帮助我发现这一议题的不同面向。

[②] Rawls, 1971, 第136页。

第六篇 分配的权利

外他们所能得到的不那么关心?① 我们是否还会假定在寻求超过最小值以外之物时会有重大的风险?我们是否会假设在谈判桌前残疾人群体并没有被代表?我们是否会假设我们自己是在为一个封闭社会选择规则?我们是否会假设交易者们以这样同样的主张开始谈判,即把彼此的优势视为共同财富而加以分配?

我想我们不会做以上任何一种假设。我们或许会假设交易者在分配中并不了解他们自身所处的地位,因为在直觉上这一信息有关于中立性,而这又在直觉上有关于公平。但如果我们并不了解我们的正义观——如果我们所知道只是我们成为精英主义者与平等主义者的概率相同——那么我们将不会把该情景设计为辐辏于一个特定的观念。我们会希望交易者在此设定中选择对所有人都有利的原则,但我们没有理由预测更加具体的内容。我们会**期待**不同的交易者群体辐辏于不同的结果。

此外,这也不会对那些认真对待程序正义观点的人带来困扰。对于程序性观念,我们总结道,经过公平的深思熟虑,如果人们同意以一种特定的方式约束彼此,那么基于这一事实他们**就**以此方式约束彼此。如果其他人,经过相似的公平的深思熟虑,以不同的方式约束彼此,那么他们**就**以这些不同的方式约束彼此。根据程序正义,不同群体的人们能以不同方式被约束(并且哲学化的理论思考并不足以告诉我们特定的人群是如何被约束的——我们需要了解他们实际的历史)并非一个问题。

---

① 如托马斯·内格尔(Thomas Nagel,1989,第12页)担忧的那样:"记住,在原初状态中的各方并不了解他们所身处的社会的发展阶段,并且因此并不知道通过最大最小值原则,何种最小值将会得到保证。很难理解,一个个体如何能够知道他'如果不是不介意,也是基本上不介意对于超过最小值之外,还能获得什么。'"(所谓"最大最小值原则",指的是 a. 对每个方案的最坏结果加以对比,若某方案的最坏结果优于其他方案,那么就选择该方案。易言之,该原则的意思是"最大的最小值"。b. 此外选择该原则的人还秉持如下观念,即个人很少关心在遵循"最大最小值原则"后,在最小值以外他还能够得到什么。c. 被该原则拒绝的方案具有一种个人几乎不可能接受的后果。适用"最大最小值原则"的典型情形需要满足以上三个条件。本注释中,作者针对特征 c. 展开批驳。有关这一原则的阐述,参见 Rawls,1971,第152—157页。——译注)

第35章　程序正义,抑或分配正义

不清楚平等份额是否等同于初始状态

假设一些议价者说,"我们到谈判桌并不是来商谈如何分配桌上的财物。我们到此是因为桌上的财物是我们的,我们来此主张对它们的所有权。"那么一个与我假设类似的思想实验是否会与这样的一个世界相关,在此世界中人们对于谈判桌上的财物有优先权?或许不是,并且也许这是一个很好的反对理由。但在那一情形中,我们不是必须推断应当拒绝**这一**思想实验,而是应当拒绝**所有**这样的思想实验。所有这些思想实验都假设了我们集中注意力于分配财富,就好像财富或多或少地以无主物的状态向我们展现自身一样——如同以任何我们认定是公平的方式自由地对它们加以分配。如果这一假设是错的,那么所有这样的思想实验也是错误的。

我希望自己知道有关原初状态的一种变化形式,它具有三个优点:

1. 我理想中的原初状态,在有关分配应当如何进行的争论中,会避免给予平等份额或任何其他分配方式不相称的特权。

2. 我理想中的原初状态,会避免对于议价者有权分配的财富的**序列**形成前见。它不会假设议价者们在商定有关天赋、不平等或配偶的分配,相反,它会预设议价者们聚集在一起对于尚未被主张所有权之物加以分配。理想的议价者将不会假设他们有权对于已属于其他人的物品加以分配。他们或许会在特定情境中知晓一个物品的历史就如那个被偷的钱包,应当被归还给先前的物主,但同时他们也会明白他们这么做是在消除不合法的转让,而非进行分配。

3. 遵循这些规则,我理想中的原初状态会解决分配正义与矫正正义间争论的议题。罗尔斯指出,矫正原则认为,"不应得的不平等呼吁修正……(修正的)理念在于纠正在获致平等方向上因意外情况导致的偏离。"① 罗尔斯补充道，"无论我们还持有什么原则，修正的主张应当被考虑在内。"② 其实并非如此。没有人会接受罗尔斯所说的矫正原则，除非他们已然接受不应得的不平等是不公正的（并且这一修正有助于从不应得的不平等转向不应得的**平等**而非，比如说，转向**应得的**不平等）。在我们有任何理由认为对于 X 的偏离需要修正之前，我们需要明确正义要求 X。③ 不过，在原初状态中，交易者被预设为**决定**什么需要被修正。不应得的不平等？不应得的**平等**？或者是非基于共识的转让？

我无法想到具有所有这些优点的一种原初状态，但任何缺乏这些优点的原初状态都是以某种方式在回避问题。④ 终有一天，会有人设计出这样一种具备所有这些优点的原初状态。不过直到那一天，我预计政治理论的完善也与原初状态思想实验没有丝毫关系。

我们所需的是一个不完善的理论

回想这一先导原则：只有当容许不平等的制度能够为每一个人谋福利时，不平等才是被允许的。如前所述，罗尔斯担心这样的一个原

---

① Rawls, 1971, 第 100 页。

② Rawls, 1971, 第 101 页。有学者认为矫正原则**就是**差异原则。罗尔斯不这么认为，但也指出若对于矫正原则加以考虑，那么可以发现它在一定程度支持了差异原则。

③ 罗尔斯认为，"自然分配既非公正也非不公正；同样人们生来处于社会某个地位也并非不公正。这些都不过是自然事实。制度对待这些事实的方式才涉及公正与否的问题"（1971，第 102 页）。所以，如果一个分配是不公正的，那什么是需要修正的呢？在同一段落靠前一些的地方，罗尔斯写道，"差异原则对被矫正原则挑选出来的考量赋予一定的权重。这就是不应得的不平等需要加以矫正的原则"（同上）。需要被修正的不平等是不应得的，这很重要吗？如果不是，那么为什么不仅仅说**不平等本身**（遵循某些维度）需要被修正？或者，如果应得这个概念很关键，那么不应得的平等同样也需要被修正吗？

④ 当罗尔斯展现出即使我们**确实**保证了非不应得的特权上的平等，但我们**依旧**最终理性地偏离了平等时，他并没有回避问题。当我们在**为平等作论证**而运用了"平等份额是初始状态"这一预设时，我们是在回避问题。这也是当下大多数人如何运用这一预设的情形。

第35章 程序正义,抑或分配正义

则会是不完善的。我们进而考量了罗尔斯如何继续对之加以完善。

但我们为什么需要一个"完善"的理论呢？我们或许会揣测我们所需的仅仅是一个说明什么是不公正的理论，并且这一先导原则对此已然足够。它排除了出于共同利益而导致的人的牺牲，因而也就尊重了人们彼此之间的独立性。

确实，我们会达成协议说我们不**想要**一个"完善的"理论。当我们探寻我们想要从基本结构中获得什么时，我们意识到我们**需要**理论的不完善性。

也许，这一问题的关键在于我们需要原则，而不仅仅是规则，但我们错误地认为只有当原则转换为规则时它才是完善的。不论怎样，罗尔斯描绘出四种方法来"完善"一个理论并且认为议价者会选择他的差异原则，但他从不承认从这四种方式中做出选择或许并非一个理论的任务，而且也可能不是一个基本结构的任务。或许这四种方式中的任何一个，在被人们自由地选择进而约束人们后，会被证明是公正的。(罗尔斯在国际领域中承认这一点；我们既不需要也不想要一个完善的理论，因为我们将自我决定视作对于各个"国家"的基本善。)[①]

基本结构的任务是使得一个政治共同体顺利建立，并使选民与立法者能够在共同体存续中定义和改进共同体的规则。共同体的基本结构如先导原则所要求的那样，以有利于每一个成员的方式向着完善演进，那么该共同体差不多就会是公正的。乔恩·曼德尔（Jon Mandle）在有关罗尔斯的回顾中说的最后一句话是，当"基本结构的设计有问题的时候"，公民们就依靠"所有合乎理性的人所共享的原则。"[②] 因为先导原则要比差异原则更为开放包容，它也就更易于成为合乎理性的人们所期待共享的原则，从而使缔约者在向立法者与选民延宕而持续的阐释过程中能够着手构建共同体。总之，从先导原则到达成熟的差异原则并不简单。我们可以设想，遵循先导原则也是真

[①] Rawls, 1999c, 第85页。
[②] Mandel, 2000, 第151页。

实世界中合乎理性的人们的重叠共识的一部分。但对于差异原则，我们并不能这样认为。①

罗尔斯有时认为我们在理论层面所做的一切就是在选择一个框架；社会自身会解决细节问题。② 这种说法是正确的。使得社会保持自由的大部分因素并不能够为基本结构所保证，相反它们掌握在身处于基本结构之中，追寻并实现自身命运的人与共同体的手中。③

最后的思考

有关正义的理论表述旨在阐明有关正义的原则，但正义的原则是原则而非规则。规则意味着**决定**我们做什么的思考；而原则意味着对之加以**引导**。在规范层面，我的理论指出有四类基本原则，或者还有更多，他们中任何一个都不能够被化约为另外一个，并且他们并不能被加总成为一个决定过程。

理论不仅仅有些类似于地图。它们同地图十分相像。在此我的言外之意就是：有关下述问题并不存在确定的真理，即有关正义的理论应当是怎样：在规范层面是否应该被具体化为两个原则，或是四个要素，或在何种程度上这些原则象征着决定程序。（这些都有可能。）④ 被地图描绘的地形是真实存在的，但当问题涉及如何**呈现**这一地形时，答案就是我们不得不做出选择。犯错是有可能的——以误导或无

---

① 戴维·米勒在关于五人一组被置入模仿无知之幕情境的实验报告中认为，给予选择权，有4%的个体但**没有**群体，选择选项列表中的最大值。将近四分之一选择最大化平均薪水；四分之三选择在最小值得到保证的前提下，最大化平均值。群体希望超过最小值的财富应当按照个体贡献加以分配。重要的是最少受益群体"表达了他们支持最低收入保障（income floor）而非差异原则的观点"（1999，第80—81页）。米勒认为被试倾向于公平的收入保障并不是无条件的。他们希望人们做其力所能及之事，不仅是获得超过最小值的回报，而且为最小值的设立提供了正当性。
② Rawls, 1996，第377页。
③ 参见Thomasi, 2001有关这一观点的最佳阐释。
④ 感谢贾森·布伦南（Jason Brennan）的这一思想。布伦南（Brennan, 2005）从他的角度，将我的理论归类为全球性非实在论，也即存在有关正义的基本事实，但不存在有关一个理论应当如何呈现这些基本事实的最终、唯一真理。

第 35 章　程序正义,抑或分配正义

效的方式呈现了该地形。不过,也不存在唯一的呈现方式。进一步说,任何呈现都至少有可能是误导的或无效的。

就如同尝试与读者交流一样,一张地图就是对于制图者大胆地信任(a leap of faith)。一张地图可以在这一意义上是真实的,即它出于使用者读图的目的,而恰当地给予使用者(假定这些使用者都具有善意且具备一些读图技能)足够精确的有关地形的印象。这样的真实并非基于地图本身,而是源自地图和使用者之间的彼此照面和相互阐发。

参考文献

Ackerman, Bruce A. 1980. *Social Justice in the Liberal State*. New Haven, CT: Yale University Press.

Ackerman, Bruce A. 1983. "On Getting What We Don't Deserve", *Social Philosophy & Policy*, 1: 60 – 70.

Anderson, Elizabeth S. 1999. "What Is the Point of Equality?" *Ethics* 109: 287 – 337.

Aristotle. *Politics*, Book III, Chap. 12, 1282b.

Arneson, Richard J. 1999. "Arneson on Anderson", Brown Electronic Article Review Service (BEARS). http://www.brown.edu/Departments/Philosophy/bears/9904arne.html.

Arneson, Richard J. 2003. "Equality, Coercion, Culture, and Social Norms", *Politics, Philosophy, and Economics*, 2: 139 – 63.

Arrow, Kenneth J. 1971. "A Utilitarian Approach to the Concept of Equality in Public Expenditures", *Quarterly Journal of Economics*, 85: 409 – 15.

Baker, Edwin. 1974. "Utility and Rights: Two Justifications for State Action Increasing Equality", *Yale Law Journal*, 84: 39 – 59.

Barry, Brian. 2005. *Why Social Justice Matters*. Cambridge: Polity.

Becker, Lawrence C. 1980a. "The Obligation to Work", *Ethics*, 91: 35 – 49.

Becker, Lawrence C. 1980b. "Reciprocity and Social Obligation", *Pacif-*

参考文献

ic Philosophical Quarterly, 61: 411 –21.

Becker, Lawrence C. 1986. *Reciprocity*. New York: Routledge & Kegan Paul.

Becker, Lawrence C. 1998. "Afterword: Disability, Strategic Action, and Reciprocity", in Silvers, Wasserman, and Mahowald, eds. *Disability, Difference, Discrimination*, 293 – 303. Lanham, MD: Rowman and Littlefield.

Becker, Lawrence C. 2003. "Reciprocity (But I Repeat Myself)", unpublished manuscript. Oral Presentation to the Virginia Philosophical Association.

Beitz, Charles. 1979. *Political Theory and International Relations*. Princeton, NJ: Princeton University Press.

Boskin, Michael, Ellen Dulberger, Robert Gordon, Zvi Griliches, and Dale Jorgensen. 1996. "Toward a More Accurate Measure of the Cost of Living: Final Report to Senate Finance Committee", currently available at www.socialsecurity.gov.

Braybrooke, David. 1987. *Meeting Needs*. Princeton, NJ: Princeton University Press.

Brennan, J. 2004. "Rawls's Paradox", University of Arizona, unpublished manuscript.

Brennan, J. 2005. "The Best Moral Theory Ever", University of Arizona, unpublished manuscript.

Brock, Gillian. 1999. "Just Deserts and Needs", *Southern Journal of Philosophy*, 37: 165 –88.

Broome, John. 1991. *Weighing Goods: Equality, Uncertainty, and Time*. Oxford: Blackwell.

Buchanan, Allen. 1990. "Justice as Reciprocity versus Subject-Centered Justice", *Philosophy and Public Affairs*, 19: 227 –52.

Burtless, Gary. 1990. *A Future of Lousy Jobs? The Changing Structure of U. S. Wages*. Washington, DC: Brookings Institute.

参考文献

Carter, Alan. 2001. "Simplifying Inequality", *Philosophy and Public Affairs*, 30: 88 – 100.

Cohen, Andrew Jason. 1999. "Communitarianism, Social Constitution, and Autonomy", *Pacific Philosophical Quarterly*, 80: 121 – 35.

Cohen, Andrew Jason. 2004. "What Toleration Does and Does not Require From Liberalism", unpublished manuscript.

Cohen, G. A. 1995. *Self-Ownership, Freedom, and Equality*. Cambridge: Cambridge University Press.

Cohen, G. A. 2000a. "Self-Ownership, World-Ownership, and Equality", in Vallentyne and Steiner, eds. *Left-Libertarianism and Its Critics*. 247 – 70. New York: Palgrave.

Cohen, G. A. 2000b. "Self-Ownership, World-Ownership, and Equality", in Vallentyne and Steiner, eds. *Left-Libertarianism and Its Critics*. 271 – 89. New York: Palgrave.

Cowen, Tyler. 1998. *In Praise of Commercial Culture*. Cambridge, MA: Harvard University Press.

Cowen, Tyler. 2000. *What Price Fame?* Cambridge, MA: Harvard University Press.

Cox, W. Michael and Richard Alm. 1995. "By Our Own Bootstraps", Federal Reserve Bank of Dallas annual report.

Christiano, Thomas. 2005. *The Constitution of Equality*. New York: Oxford University Press.

Daniels, Norman. 1978. "Merit and Meritocracy", *Philosophy and Public Affairs*, 7: 206 – 223.

Duncan, Greg, Johanne Boisjoly, and Timothy Smeeding. 1996. "How Long Does It Take for a Young Worker to Support a Family?", Northwestern University Policy Research Website.

Easton, Loyd D. and Kurt H. Guddat (eds.) 1967. *Writings of the Young Marx on Philosophy and Society*, Garden City, NY: Anchor Books.

Epstein, Richard. 2003. *Skepticism and Freedom*. Chicago: University of

Chicago Press.

Feinberg, Joel. 1970. *Doing & Deserving*. Princeton, NJ: Princeton University Press.

Feinberg, Joel. 1984. *Harm to Others*. New York: Oxford University Press.

Feldman, Fred. 1995. "Desert: Reconsideration of Some Received Wisdom", *Mind*, 104: 63 – 77.

Feser, Edward. 2004. *On Nozick*. Toronto: Wadsworth.

Folbre, Nancy and Julie A. Nelson. 2000. "For Love or Money-Or Both?", *Journal of Economic Perspectives*, 14: 123 – 40.

Foot, Philippa. 1967. "The Problem of Abortion and the Doctrine of Double Effect", *Oxford Review*, 5: 5 – 15.

Frankfurt, Harry. 1987. "Equality as a Moral Ideal", *Ethics*, 98: 21 – 43.

Fried, Barbara H. 2005. "Begging the Question with Style: *Anarchy, State, and Utopia* at Thirty Years", *Social Philosophy and Policy*, 22: 221 – 54.

Galbraith, James K. 2000. "Raised on Robbery", *Yale Law & Policy Review*, 18: 387 – 404.

Galston, William A. 1980. *Justice and the Human Good*. Chicago: University of Chicago Press.

Gaus, Gerald F. 2000. *Political Concepts and Political Theories*. Boulder, CO: Westview Press.

Gauthier, David. 1986. *Morals by Agreement*. Oxford: Oxford University Press.

Gottschalk, Peter and Sheldon Danziger. 1999. "Income Mobility and Exits from Poverty of American Children, 1970 – 1992", Boston College Working Papers in Economics Website, 430.

Griffin, James. 1986. *Well-Being: Its Meaning, Measurement, and Moral Importance*. Oxford: Clarendon Press.

参考文献

Hare, R. M. 1982. "Ethical Theory and Utilitarianism", in Sen and Williams, eds. *Utilitarianism and Beyond*. 23 – 38. Cambridge: Cambridge University Press.

Harman, Gilbert. 1998. "Ethics and Observation", in Geoffrey Sayre-McCord, ed. *Essays on Moral Realism*. 119 – 24. Ithaca, NY: Cornell University Press.

Harsanyi, John C. 1955. "Cardinal Welfare, Individualistic Ethics and Interpersonal Comparisons of Utility", *Journal of Political Economy*, 63: 309 – 21.

Hart, H. L. A. 1961. *The Concept of Law*. Oxford: Clarendon Press.

Hayek, F. A. 1960. *The Constitution of Liberty*. Chicago: University of Chicago Press.

Hinderaker, John H. and Scott W. Johnson. 1996. "Wage Wars", *National Review*, April 22: 34 – 8.

Holmgren, Margaret. 1986. "Justifying Desert Claims: Desert and Opportunity", *Journal of Value Inquiry*, 20: 265 – 78.

Hubbard, R. Glenn, James R. Nunns, and William C. Randolph. 1992. "House-hold Income Mobility During the 1980s: A Statistical Assessment Based on Tax Return Data", *Tax Notes* Website (June 1).

Hugo, Victor. 1888. *Les Misérables*. Paris: Hetzel Publishers.

Hume, David. 1978 [1740]. *Treatise of Human Nature*. Oxford: Oxford University Press.

Kleinig, John. 1971. "The Concept of Desert", *American Philosophical Quarterly*, 8: 71 – 8.

Kukathas, Chandran. 2003. "Responsibility for Past Injustice: How to Shift the Burden", *Politics, Philosophy, and Economics*, 2: 165 – 90.

Kummer, Hans. 1991. "Evolutionary Transformation of Possessive Behavior", *Journal of Social Behavior and Personality*, 6: 75 – 83.

Lacey, A. R. 2001. *Robert Nozick*. Princeton, NJ: Princeton University Press.

参考文献

Lerman, Robert I. 1996. "The Impact of the Changing U. S. Family Structure on Child Poverty and Income Inequality", *Economica*, 63: 119 – 39.

Lerner, Abba. 1970. *The Economics of Control.* New York: Augustus M. Kelley Publishers.

Levitan, Sar A. 1990. *Programs in Aid of the Poor.* Baltimore, MD: Johns Hopkins University Press.

Locke, John. 1960 [1690]. *Two Treatises of Government.* Cambridge: Cambridge University Press.

Lomasky, Loren. 2001. "Nozick on Utopias", in Schmidtz, ed. *Robert Nozick.* 59 – 82. New York: Cambridge University Press.

Lomasky, Loren. 2005. "Libertarianism at Twin Harvard", *Social Philosophy and Policy*, 22: 178 – 99.

Louden, Robert B. 1992. *Morality and Moral Theory.* New York: Oxford University Press.

Mandle, Jon. 2000. *What's Left of Liberalism?* Lanham, MD: Lexington.

Maslow, Abraham. 1970. *Motivation and Personality.* New York: Harper & Row.

McCloskey, Deirdre. 1985. *The Rhetoric of Economics.* Madison: University of Wisconsin Press.

McConnell, Terrance. 1993. *Gratitude.* Philadelphia: Temple University Press.

McMurrer, Daniel P., Mark Condon, and Isabel V. Sawhill. 1997. *Intergenerational Mobility in the United States.* Washington, DC: Urban Institute.

McKerlie, Dennis. 1989. "Equality and Time", *Ethics*, 99: 475 – 91.

McNeil, John. 1998. "Changes in Median Household Income: 1969 to 1996", U. S. Department of Commerce Website, *Current Population Reports, Special Studies, p. 23 – 196.* Washington, DC: U. S. Government Printing Office.

参考文献

Mill, John Stuart. 1974 [1859]. *On Liberty*. Harmondsworth: Penguin.

Mill, John Stuart. 1979 [1861]. *Utilitarianism*. Indianapolis, IN: Hackett.

Miller, David. 1976. *Social Justice*. Oxford: Oxford University Press.

Miller, David. 1999a. *Principles of Social Justice*. Cambridge, MA: Harvard University Press.

Miller, David. 1999b. "Justice and Global Inequality", in Hurrell and Woods, eds. *Inequality, Globalization, and World Politics*. 187 – 210. Oxford: Oxford University Press.

Miller, Fred D. 2001. "Sovereignty and Political Rights", in Otfried Höffe, ed. *Aristoteles Politik*. 107 – 19. Berlin: Akademie Verlag.

Miller, Richard W. 1992. "Justice as Social Freedom", in Beehler, Szabados, and Copp, eds. *On the Track of Reason: Essays in Honor of Kai Nielsen*. 37 – 55. Boulder, CO: Westview.

Miller, Richard W. 2002. "Too Much Inequality", *Social Philosophy and Policy*, 19: 275 – 313.

Morris, Christopher. 1991. "Punishment and Loss of Moral Standing", *Canadian Journal of Philosophy*, 21: 53 – 79.

Morris, Christopher. 1998. *An Essay on the Modern State*. Cambridge: Cambridge University Press.

Nagel, Thomas. 1989. "Rawls on Justice", in Daniels, eds. *Reading Rawls*. 1 – 16. Stanford, CA: Stanford University Press.

Nagel, Thomas. 1991. *Equality and Partiality*. Oxford: Oxford University Press.

Nagel, Thomas. 1997. "Justice and Nature", *Oxford Journal of Legal Studies*, 2: 303 – 21.

Narveson, Jan. 1994. "Review of Temkin's Inequality", *Philosophy and Phenomenological Research*, 56: 482 – 86.

Narveson, Jan. 1995. "Deserving Profits", in Cowan and Rizzo, eds. *Profits and Morality*. 48 – 97. Chicago: University of Chicago

参考文献

Press.

Narveson, Jan. 1997. "Egalitarianism: Baseless, Partial, and Counterproductive", *Ratio* 10: 280 – 95.

Nietzsche, Friedrich. 1969 [1887]. *On the Genealogy of Morals*. New York: Vintage Books.

Norris, Floyd. 1996. "So Maybe It Wasn't the Economy", *New York Times* December 1.

Nozick, Robert. 1974. *Anarchy, State, and Utopia*. New York: Basic Books.

Olsaretti, Serena. 2004. *Liberty, Desert, and the Market*. Cambridge: Cambridge University Press.

Piketty, Thomas and Emmanuel Saez. 2004. "Income Inequality in the United States, 1913 – 2002", an on-line update of "Income Inequality in the United States, 1913 – 1998", *Quarterly Journal of Economics*, 118 (2003): 1 – 39.

Price, Terry L. 1999. "Egalitarian Justice, Luck, and the Costs of Chosen Ends", *American Philosophical Quarterly*, 36: 267 – 78.

Rachels, James. 1997. "What People Deserve", in *Can Ethics Provide Answers?* 175 – 97. Lanham, MD: Rowman and Littlefield.

Radzik, Linda. 2004. *Making Amends*. Texas A&M University, Unpublished manuscript.

Rakowski, Eric. 1991. *Equal Justice*. Oxford: Oxford University Press.

Rawls, John. 1971. *A Theory of Justice*. Cambridge, MA: Harvard University Press.

Rawls, John. 1996. *Political Liberalism*. New York: Columbia University Press.

Rawls, John. 1999a. *A Theory of Justice*. Revised ed. Cambridge, MA: Harvard University Press.

Rawls, John. 1999b. *Collected Papers*. ed. S. Freeman. Cambridge, MA: Harvard University Press.

参考文献

Rawls, John. 1999c. *Law of Peoples*. Cambridge, MA: Harvard University Press.

Rawls, John. 2001. *Justice as Fairness: A Restatement*. Cambridge, MA: Harvard University Press.

Rector, Robert and Rea S. Hederman. 1999. "Income Inequality: How Census Data Misrepresent Income Distribution", *Report of the Heritage Center for Data Analysis*. Washington, DC: Heritage Foundation.

Roemer, John E. 2002. "Egalitarianism Against the Veil of Ignorance", *Journal of Philosophy*, 99: 167 – 84.

Rose, Carol. 1985. "Possession as the Origin Of Property", *University of Chicago Law Review*, 52: 73 – 88.

Rovane, Carol A. 1998. *The Bounds of Agency: An Essay in Revisionary Metaphysics*. Princeton, NJ: Princeton University Press.

Samuelson, Paul. 1973. *Economics*, 9th ed. New York: McGraw-Hill Publishers.

Sanders, John T. 2002. "Projects and Property", in Schmidtz, ed. *Robert Nozick*. 34 – 58. New York: Cambridge University Press.

Sayre-McCord, Geoffrey. 1996. "Hume and the Bauhaus Theory of Ethics", *Midwest Studies*, 20: 280 – 98.

Scheffler, Samuel. 1992. "Responsibility, Reactive Attitudes, and Liberalism in Philosophy and Politics", *Philosophy and Public Affairs*, 21: 299 – 323.

Schmidtz, David. 1990a. "Justifying the State", *Ethics* 101: 89 – 102.

Schmidtz, David. 1990b. "When Is Original Appropriation Required?" *Monist*, 73: 504 – 18.

Schmidtz, David. 1992. "Rationality within Reason", *Journal of Philosophy*, 89: 445 – 66.

Schmidtz, David. 1994. "The Institution of Property", *Social Philosophy & Policy*, 11: 42 – 62.

Schmidtz, David. 1995. *Rational Choice and Moral Agency*. Princeton,

参考文献

NJ: Princeton University Press.

Schmidtz, David and Elizabeth Willott, eds. 2003. "Reinventing the Commons: An African Case Study", *University of California at Davis Law Review*, 36: 203 – 32.

Sen, Amartya. 1992. *Inequality Reexamined*. Cambridge, MA: Harvard University Press.

Sher, George. 1987. *Desert*. Princeton, NJ: Princeton University Press.

Sher, George. 1997. "Ancient Wrongs and Modern Rights", in *Approximate Justice*. 15 – 27. Lanham, MD: Rowman and Littlefield.

Shue, Henry. 2002. "Global Environment and International Inequality", in Schmidtz and Willott, eds. *Environmental Ethics: What Really Matters, What Really Works* 394 – 404. New York: University Press.

Simmons, A. John. 1979. *Moral Principles and Political Obligations*. Princeton, NJ: Princeton University Press.

Smith, Adam. 1982 [1759]. *The Theory of Moral Sentiments*. Indianapolis, IN: Liberty Fund.

Spector, Horacio. 1992. *Autonomy and Rights*. Oxford: Oxford University Press.

Stark, Cynthia A. 2004. "How To Include the Severely Disabled in a Contractarian Theory of Justice", University of Utah, Unpublished manuscript.

Taylor, Charles. 1985. "Atomism", in *Philosophy and the Human Sciences: Philosophical Papers*, Vol. 2. Cambridge: Cambridge University Press.

Taylor, Charles. 1995. *Philosophical Arguments*. Cambridge, MA: Harvard University Press.

Temkin, Larry S. 1993. *Inequality*. New York: Oxford University Press.

Thomson, Judith. 1976. "Killing, Letting Die, and the Trolley Problem", *Monist*, 59: 204 – 17.

Tomasi, John. 2001. *Liberalism Beyond Justice*. Princeton, NJ: Princeton

University Press.

U. S. Census Bureau. 2005. "Poverty Thresholds: 2004", *January Current Population Survey*. Washington, DC: U. S. Government Printing Office.

U. S. Census Bureau. 2003. *Current Population Reports*, *P60 – 221*, *Income In the United States*: 2002. Washington, DC: U. S. Government Printing Office.

U. S. Department of the Treasury, Office of Tax Analysis. 1992. "Household Income Changes Over Time: Some Basic Questions and Facts", *Tax Notes, August 24, 1992*: Washington, D. C. : U. S. Government Printing Office.

Waldron, Jeremy. 1989. "The Rule of Law in Contemporary Liberal Theory", *Ratio Juris*, 2: 79 – 96.

Waldron, Jeremy. 1992. "Superseding Historic Injustice", *Ethics*, 103: 4 – 28.

Waldron, Jeremy. 1995. "The Wisdom of the Multitude: Some Reflections on Book 3, Chap. 11 of Aristotle's Politics", *Political Theory*, 23: 563 – 84.

Walzer, Michael. 1983. *Spheres of Justice*. New York: Basic Books.

Wellman, Christopher Heath. 1999. "Gratitude as a Virtue", *Pacific Philosophical Quarterly*, 80: 284 – 300.

Wellman, Christopher Heath. 2002. "Justice", in Simon, ed. *The Blackwell Guide to Social and Political Philosophy*. 60 – 84. Malden: Blackwell.

Williams, Bernard. 1985. *Ethics and the Limits of Philosophy*. Cambridge, MA: Harvard University Press.

Willott, Elizabeth. 2002. "Recent Population Trends", in Schmidtz and Willott, eds. *Environmental Ethics: What Really Matters, What Really Works*. 274 – 83. New York: Oxford University Press.

Wittgenstein, Ludwig. 1958. *Philosophical Investigations*, 3rd ed. Ans-

参考文献

combe, trans. New York: MacMillan.

Young, Iris Marion. 1990. *Justice and the Politics of Difference*. Princeton, NJ: Princeton University Press.

Zaitchik, Alan. 1977. "On Deserving to Deserve", *Philosophy and Public Affairs*, 6: 370 – 88.

索　引

布鲁斯·阿克曼 Ackerman, Bruce, 109, 111, 152, 155
个人主观能动性 activeness of persons, 70. 也参见个人之间的个体性 See also separateness of persons
疏离 alienation, 87, 88, 150
　群体间的疏离 between-group, 88
　市场交易中的疏离 of market transactions, 88
理查德·阿尔姆 Alm, Richard, 130, 133
分析 analysis, 4, 5
　对于"狗"的定义分析 of dog, 5
　对于"正义"的定义分析 of justice, 7
　分析与充分必要条件 and necessary and sufficient conditions, 21, 28
分析哲学 analytic philosophy, 20
伊丽莎白·安德森 Anderson, Elizabeth, 115, 121, 151
托马斯·阿奎那 Aquinas, Thomas, 177

任意的 arbitrary. 也见于道德任意性的意义 See also moral arbitrariness meanings of, 217
理查德·阿内逊 Arneson, Richard, 117, 198
肯尼斯·阿罗 Arrow, Kenneth, 146
阐明准则 articulating the code, 26, 27
原子主义 atomism, 88, 151. 也见于鲁滨孙·克鲁索 See also Crusoe, Robinson
尼拉·巴德沃 Badhwar, Neera, 41
埃德温·贝克 Baker, Edwin, 140
布莱恩·巴里 Barry, Brian, 213
基本结构 basic structure, 32, 56, 94, 95, 165, 190, 193, 201, 218, 226, 227
　基于互惠性对基本结构的评价 evaluating based on reciprocity, 95, 96
　作为保证的基本结构 as guarantee, 94
劳伦斯·贝克 Becker, Lawrence, 75,

索引

84, 86, 90, 99
查理斯·贝茨 Beitz, Charles, 67
自行车的例子 bicycle example, 107, 112
大爆炸 Big Bang, 35–8, 63, 66
约翰娜·博伊斯乔利 Boisjoly, Johanne, 134
米歇尔·博斯金 Boskin, Michael, 132
J. 布伦南 Brennan, J., 194, 227
吉莉安·布罗克 K. Gillian, 35, 59
阿伦·布坎南 Buchanan, Allen, 73, 80, 94
加里·伯特利斯 Burtless, Gary, 131
刺球属仙人掌与针垫掌 cactus, hedgehog versus pincushion, 26
中心计划 central planning, 67–9
威尔特·张伯伦 Chamberlain, Wilt, 66, 67, 199, 203
品性 character
    品性是任意的 as arbitrary, 60
    品性与运气 and luck, 35, 36
子女们、儿童 children
    成年子女们 adult children, 19, 20
    子女们与得体的抚养艺术 and the art of decent parenting, 20
    子女们与按需分配 and distribution according to need, 166
    子女们与平等份额 and equal shares, 111
    子女们与家庭收入 and family income, 135, 137
    子女们的收入流动性 income mobility of, 137, 138
    儿童与制造需要的工业 and industries that manufacture need, 16
    儿童与作为价值的互惠性 and reciprocity as a value, 85, 86, 102
    在单亲家庭的子女们 in single-parent families, 137
    子女养育与生活前景 upbringing and life prospects, 126
    子女们所应得的 what they are due, 19, 20
    子女们所需要的 what they need, 15, 19, 20
托马斯·克里斯蒂安诺 Christiano, Thomas, 119
阶级结构，**参见**平等 class structure, *see* equality
兔唇的例子 cleft palate example, 219
封闭社会 closed society, 222
可准则化 codifiability, 26, 27
    可准则化与判断 and judgment, 27
安德鲁·贾森·柯恩 Cohen, Andrew Jason, 185
G. A. 柯恩 Cohen, G. A., 203, 209, 211
集体实体 collective entities
    集体实体与互惠 and reciprocity
    集体实体的责任 responsibility of, 212

索 引

共同体 community, 87

正义观 conceptions of justice

 正义观的模糊性 ambiguity of, 10

 在无知之幕之后的正义观 behind the veil of ignorance, 223

 在正义观之间的选择 choosing between, 9, 10, 12, 18, 55, 169, 180, 222

共识, 与理论表述 consensus, and theorizing, 5, 6

同意, 假设的 consent, hypothetical, 98

结果主义 consequentialism, 58, 171

消费者物价指数 consumer price index, 132

情境功能主义 contextual functionalism, 17. 也见于情境主义; 多元主义 See also contextualism; pluralism

情境主义 contextualism, 13, 17, 18, 164

 情境主义与反例 and counterexamples, 19, 20

 情境主义与诸原则 and principles, 23

合同法 contract law, 100

契约论 contractarianism, 153, 154, 185

诸反例 counterexamples, 19, 20, 22, 23

法庭的例子 courtroom example, 73, 81

泰勒·考恩 Cowen, Tyler, 123, 128

W. 米歇尔·考克斯 Cox, W. Michael, 130, 133

鲁滨孙·克鲁索 Crusoe, Robinson, 151, 185, 190

诺曼·丹尼尔斯 Daniels, Norman, 120

谢尔顿·丹齐格 Danziger, Sheldon, 135

诸定义 definitions. 参见分析 See analysis

应得 desert. 也见于赢得 See also earning

 作为向后看的应得 as backward looking, 41, 42, 43, 45

 应得的诸基础 bases of, 31, 34, 36, 52, 58, 67

 应得与成长为人 and being a person, 35, 38

 应得与大爆炸理论 and the Big Bang, 35, 37, 38

 品性作为应得的基础 character as basis of, 50

 应得的诸主张 claims of, 44

 应得与需要 compared to need, 59

 作为应得基础的建设性努力 constructive effort as desert basis, 59

 应得一个机会 deserving a chance, 44, 45, 46, 47, 53

 因努力与品性而应得称赞 deserv-

索　引

ing credit for effort and character, 67

应得终身教职 deserving tenure, 45

应得与命运 and destiny, 37

应得与善加利用机会 doing justice to opportunity, 52, 53

应得与不平等的正当化 and justifying inequality, 67, 69

基于结果对原则的正当化 justifying principle based on consequences, 58, 59

基于康德主义基础对原则的正当化 justifying principle based on Kantian grounds, 60, 61

基于需要对原则的正当化 justifying principle based on need, 59, 60

作为生活最大道德挑战的应得 as life's greatest moral challenge, 38

应得与运气 and luck, 14, 15, 34, 39

不具可比性的应得 as noncomparative, 67, 68

应得与无人格物 and nonpersons, 36, 37, 41

作为应得理由的过往表现 past performance as evidence of, 47, 48, 49

前制度性的应得 preinstitutional, 63, 64, 65

应得的诸原则 principles of, 13

应得与比例 and proportionality

应得与无机会表现之人 and those with no chance to perform, 49

生产应得之物 desert maker, see desert, bases of

埃米莉·迪金森 Dickinson, Emily, 123, 124

差异原则 difference principle, 32, 56-7, 61, 130, 138-9, 188-94, 218, 220, 226

边际效用递减 diminishing marginal utility, 140, 147

歧视，与弱模式化原则 discrimination, and weakly patterned principles, 200

分配 distribution

　配偶的分配 of mates, 216, 224

　作为回报的分配 as reward, 15, 16

分配正义，与分配许可 distributive justice, and license to distribute, 216, 217

家务薪金 domestic wages, 125

献血的例子 donating blood example, 84

格雷格·邓肯 Duncan, Greg, 134

赢得 earning

　赢得的诸基础 bases of, 50

　与应得相对比的赢得 compared to deserving, 50, 51

经济 economy. **也见于**市场 *See also* market

索 引

经济与良好生活 and living well, 177

托马斯·爱迪生 Edison, Thomas, 92, 99, 124, 151

平等主义、平均主义 egalitarianism, 108, 110, 112, 116, 150, 201

 与人本主义相对比的平等主义 compared to humanitarianism, 114, 116

 平等主义与精英主义 and meritocracy, 120, 122

 平等主义与政治压迫 and political oppression, 117, 119

 罗尔斯对于平均主义的辩驳 Rawls's refutation of, 194

 反对平等主义的功利主义论点 utilitarian argument against, 144, 148

 支持平等主义的功利主义论点 utilitarian argument for, 140, 144

 平等主义与具有历史的世界 and worlds with histories, 152, 153

目的—结果原则 end-state principles, 198

应享权利理论 entitlement theory, 202, 208

应享权利 entitlements, 69

理查德·爱泼斯坦 Epstein, Richard, 212

同等道德价值 equal moral worth, 121, 122

平等份额 equal shares, 186

 平等份额的福利 benefits of, 110

 作为默认值的平等份额 as default, 109, 153

 平等份额与平等对待 and equal treatment, 111, 112

 平等份额与仇外 and xenophobia, 155

平等对待 equal treatment

平等 equality, 14

 平等与阶层结构 and class structure, 107, 115, 117, 121, 130, 137, 192

 平等的诸维度 dimensions of, 14, 88, 115

 平等与和邻居攀比 and keeping up with the Joneses, 117, 118, 134, 139

 政治平等 political, 114

 平等与互惠 and reciprocity, 88

 平等是否为正义所要求 whether required by justice, 112

正义观的演进 evolution, of conceptions of justice, 28, 179, 180

杰出，与比赛的目的 excellence, and the point of races, 64

体验机 experience machine, 57, 58, 59, 202

外部性 externality

 负外部性 negative, 10, 11

 正外部性 positive, 10, 125

公平 fairness

索　引

公平与安全 and security, 193

公平性与弄虚作假 and stacking the deck, 218

恩惠, 与承认相对比的接受性恩惠 favors, accepting compared to receiving, 97, 98

乔尔·范伯格 Feinberg, Joel, 40, 58, 62

弗雷德·费尔德曼 Feldman, Fred, 43, 51

爱德华·费舍尔 Feser, Edward, 200, 203

第一因 First Cause

先占 first possession, 153, 154, 155

　先占与所有权的持有 and duration of ownership, 153

　先占与后来者 and latecomers, 155, 156

　先占与非同时性到达 and nonsimultaneous arrival, 111

　作为外在于正义的先占 as outside justice, 157

流动社会 fluid society, 参见垂直流动 see vertical mobility

菲利帕·富特 Foot, Philippa, 176

哈里·法兰克福 Frankfurt, Harry, 142

自由意志 free will, 39

自由 freedom, 210

　自由与金钱 and money, 211

　宗教自由 of religion, 6

自由与交通法 and traffic laws, 211

功能主义 functionalism, 18

威廉·高尔斯顿 Galston, William, 121, 165

杰拉德·高斯 Gaus, Gerald, 5, 115, 216

戴维·高蒂尔 Gauthier, David, 32, 88, 216

沃尔特·甘农 Glannon, Walter, 83

彼得·戈特沙尔克 Gottschalk, Peter, 135

科罗拉多大峡谷 Grand Canyon, 36

詹姆斯·格里芬 Griffin, James, 162

查理斯·格里斯沃尔德 Griswold, Charles, 214

罪行 guilt, 213, 214

　罪行与修复 and healing, 215

R. M. 黑尔 Hare, R. M., 140

吉尔伯特·哈曼 Harman, Gilbert, 18

H. L. A. 哈特 Hart, H. L. A., 167

历史性诸原则 historical principles, 199

玛格丽特·霍姆格伦 Holmgren, Margaret, 56

医院的例子 hospital example, 170, 171, 175, 176

家庭收入 household income, 127

　家庭收入与按年龄收入相比 compared to income by age, 129, 131

　家庭收入与个人收入相比 compared to individual income, 128,

· 267 ·

索　引

129，133，135
人本主义 humanitarianism, 114. **也见于**平等主义 See also egalitarianism
不完全义务 imperfect duty. 参见互惠性，传递性互惠 See reciprocity, transitive
负债的比喻 indebtedness parable, 90，91
无辜的后代 innocent descendants, **参见修正** see rectification
一体性 integrity, 27
直觉 intuitions, 175，176
日裔美国人 Japanese Americans, 214
种族隔离法 Jim Crow laws, 194，195
职位候选人的例子 job candidate example, 44，45，47，48，49
本·约翰逊 Johnson, Ben, 63
管辖权 jurisdiction, 6. 也见于优先权 See also right of way
公正的转让 just transfer, 209
正义 justice. **也参见正义观；程序正义** See also conceptions of justice; procedural justice
　正义的基本概念 basic concept of, 8，9
　正义概念与正义观 concept vs. conceptions, 8
　正义与分歧 and disagreement, 9
　正义的演进 evolution of, 179，180
　作为公平的正义 as fairness, 186
　作为给予人们应得之分的正义 as giving people what they are due, 8，9，11，13
　正义不是一个万灵药 not a panacea, 88
　作为万灵药的正义 as panacea, 10
　正义的关键 point of, 10，12
　正义的诸原则 principles of, 13，14，18，19
　作为一视同仁的正义 as treating like cases alike, 7，8
　正义是人们所应得之份 what people are due, 179
和邻居攀比 keeping up with the Joneses, **参见平等** see equality
马丁·路德·金 King, Martin Luther, 60，124，201
钱德兰·库克瑟斯 Kukathas, Chandran, 212
A. R. 莱西 Lacey, A. R., 205
割草机的例子 lawnmower example, 161，166
最小受惠者 least advantaged, 10，19，56，57，61，126，138，177，188－94，201，222
　作为一个阶层的最小受惠者 as a class, 191，194
　确定的最小受惠者 defined, 188
　最小受惠者与自由至上性 and the primacy of liberty, 194，195
　在严格的种姓等级社会中的最小受惠者 in a rigid caste society, 192

索 引

在垂直流动社会中的最小受惠者 in a vertically mobile society, 192, 194

需要安全对需要机会的最小受惠者 wanting security versus wanting opportunity, 193, 194

想要具备应得资格的最小受惠者 wanting to be deserving, 56, 57

罗伯特·勒曼 Lerman, Robert, 129

艾拜·勒纳 Lerner, Abba, 141

自由主义 liberalism, 151

自由 liberty, 194, 195

打破模式 upsetting patterns, 199, 200

生活期望 life expectancy, 92, 131, 139, 178

良好生活 living well, 3, 10, 11, 55, 169, 171, 177, 205

洛伦·罗马斯基 Lomasky, Loren, 151, 190

罗伯特·劳登 Louden, Robert, 24

运气 luck, 35, 44. 也见于自然彩票 See also natural lottery

　工作能力的运气 for ability to work, 14

　生而为人的运气 for being born human, 39

　仅仅是幸运的运气 being merely lucky, 35, 41, 46, 53

　性格的运气 for character, 14

　运气与机会的缺乏 and lack of opportunity, 52

　运气与自然和社会地位优势 and natural and positional advantages, 40, 217

　自然与社会地位优势的运气 for natural and positional advantages, 31, 32, 39, 53, 66

　社会环境的运气 for social circumstances, 14

　天赋的运气 for talents, 14

　努力意愿的运气 for willingness to make effort, 35

运气均等主义 luck egalitarianism, 115

格里·麦凯 Mackie, Gerry, 107

纳尔逊·曼德拉 Mandela, Nelson, 213, 214

乔恩·曼德尔 Mandle, Jon, 226

无主物 manna, 110, 152

地图 maps. 也参见, 作为地图的理论 See also theories, as maps

　古德等面积投影法 Goode's Homolosine, 24

　墨卡托投影法 Mercator projections, 24

　彼得斯投影法 Peters projections, 24

　地图的目的 purposes of, 21, 23

　二维与三维的地图 two dimensional and three dimensional, 24

卡尔·马克思 Marx, Karl, 31, 87, 150, 192

索　引

亚伯拉罕·马斯洛 Maslow, Abraham, 164

最大最小推理 maximin reasoning, 221, 226

迪尔德丽·麦克洛斯基 McCloskey, Deirdre, 127

特伦斯·麦康奈尔 McConnell, Terrance, 98

精英统治 meritocracy, 120, 203
  中央计划的精英统治 centrally planned, 124
  精英统治与市场 and markets, 123, 124

米开朗琪罗 Michelangelo, 163, 164, 165

约翰·斯图尔特·密尔 Mill, John Stuart, 172

戴维·米勒 Miller, David, 40, 65, 66, 112, 123

弗雷德·米勒 Miller, Fred, 23, 43

理查德·米勒 Miller, Richard, 56, 122

金钱 money, 89, 211

一元论 monism, 81

一元论理论 monist theories, 4. **也见于多元主义** See also pluralism

道德的任意性 moral arbitrariness, 35, 36, 107

克里斯托弗·莫里斯 Morris, Christopher, 35, 151, 177

罗伯特·穆加贝 Mugabe, Robert, 211

托马斯·内格尔 Nagel, Thomas, 54, 140, 141, 147

简·纳维森 Narveson, Jan, 34, 35

自然天赋 natural gifts. **参见运气** See luck

自然彩券 natural lottery
  外在于正义的自然彩券 as outside of justice, 217, 219
  作为预先设定的自然彩券 as stacking the deck, 218
  作为零和博弈的自然彩券 as zero-sum game, 218

需要 need, 15
  需要与医学院准入 and admission to medical school, 169
  需要的客观性 objectivity of, 165
  需要的诸原则 principles of, 14
  作为承认规则的需要 as rule of recognition, 168, 169
  需要的自我检视 self-inspection of, 166
  需要感 senses of, 163
  作为分配原则测试的需要 as test for distributive principles
  需要的含糊性 vagueness of, 164

需要主张 need-claims
  需要主张的界限 boundaries of, 164
  需要主张与满足实际需要 and meeting actual needs, 167

索 引

需要 needs
 需要相比于欲求 compared to wants, 163
 需要与按应得分配 and distribution by desert, 123
 促进满足能力的需要 fostering the ability to meet, 167
 重要性相比于迫切性 important compared to urgent, 164
 需要与目的 and purposes, 165
 迫切的需要 urgent, 142, 164
 需要与投票 and voting, 13
规范 norms
 规范追踪对规范阐明 racking versus articulating, 26
罗伯特·诺奇克 Nozick, Robert, 3, 56, 57, 97, 101, 183, 198, 207, 208, 209, 216, 219
原初状态 original position, 56, 57, 222, 224, 225
 原初状态理想 ideal, 224
原罪 original sin, 208
模式化原则 patterned principles, 199
 模式化原则与诸系列模式 and strands of patterns, 203
 模式化原则与弱模式 and weak patterns, 200, 201, 202
和平友善的文化 peaceful culture, 177
周期表 periodic table, 4, 27
个人责任 personal responsibility, 35, 38, 178
人 persons
 人的主观能动性 activeness of, 70
 品性等同于人 as characters, 60, 61
 人之间的个体性 separateness of, 参见人与人之间的分离 see separateness of persons
分馅饼例子 pie slice example, 186, 187
吉多·品乔内 Pincione, Guido, 49, 170
行星轨道 planetary orbits, 4
多元主义 pluralism, 3, 4, 17, 80, 81, 101, 169, 180
政治权力，购买与出售 political power, buying and selling, 116
贫困统计数字 poverty statistics, 132
先导原则 precursor principle, 187, 225, 226
特里·普赖斯 Price, Terry, 115
诸原则，相对比于诸规则 principles, contrasted with rules, 227
正义诸原则 principles of justice. see justice
程序正义 procedural justice, 186, 187, 223
 纯粹的程序正义 pure, 186, 203, 220
财产权 property rights
 财产权与自由 and freedom, 209, 211

索 引

公共广播系统 public address system, 97

公共益品 public goods, 101

惩罚 punishment

    惩罚的承诺理论 promissory theory of, 45

    惩罚与互惠 and reciprocity, 73, 80

生活的质量 quality of life, 131

詹姆斯·雷切尔斯 Rachels, James, 40, 43, 44, 58, 77-9

琳达·拉德齐克 Radzik, Linda, 213, 214

约翰·罗尔斯 Rawls, John, 3, 8, 10, 14, 19, 35, 54-8, 62, 67, 107, 130, 138, 173, 183-96, 200-1, 216-32

    约翰·罗尔斯对于应得的批判 critique of desert, 32

    约翰·罗尔斯与自然事实 and natural facts, 219

    约翰·罗尔斯与互惠性 and reciprocity, 186

    约翰·罗尔斯的两个正义原则 two principles of justice, 32, 190

明理人标准 reasonable man standard, 26

互惠 reciprocity, 15, 186. 也见于偏好 See also favors

    互惠的适宜种类 appropriate kinds of, 76

    互惠与相比于应得的集体实体 and collective entities compared to desert, 77, 78

    贡献与回报 contribution and reward, 92

    互惠与对社会的债务 and debt to society, 99

    互惠与能够合作的残疾人 and the disabled enabling cooperation, 79

    强制性互惠 forced, 100

    互惠与无助的人 and helpless persons, 82

    作为不完美义务的互惠 as imperfect duty, 84, 100

    互惠与对社会的债务 and indebtedness to society, 84, 85, 90, 92

    作为群体内现象的互惠 as in-group phenomenon, 154

    互惠的工具性价值 instrumental value of, 86

    互惠与相互确认 and mutual affirmation, 87, 88

    互惠与个人债务 and personal debts, 77, 78

    个人关系中的互惠 within personal relationship, 81. 也见于原罪 See also original sin

    互惠的诸原则 principles of, 14, 76

    互惠的损害 reciprocating harms, 80

    作为第二次行动的互惠 as a second move, 82

    在互惠中投机 speculating in, 98

索 引

对称性互惠 symmetrical, 82, 83, 95, 102

传递性互惠 transitive, 83, 88, 102

互惠与模糊性 and vagueness, 84

作为价值的互惠 as a value, 85, 86, 95, 96

矫正 rectification, 212, 215

矫正正义 rectificatory justice, 224

矫正正义与强制 and force, 212

红十字 Red Cross, 84

裁判员 referee, 9

骑车上班的例子 ride to work example, 77

优先权 right of way, 157, 211

卡罗尔·罗斯 Rose, Carol, 153

卡罗尔·罗瓦纳 Rovane, Carol, 93

基本的善举 rudimentary benevolence, 178

承认规则 rule of recognition, 168

保罗·塞缪尔森 Samuelson, Paul, 146

约翰·T. 桑德斯 Sanders, John T., 《拯救大兵瑞恩》 Saving Private Ryan, 51

杰弗里·赛尔-麦科德 Sayre-McCord, Geoffrey, 172, 175

塞缪尔·舍夫勒 Scheffler, Samuel, 33

自我所有权 self ownership, 203, 204

阿玛蒂亚·森 Sen, Amartya, 110

人与人之间的个体性 separateness of persons, 70, 171, 176, 185, 191, 201, 204, 205, 216

相比于消费者的生产者 producers compared to consumers, 202

商店行窃 shoplifting, 7, 8

亨利·许 Shue, Henry, 11

边际约束 side constraints, 205, 206

边际约束与施加风险 and imposing risk, 207

作为边际约束的限速 speed limit as, 205, 206

A. 约翰·西蒙斯 Simmons, A. John, 98

怀疑主义,有关应得 skepticism, about desert, 34-8, 42

技术,作为普遍的主张 skills, as common asset, 191

蒂莫西·斯米丁 Smeeding, Timothy, 134

亚当·斯密 Smith, Adam, 100

米歇尔·史密斯 Smith, Michael, 47, 85

南非真相与复合委员会 South Africa's Truth and Reconciliation Commission, 214

奥拉西奥·斯佩克特 Spector, Horacio, 176

在互惠中投机 speculating in reciprocity. 参见互惠 See reciprocity

辛西娅·斯塔克 Stark, Cynthia A., 189

· 273 ·

统计数字 statistics, 126, 127, 138

现状, 为什么享有特权 status quo, why privileged, 154

承诺的压力 strains of commitment, 189, 190, 221

对称性互惠 symmetrical reciprocity. 参见互惠 See reciprocity

税收 taxes, 14, 90, 99, 101

拉里·特姆金 Temkin, Larry, 114, 122

偷包贼 theft of wallets, 209, 212, 224

理论的简洁性 theoretical simplicity, 4

诸理论 theories. 也见于诸反例 See also counterexamples

  作为抽象化的诸理论 as abstractions, 21, 22

  诸理论与日常协议 and day to day agreement, 6

  诸理论与分歧 and disagreement, 5, 6, 24

  不完整的诸理论 as incomplete, 4, 225, 227

  作为地图的诸理论 as maps, 3, 4, 5, 6, 21, 26, 227

  诸理论与客观真理 and objective truth, 26, 227

  诸理论的范围 scope of, 22

  诸理论与社会压力 and social pressure, 5

朱迪斯·汤姆森 Thomson, Judith, 176

思想实验 thought experiments, 175, 176, 224

即时原则 time-slice principles, 198

约翰·托马西 Tomasi, John, 94, 227

描述, 抑或阐明 tracking, versus articulating, 26

车票的例子 traffic ticket example, 31

传递性互惠 transitive reciprocity. 见于互惠 See reciprocity

有轨电车的例子 trolley example, 170, 171, 175, 176

真相与复合委员会（南非）Truth and Reconciliation Commission (South Africa), 214

撤销不当转让 undoing wrongful transfer, 209

迫切性, 相比于重要性 urgency, versus importance, 142, 164

功利主义 utilitarianism, 58, 140, 171, 185, 186

  功利主义与得到好数据 and getting good numbers, 171

  无限制地最大化追求者的问题 problem with unconstrained maximizers, 171

  功利主义与提高上限 and raising the ceiling, 172

  功利主义与功利主义实践规则 rule of practice utilitarianism, 173

  功利主义至上规则 rule of thumb

索 引

utilitarianism, 173

功利主义规则 rule utilitarianism, 171

为多数而牺牲少数 sacrificing the few for the sake of the many, 176

冉阿让 Valjean, Jean, 45

价值，尊重与提升 value, respecting versus promoting, 170

无知之幕 veil of ignorance, 191-2, 220-3

垂直流动 vertical mobility, 191, 193

唯意志论 voluntarism, 202, 208, 209

薪金停滞 wage stagnation, 132, 133

杰里米·沃尔德伦 Waldron, Jeremy, 43, 70, 215

钱包，偷窃 wallets, stolen, 209, 212, 224

迈克尔·沃尔泽 Walzer, Michael, 38, 116

水源的例子 watering hole example, 204, 205

米歇尔·温斯坦 Weinstein, Michael, 135

克里斯托弗·威尔曼 Wellman, Christopher, 186

伊丽莎白·威洛特 Willott, Elizabeth, 125

女性 women

 女性与投票 and the vote, 13

艾里斯·马里恩·扬 Young, Iris Marion, 112, 116

零和博弈 zero-sum game, 67, 155, 156, 175, 178, 196, 211, 218, 219

津巴布韦 Zimbabwe, 211

译 后 记

本书中文版即将问世，我稍稍松了一口气，感觉终于可以向戴维·施密茨教授有所交代。这部译作缘于我个人不务正业的兴趣。我是经济学出身，到美国后转学社会学，但一直对哲学兴趣盎然，尤其是政治哲学和伦理学，这方面的阅读量甚至高于我的本行。虽然我不能算死忠的古典自由主义者，但诺奇克、哈耶克和米塞斯一直对我有谜一般的魅力（正如我始终对马克思抱有敬意）。在美国十几年，我多次参加乔治·梅森大学人文科学研究院（Institute for Humane Studies at George Mason University）的活动，并因此结识了施密茨教授。几年前，承蒙施密茨教授寄赠，我有幸拜读了此书，感觉受益匪浅，并主动提出将它翻译成中文。对我来说，这本书的魅力不在于提供了完美的答案，而在于引发了一系列值得思考的问题。作者是古典自由主义哲学界大名鼎鼎的人物，但此书并没有类似立场著作常见的教条，而是像苏格拉底对话录一般提出问题，再以分析哲学的严密逻辑加以论证。不仅如此，这些看似抽象的哲学问题为我们理解现实生活与政治提供了分析框架。记得有一次，我在学校附近的快餐店吃午饭时，忽然想起本书"机会作为应得之份"的论题可以为希拉里·克林顿竞选美国总统提供理由，于是兴奋地顾不上吃饭，在嘈杂的快餐店里用手机键盘敲了字数不少的微信朋友圈发言。然而，天不随人愿，由于繁重的博士学业，我在开了一点头之后就再也无暇顾及翻译，这一拖就是一两年。眼看此书就要在我手中废掉，我决定请两位年轻朋友"救火"。在此要感谢两位合作者，此书也算我们仨多年友

译 后 记

谊的见证吧!

关于翻译,除了我自己译出第 1—8 章、致谢及中译本序,并拟定体例和关键术语,剩余章节均由两位合作者完成,具体分工为赵英男译双数章节,胡恩海译单数章节。这里需要说明两点。首先,单双数的分工是我们仨共同的好友李康教授的建议,为的是尽可能保持文风的统一,所以除了我干的活最少并甘当配角,两位年轻朋友的工作量相差不大。但到了交稿时,他们二人都谦虚地把对方推为第一译者。我自作主张,以拼音倒序排列二人,这里理应交代一下。其次,我本打算将两位合作者的译文对照原书,逐字逐句地校正一遍,但去年此时正值博士论文最后冲刺阶段,实在有心无力。我大体看了一下后面的章节,两位合作者毕竟年轻,确有错译之处,于是让他们返工一遍,并互相校对。目前成型的译文虽不是我所希望的尽善尽美,但我们仨确实尽力了。错误之处,恳请读者赐教。我的电子邮箱是 jp-li3023@ gmail. com。

施密茨教授在版权联系方面给予了大力协助,并为中译本撰写序言。中国社会科学出版社的田文和徐平两位编辑以及其他我报不上名字的工作人员为此书出版付出了不少心血。在此一并致谢。

李钧鹏

2017 年 2 月 24 日于布鲁克林

作者简介

戴维·施密茨（David Schmidtz），美国亚利桑那大学（University of Arizona）哲学杰出讲席教授暨经济学教授，自由哲学研究中心（Center for the Philosophy of Freedom）创始主任，《社会哲学与政策》（*Social Philosophy and Policy*）主编，曾任教于耶鲁大学和德国汉堡大学。主要研究领域为伦理学、环境哲学与政治哲学。著有《政府的限度》《理性选择与道德主体》《社会福利与个人责任》《罗伯特·诺奇克》《环境伦理学》《个人·城邦·星球》《自由简史》以及《创造财富》。本书入选阿特拉斯网络（Atlas Network）21世纪前10年古典自由主义十大著作。

译者简介

赵英男,北京大学法学院博士生。研究领域为西方法哲学与比较法。

胡恩海,法国巴黎第一大学哲学系博士生。研究领域为科学哲学与科学史。

李钧鹏,华中师范大学社会学院教授,哈佛大学肯尼迪政府管理学院博士后研究员,*Studies of Transition States and Societies* 书评主编。研究领域为社会理论、政治社会学和历史社会学。